'내가' 자유로워지는 것이 아니다,
'나로부터' 자유로워지는 것이다

깨어있기

의식의 대해부

월인(越因) 지음

HERENOW
히어나우시스템

감사의 말씀

무엇보다도 천강, 화동, 바람, 칼라, 우심, 현지, 비홍을 비롯한 목요모임 회원들에게 감사를 드립니다. 내 안에 오로지 체험과 현존으로 있는 것을 말과 연습으로 풀어내도록 실습에 참여하고 힘을 주었기 때문입니다.

특히 그 깊은 통찰력으로 연습과 토론을 통해 이것이 사람들에게 전달될 수 있음을 보여준 천강, 끊임없는 노력으로 단시간에 깊은 미세의식의 차원으로 도약한 화동, 늘 모두를 감싸 안아 사랑을 체험하도록 분위기를 만들어준 바람, 날카로운 감각으로 스스로의 빈 곳을 통찰해 낸 칼라, 강한 집중력으로 사물과 온전한 하나되기를 즉시에 파악한 우심, 깨어있기가 무술과 접목될 수 있음을 보여준 비홍… 이분들이 없었으면 이 글에서 보여지는 구체적인 설명과 연습이 드러나지 않았을 것입니다.

그리고 세세한 부분까지 온 정성을 들여 문장을 다듬어준 현지, 말 없이 묵묵히 지켜보며 늘 도움을 주시는 아버님께 깊이 감사드립니다.

마지막으로 의식을 일깨울 도구가 필요하다는 것을 인식하고 이 글의 첫발을 내딛게 해준 모든 목요모임 회원들과 홀로스 멤버들에게도 감사를 드립니다.

머 리 말

'나'는 어떤 과정을 거쳐 '나'라고 느껴지게 되는 것일까요? 아주 어린 아이들이 '나'라는 것을 주장하지 않는 것을 보면 '나'라는 느낌은 분명 성장과정에서 생겨난 것이 틀림없습니다. 그렇다면 이것은 어떤 과정을 거쳐 '나'라고 느껴지고 우리의 중심 역할을 하게 된 것일까요? '나'라는 것이 어떻게 사물을 '보게 되고' '듣게 되며' '알게 되는' 것일까요?

여기에는 참으로 흥미로운 과정과 놀라운 환상이 겹쳐져 있습니다. 먼저 이 전체 청사진의 뿌리에는 '나와 너'라는 이원론이 자리하고 있으며, 생명에너지가 그 중 하나를 더 많이 편들고 있고, 에너지 불균형이 일어난 그 둘 사이의 평형을 이루기 위해 움직임이 일어나면서 '안다'는 현상이 일어납니다. 즉, 당신에게 어떤 사물이 보인다는 것은, 보고 있는 '나'와 보이는 '사물'로 나뉘어져 있고 그중 '나'에 에너지를 더 많이 두어 그것과 동일시함으로써 중심으로 삼고 있으며, 거기에서 '사물'이라는 대상이 보이고 느껴지고 알려진다는 '현상'이 일어나는 것입니다.

그런데 우리는 자신이 보고 듣고 안다고 생각합니다. 여기서 환상이 일어나는 것입니다. 자세히 들여다보면 사실 우리가 보고 듣고 안다기보다는, 보여 지고 들려지고 알려지는 것들에 이름이 붙어 의식이라는 전체 네트워크가 흔들린다는 것을 알게 됩니다. 거기에서 '나'란 그저 하나의 요소일 뿐이며, 전체 흐름의 본질은 순수한 생명의 힘이라는 것을 알아채게 됩니다. 분리된 내가 있다는 느낌, 사물이 있다는 느낌, 무언가 들리는 현상, 다른 것과 차이 나는 어떤 맛이 있다는 느낌은 모두 생명력의 장이 만들어내는 일시적인 패턴일 뿐입니다.

여러분은 이 책『깨어있기-의식의 대해부』를 통해 그러한 과정을 이론이 아니라 '경험'적으로 맛보게 될 것이며, 그러한 경험을 통해 '나'라는 패턴에서 벗어나 그 패턴을 자유롭게 사용하는 '자리'에 자신이 늘 있었음을 발견하게 될 것입니다.

2009. 11. 1 월인

목차

목차

사건들

삶에서 일어나는 많은 사건들은 우리에게 길을 보여줍니다.

내 삶을 방향지은 일들

소통을 통해 인체의 모든 장기와 세포들은 '하나'로 연계됩니다. 그렇게 무의식적 하나됨으로 돌아가기 위하여 사람은 소통을 합니다. 그리고 사람은 말과 글을 통해 소통합니다. 이곳에서 몇 가지 일화들을 이야기 하는 것은 그러한 소통을 위함입니다. 이것을 통해 '의식이라는 한계'에 갇혔던 한 '존재'가 현상으로서의 '존재'를 어떻게 넘어갔는지 보게 될 것입니다.

'존재'와 '절대'란 '분리'와 '전체'를 다르게 표현한 용어일 뿐입니다. 누군가 '존재'한다고 말한다면 그는 '분리' 속에 있음을 의미합니다. 무언가 분리된 '하나'가 아니라면 그는 따로 '존재'할 수 없기 때문입니다. 마치 파도가 물에서 분리되어야만 파도로서 '존재'하듯이 말입니다. 그러나 파도가 물속으로 사라져 개별적으로 존재하지 않는다면 그는 특별히 '존재'하는 파도라고 말할 수 없겠지요. 물이 없어진 것은 아니지만 말입니다. 따라서 전체로부터 '분리'되었을 때만 그는 '존재'한다 말할 수 있습니다. 그런데 놀라운 것은 그 분리가 허구적인 개념 속에서만 가능하다는 점입니다. 그리고 그것을 일으키는 것은 '분리'를 통해서만 작용하는 우리의 '의식' 때문이라는 것입니다.

현재 우리는 의식적 한계로 인해 자신이 개별적으로 '존재'한다고 믿고 있습니다. 그러나 이곳의 글과 연습들을 통해 그것이 얼마나 치밀한 허구인가를 보고 경험하게 될 것입니다.

유연할 때 생명력이 발휘된다

어린 시절에 치기어린 경쟁심과 오만으로 나 아닌 다른 이를 이겨보려는 마음이 서서히 자리잡아가던 때의 이야기입니다. 초등학교 4학년, 어느 넓은 공장 안이었습니다. 3층 높이에서 앞에 있는 모래더미로 뛰어내리는 놀이를 하던 나는 더 멀리 뛰겠다는 욕심에, 도움닫기를 할 긴 거리를 확보하려고 좀더 뒤로 가다 발을 헛디뎌 뒤로 떨어졌습니다. 3층 높이의 창고 비계(飛階)에서 시멘트 바닥으로 떨어져 뒷머리를 부딪치며 의식을 잃은 채 있었습니다. 먼저 뛰어내려 있던 친구들이 놀란 눈으로 달려왔고, 한 친구가 나를 일으켜 세워 업고는 공장 운동장의 잔디밭으로 데려가 뉘었습니다.

시멘트 바닥에 머리를 부딪치었지만 큰 이상은 없는 듯 했습니다. 친구들은 몰려와 잔디밭에 누워있는 나를 내려다보았습니다. 희미하지만 눈을 뜨고 있고 크게 이상이 없어보였는지, 다들 안도의 한숨을 내쉬며 집으로 돌아갔습니다. 나는 1시간가량을 그렇게 누워 있다가 공장 주인의 아들인 친구의 부축을 받고 의식이 몽롱한 채 집으로 향했습니다. 그리고 다음날 아무 이상 없이 학교에 가서 일상의 삶을 계속했습니다.

지금 생각나는 것은, 떨어지면서 무슨 상황인지도 몰랐고, 이렇게 떨어지면 어떻게 되리라는 아무런 두려움도 걱정도 없었다는 것뿐입니다.

두려움이 없을 때 몸은 유연하게 살아있습니다. 그때 살아난 것은 두려움으로 인한 몸의 경직현상이 일어나지 않았기 때문입니다. 뉴스에서 가끔 술 취한 이가 쓰러져 시멘트 바닥에 부딪히고, 어린 아이가 높은 곳에서 떨어져도 이상 없이 살아났다는 소식을 접합니다. 그것은 그들의 몸이 두려움에 굳지 않고 유연했기 때문일 것입니다.

의식 역시 그와 같습니다. 커다란 위기상황을 만났을 때 두려워하거나 그로 인해 경직되면 '의식의 죽음'이라는 현상을 겪습니다. 의식은 어떠할 때 살아있고 그 생명력을 최대한 발휘할 수 있을까요? 그것은 유연할 때입니다. '이것이 나다. 이곳을 건드리면 가만있지 않겠다. 이래야 한다'라는 딱딱한 '나'가 있다면 그는 의식이 경직된 것입니다. 그렇게 경직된 의식은 부러지고 맙니다. 그의 의식은 쉽게 상처입고 두려워하며, '나'를 보호하기 위해 공격적이 될 것입니다. 결국 그는 '나'를 사용하며 사는 것이 아니라 자기도 모르게 만들어진 개념인 '나'를 보호하기에 급급한 삶을 살다가 가게 될 것입니다. 유연한 삶은 아름답습니다. 그리고 그에게는 생명의 힘을 최대한 발휘할 여유가 있습니다.

따스한 물이 주는 평화

10대 중반이 되어도 삶은 크게 변함이 없었습니다. 물론 당시는 그것이 어떠한 삶이라는 생각 자체가 없었지요. 늘 그런 삶이었습니다. 그런데 그 가운데서 기분 좋은 한 가지 일이 있었습니다. 아침에 일어나 식사 전에 세숫대야에 따스한 물을 붓고 세수할 준비를 합니다. 그러나 조금 전에 하려던 세수는 깜빡 잊고 한참을 그 따스한 물에 손을 담그고 멍하니 있습니다. 특히 겨울에는 손으로 전달되는 그 따스함에 그냥 아무런 생각도 없이 시간이 얼마나 갔는지도 모르게 앉아있을 때도 있었습니다. 무얼 하는지도 모르고, 아무런 생각도 없고, 그냥 그렇게 그 존재상태를 즐기며 앉아있는 것입니다. 그때는 그것이 무엇인지 몰랐지만 나중에 알고 보니 그것이 생각이 끊어진 자리이고, 따스함을 통해 들어간 유상삼매였던 것입니다. 그곳엔 어떤 내면의 분열도 없었습니다. 어린 아이였으니 생각이 많지도 않았고, 굳이 있는 생각을 없애려고도 하지 않았으므로 자연히 일어나는 평화로운 마음에 푹 젖어버리는 것이었습니다. 그러한 평화는 우리 누구나 맛보며 자라는 것입니다. 그러하기에 우리는 다시 그때로 돌아갈 수 있는 것이지요. 다만 이제는 거기서 도약하여 수많은 생각을 하면서도 동시에 있는 그 평화를 발견해야 한다는 것이 좀 다를 뿐입니다. 말하자면 그 당시에는 파도가 거칠지 않아서 쉽게 잔잔해졌던 것입니다. 그리고 그 잔잔함으로 인해 생명의 힘은 '파도'에서 '물'로 주의가 옮겨지기 쉬웠습니다. 그러나 이제 성인이 된 한 인간은 수많은 생각과 감정의 파도로 얼룩져있습니다. 그래서 잔잔한 마음을 갖기가 쉽지 않은 것입니다. 그럼에도 우리는 그 잔잔함을 통해 들어간 물의 세계를 맛보았기에, 아니 현재도 늘 그 물을 통해 생각의 파도를 일으키고 있기에 다시 물로 주의를 옮길 수 있는 것입니다. 언제라도…

이제 달라져야 하는 것이 있다면 자연스레 찾아오는 삼매가 아니라 '자아'라는 가상의 씨를 통해 가야하기에 애써서 유종삼매(有種三昧)로부터 시작해 무종삼매(無種三昧)로 나아가야 한다는 점입니다. 우리는 이 책에 실린 대로 사물 연습을 통해 사물의 이름과 형태 및 질을 잊고 본성으로 들어가는 분별삼매로부터, 모든 것이 사라지고 텅 빈 마음을 지켜보는 자만 남아있는 유종삼매에서, 그 지켜보는 자마저도 사라지는 무종삼매로 나아가게 될 것입니다.

14

감정은 순식간에 사라질 수 있다

군대에 있을 때 일어난 한 사건은 내게 평생을 두고 잊혀지지 않을 중대 사건 중 하나였습니다. 아주 짧은 순간의 일이었지만 내 삶의 태도에 커다란 영향을 미쳤기 때문입니다.

공병부대에서 복무하던 어느 겨울날 군사작전 차 여주 벌판으로 나갔습니다. 우리가 할 일은 작전용 임시 비행장의 기초를 닦는 일이었습니다. 끝없이 펼쳐진 여주 들판에 비행기 이착륙이 가능한 시설을 완공해야 했습니다. 그러나 군사작전을 위한 임시용이었기에 땅을 고르고 시멘트를 쳐서 실제 비행장을 만드는 것이 아니라 가로, 세로 1.5m되는 두꺼운 알루미늄판을 서로 연결하여 논(畓) 위에 평평한 임시 활주로를 만들어가는 것이 전부였습니다. 얼어붙은 논바닥에 알루미늄판을 옮겨놓기 시작했는데, 이 알루미늄판은 한 사람이 옮기기에 너무 무거워 두 사람씩 짝을 지어 날라야 했습니다. 나와 짝이 된 병사는 함께 군에 입대한 동기였습니다. 심성이 착한 친구여서 남에게 전혀 악한 일을 하지 못할 것 같은 이였습니다. 동기이기도 하고 맑고 착한 친구였기에 우리는 특별히 친하게 지냈습니다.

우리는 알루미늄 판들을 하나하나 힘들여 나르기 시작하였습니다. 두 사람이 호흡을 잘 맞추어 들고 나르고 놓아야 했습니다. 그렇지 않고 누구 한 사람이 먼저 놓거나 하면 그 무게 때문에 다른 한 사람도 할수 없이 놓아버려야 했고, 잘못하면 다칠 수도 있는 일이었습니다.

그런데 함께 나르던 어느 순간 이 친구가 잘못하여 알루미늄 판을 놓치고 말았습니다. 그 자신은 놓치는 줄 알았기에 잘 피하였습니다. 그러나 혼자서 들 수 없는 무게였기에 나도 놓쳤고 그 무거운 알루미늄

판은 내 발등을 찍고 말았습니다. 군화를 신긴 했지만 워낙 무거웠기에 그 판에 맞은 내 발의 통증은 심했습니다. 더욱이 겨울이라 얼어있던 발의 아픔은 더 컸습니다. 순간 화가 치밀어 올라 분노가 목구멍까지 올라왔습니다. 그렇다고 그에게 화를 낼 수도 없었습니다. 왜냐하면 고의로 그런 것이 아니고 또 고의로 그럴 친구도 아님을 잘 알고 있었기 때문입니다.

그렇다 하더라도 마음에서 올라오는 분노를 막을 길은 없었습니다. 그를 보기도 싫어 얼굴을 외면한 채 저 멀리로 가서 땅을 차며 분노를 삭이고 있었습니다. 내뱉어 폭발시키지도 못하고, 안으로 품어 누를 수도 없는 상황의 분노, 모두들 한번씩 경험해보았을 것입니다. 그때 이 친구가 슬며시, 조심스럽게 눈치를 보며 내 앞쪽으로 왔습니다. 그리고는 미안한 얼굴로 빙긋이 웃는 것이었습니다. 그 순간 나도 모르게 웃음이 나오고 말았습니다.

그때… 놀라운 일이 일어났습니다.

그 당시 나는 자신을 들여다보는 공부를 하고 있었기에, 순간적으로 감정이 사라져버린 내 마음이 보였고, 이런 상황이 참으로 신기하고 놀라웠습니다!! 그토록 화난 내 마음은 어디로 갔는지 사라지고 없었던 것입니다. 강력한 폭풍처럼 마음을 휘몰아치던 분노가 녀석의 웃음에 그냥 사라지고 만 것이었습니다. 그때 난 순간적으로 알아챘습니다. 아! 분노란 것이 아무리 강하다 하더라도 한순간에 사라질 수 있는 것이구나 하는 것을. 그 후부터 일어나는 어떤 감정도 오래 갖고 있지 않게 되었고 감정에 휘둘리지 않게 되어갔습니다.

그전까지 나는 강하게 올라온 분노란 오랜 시간을 거쳐 삭여내거나 풀어야만 하며, 분노를 일으킨 대상을 통해 해결해야 한다고 무의식적으로 생각하고 있었습니다. 또 더 깊은 무의식에서는 그런 상황에서 분노가 일어나는 것은 마땅하며, 그렇지 않으면 나의 존재감에 흠이 나고, 상처받는 것이라 여겼던 것 같습니다. 그런데 그날의 경험을 통해, 분노하지 않아도 나의 존재는 흠 없이 온전할 수 있으며, 늘 그러하다는 것을 알게 된 것입니다. 그렇게 분노를 비롯한 모든 감정은 순간적으로 생겼다 사라질 수 있음을 배운 것입니다.

사실 우리가 살아가다 보면 이러한 일들이 자주 일어납니다. 집안 식구에 대해 불같이 화가 났는데, 그 일과 전혀 상관없는 이웃집 사람이 잠시 들른 경우, 우리는 그를 보고 웃음 지으며 친절한 마음이 됩니다. 그 순간 어느새 불같은 화는 사라지고 없습니다. 그런데 그가 돌아가고 나면 다시 불같이 화를 내는 것입니다. 그러한 상황이 종종 있지만 우리는 분노가 이렇게 순간적으로 사라질 수 있다는 것을 잘 알아채지 못합니다. 그것은 우리가 그것을 의식적으로 경험하지 않았기 때문입니다.

한번의 알아챔, 이것은 참으로 중요합니다. 사실 그 이전에도 일상에서 이런 일들이 무수히 있었을 것입니다. 그런데 전혀 모르다가 그때 그것을 **의식적으로 알아챈 후** 감정에 대한 나의 태도에 많은 변화가 생겼습니다. 지켜보는 힘은 이토록 강력한 것입니다. 그리고 이런 생각을 하게 되었습니다. '우리가 경험하는 모든 것들에서 이런 알아챔들이 일어난다면 그의 삶은 '지혜' 자체가 되리라' 는…

마음의 아픔을 넘어서 가라

대학 때 처음으로 강렬한 사랑의 감정에 눈을 떴습니다. 무엇이든 최초의 경험은 강력한가 봅니다. 그 친구의 몸에 손끝만 닿아도 기쁨으로 온 몸이 떨렸습니다. 어깨를 안으려고 손을 내밀어 천천히 움직여가는 그 순간은 말 그대로 온몸의 세포가 깨어서 우주적인 춤을 추는 듯했습니다. 손의 감각세포는 극도로 예민해졌고, 그녀의 어깨에 닿는 순간 민감해진 온 신경은 그곳에 집중되어 다른 어떤 것도 내 의식의 세계에 들어오지 못하는 것이었습니다. 그것은 영원의 순간이었습니다. 영원이란 바로 이런 것이리라 여겨집니다. 시간이 느껴지지 않고 오직 있는 것은 지금 이 순간 뿐, 그러다 헤어져 집으로 돌아가면 머릿속엔 온통 그녀 생각뿐이고, 꿈속에서 마저 내 개인적인 생활은 없어지는 것 같았습니다.

그러나 아쉽게도 강렬했던 기간은 얼마 지나지 않아 끝이 났습니다. 차라리 서로가 시들해져 떠나간 것이라면 편하게 잊었을 터인데, 이제 막 불붙어 불길이 가장 세차게 타오를 때 멈추어야 했고, 더욱이 세상에 태어나 처음으로 경험하는 기쁨의 전율을 더 이상 계속할 수 없다는 것이 내게는 커다란 고통으로 다가왔습니다. 그 쓰라림과 가슴의 통증은 강렬한 기쁨의 크기에 비례하여 내가 감당할 수 없을 만큼 압도적이었습니다.

그즈음 그녀 외에도 두 가지 일이 내 삶의 중심을 차지하고 있었습니다. 하나는 논문을 써야할 급박한 상황이었고, 또 한 가지는 한분에게서 내면의 공부를 하고 있었는데 마침 늘 듣던 말이 '마음의 아픔을 넘어서 가라' 였습니다. 거기다 그녀와의 이별로 얻은 고통이 덧붙여져 나는 삼중의 심적 하중을 느끼며 생활해 나갔습니다.

그 당시엔 '마음의 아픔을 넘어서 가라' 는 것이 무엇을 뜻하는지 와 닿지 않았습니다. 아픔이 느껴지는데 그 아픔을 어떻게 넘어서 가라는 것인지, 넘어가면 아프지 않은 것인지, 도통 나는 그 의미를 알 수 없었던 것입니다.

그런데 바로 이 사건을 통해 내가 '마음의 아픔' 보다 더 큰 존재라는 것을 체험하게 됩니다. 너무도 커서 결코 견디지 못할 것 같은 아픔을, 깨어서 의식적으로 넘어가게 되면 이제 우리는 '자신' 이라 여기는 그 '모든 아픔' 보다 자기가 더 큰 존재라는 것을 경험할 수 있습니다.

그녀와 헤어진 후 가슴에 실제 통증을 느끼며, 먹지도 못하고 잠도 잘 오지 않는 아픔과, 손발의 힘이 모두 빠져나간 것 같은 무력감을 느끼며 하루하루를 좀비처럼 지냈습니다. 대학 도서관 본관 창문에서 그녀가 귀가하는 모습을 바라보며 맥없이 주저앉기도 했고, 공대 도서관 구석에 틀어박혀 눈에 들어오지 않는 논문을 기계적으로 훑기를 거의 3개월 여간 했던 것 같습니다. 글을 아무리 읽으려 해도 내용이 들어오지 않았고, 머릿속은 하얗게 텅 비어 있을 뿐이었습니다. 그때까지도 가슴 속 아픔은 그 세기가 전혀 줄어들 기미가 없었습니다. 나는 그야말로 아무것도 하지 못하며 세월을 보내고 있었습니다.

그런데 3개월여가 지나간 어느 날, 참으로 놀라운 체험을 하였습니다. 이것은 체험이라기보다는 일종의 알아챔이었는데 내게는 그것이 존재감을 새롭게 느끼는 삶의 전환점이 되었습니다. 여느 때와 마찬가지로 허전하고 아픈 가슴을 느끼며 논문거리를 들고 공대 도서관으로 갔습니다. 학교의 가장 구석에 있던 이 작은 도서관엔 많은 학생들이 자신의 목표를 향해 열심히 공부에 열중하고 있었습니다. 그 중 비어있던 한 자리에 앉으며 '오늘도 어제처럼 눈에 들어오지 않는 글씨들을 마주 하겠구나' 하는 마음으로 아무 생각 없이 책을 펼쳤습니다. 그런데 한 두 페이지를 읽어내려 가던 순간 나는 놀라고 말았습니다. 어! 책이 읽히고 있었던 것입니다. 내용이 머리에 들어왔고, 구도가 잡히며 줄거리가 생생하게 마음의 스크린에 살아서 움직였습니다. 이럴 리가 없는데! 하며 아픈 가슴 속을 느껴보았습니다. 쓰라린 아픔은 여전히 그 자리에 있었고, 사랑의 결핍감은 어제와 똑같이 내 존재의 큰 자리를 차지하고 있었습니다. 그런데 그 와중에 '책이 읽히고 있었던 것입니다!'

나는 이런 상황에 놀랐습니다. 그리고 순간적으로 '아, 바로 이런 것이 "아픔을 넘어서 간다"는 말이 의미하는 것인가' 하고 자문하였습니다. 내 가슴 속의 아픔은 여전하고 전혀 줄어들지 않았는데도 그동안 읽히지 않던 글이 눈에 들어오고 다른 모든 일을 '할 수 있었던 것입니다.'

그때서야 난 '아픔을 넘어서 간다'는 것이 무엇을 뜻하는지 명확히 이해하게 되었습니다. 그것의 핵심은, 마음의 아픔이 사라지는 것이 아니라 나의 '존재가 그 아픔보다 더 크다'는 것을 알아챔을 의미했던 것입니다. 그것은 마치 1미터 파도를 두려워하며 한 발짝도 움직이지 못하던 서퍼(surfer)가 수없이 물에 빠지다가 어느 순간 그 파도를 훌쩍 넘어버린 것과 같습니다. 1미터 파도가 오지 않는 것이 아닙니다. 그는 그 파도보다 커진 것입니다. 그는 더 이상 1미터 파도가 주는 아픔을 두려워하지 않게 된 것입니다. 3개월여의 아픔을 의식적으로 느끼며 견뎌내는 동안 존재의 중심은 내 '아픔'을 넘어 더 거대한 쪽으로 이미 옮겨져 있었던 것입니다.

그런데 마음의 세계는 서핑의 세계와는 또 다른 면이 있었습니다. 서핑에서는 1미터보다 훨씬 더 큰 2미터 파도가 오면 또다시 두렵고 실력을 키워 넘어가야 하지만 마음의 세계에서는 '연역(演繹)' 또는 '통찰 현상'이 있어 강도가 더 센 아픔이 다가와도, '나는 그 어떤 아픔보다 더 큰 존재이다'라는 것이 확고히 자리 잡은 이상 흔들림이 없게 되는 것입니다. 이것은 '심적인 고통(心的苦痛)' 을 끝내버리는 통찰이었습니다. 물론 그 이후에도 간간히 아픔들이 있었지만 그 아픔의 깊은 배경에는 '나는 그 어떤 심적 고통보다도 더 큰 존재이다' 라는 '안전한 평화' 가 뿌리내리고 있었습니다.

'나' 도 '세계' 도 사라지는 체험

그러나 내가 방황하던 이유는 아픔을 끝내기 위함이 아니라 뭔가 인생의 시원한 생명수를 맛보고자 하는 것이었기에 그렇지 못한 답답함을 풀기 위해 또다시 방황을 통한 추구가 계속 되었습니다. 그렇게 이리저리 기웃거리며 호흡 수련도 하고 책도 보며 다양한 강의도 듣던 중에 어떤 의식 프로그램을 듣게 되었습니다. 초기 과정은 심심하다 느껴졌으나 마지막 과정은 상당한 깊이가 있었고 어떤 체험이 일어났습니다.

그 과정이 끝나갈 즈음, 나는 생각을 지우는 연습을 하고 있었습니다. 내면을 들여다보며 어디서 생각이 올라오는지 바라보다가 올라오면 그것을 붙잡아서는 지워버리고, 또 올라오면 지우고를 반복하였습니다. 그렇게 생각 지우기가 기능화 되자 흥미롭게도 지우는 속도가 빨라지기 시작했습니다. 얼마 지나지 않아 떠오르는 '생각의 속도' 보다 지워 '사라지는 속도' 가 더 빨라지는 시점에 이르렀고, 따라서 마침내 더 이상 지워야할 생각이 없는 상태가 되었습니다. 마치 방안에서 가구들을 하나하나 치우다가 이제는 다 치우고 텅 비어버린 공간을 마주하고 있는 것과 같았습니다.

그러자 텅 빈 내면의 공간에서, 지워야할 '생각' 이 떠오르기를 기다리고 있는 '나' 만 두리번거리고 있는 것이 느껴졌습니다. 그것을 느끼며 잠시 기다리다가 번개에 맞은 듯 번쩍 하고 놀라운 통찰에 이르렀습니다. 바로 이렇게 "생각이 떠오르기를 기다리는 '나'란 놈도 하나의 생각이 아닌가?"라는 것이었습니다. 이런 통찰에 이르자 그동안 자동화된 '지우기 기능'이 작동하며 갑자기 내면의 배경에서 한시도 쉬지 않고 생각이 떠오르기를 기다리고 있던 '나'라는 놈이 '스스로를 지워버렸습니다'. 그리고는 알지 못할 나락으로 빠져들기 시작했습니다. 아마 블랙홀이 존재한다면 바로 이런 느낌일 것입니다.

나와 세계는 같이 사라지는 것입니다. 결코 어느 하나만 사라지지 않습니다. 왜냐하면 '내'가 곧 '세계'이기 때문입니다. 따라서 자신에게 '세계가 나타나 있다면' 그것은 곧 어딘가에 그 세계를 보고 있는 '내'가 있다는 증거입니다. 지금 이 순간 당신이 무언가를 '의식'하고 있다면 거기엔 이미 그것을 의식하는 어떤 '동일시'가 있다는 증거입니다. 그 동일시된 '나'를 이 글에서는 '감지(感知)'라 부를 것입니다. 우리의 의식발생 과정에서 순수하게 '있는 그대로'를 감각한 이후, 그 흔적을 통해 '안다'는 느낌을 만들어내는 원인이기 때문입니다.

어쨌든 그렇게 생각지우기를 하던 그 순간 '나와 세계'가 한꺼번에 사라져버리고 말았던 것입니다. 그 순간 나는 떠오르는 '생각'도 아니었고, 그 생각을 지우는 '나'도 아니었으며, 그저 저 깊은 블랙홀로 빠져드는 존재감만 있었습니다. 마치 '아무것도 없음' 또는 무(無)에 온 존재가 몰입되어 있는 것과 같았습니다. 얼마나 지났을까, 온몸이 추웠는지 몸을 떨었고, 누군가 담요 같은 것을 내 어깨에 얹어주며, 밖으로 산책을 데려갔습니다. '내'가 아니라 발이 걷고 있었습니다. 한 커다란 건물의 뒷산 언덕이었습니다. 거기서도 역시 눈에 많은 것이 보였지만 마음에는 그 어떤 것도 그려지지 않았습니다. 그저 감각적으로 흘러갈 뿐 마음에 어떤 흔적도 남지 않았습니다. 그것은 보아도 보는 것이 아니었습니다. 오직 지금만이 있었으며, '안다' 는 대상물로 가득 찬 과거와 현재, 미래는 없었습니다. '마음이 없는 곳에 시간이 없다' 는 것을 그때 깨우쳤습니다. 그저 감각적 정보만이 눈으로 들어올 뿐 내가 '아는' 것은 아무것도 없었습니다. 마음에 어떤 그림도 그려지지 않았습니다. 그렇게 2~3시간이 흘렀을까? 이제는 이 과정을 더 이상 하고 싶지 않았습니다. 어떤 필요도 없었고, 원하는 것도 없었습니다. '더 나은 삶의 목표를 정하기' 와 같은 몇몇 과정이 남아 있었지만 나는 더 이상 필요 없다는 말을 남기고 집으로 향했습니다. '나' 를 느낄 수가 없는데 어떻게 그런 '나' 를 위한 새로운 삶의 목표를 정할 수 있겠는가?

그렇게 3일간을 보냈던 것 같습니다. 아무런 생각도 없이 블랙홀에 빠져든 상태로 며칠을 보낸 후 다시 내용이 있는 의식의 세계로 나왔습니다. 이제 내가 추구하던 것이 얻어진 것일까? 분명하지는 않았지만 더 이상 원하는 것이 아무것도 없었으므로 나는 발이 세상에서 떠있는 듯이 3개월여를 그렇게 평화 속에서 지냈습니다.

그러나 그것은 그저 왔다가는 또 하나의 체험일 뿐이었습니다. 그 체험의 강도가 약해지자 일상에서 다시 도전받기 시작했습니다. 전보다 약하긴 했지만 감정이 다시 올라오고, 마음이 물들기 시작했으며, 내적으로 요구하는 것이 생겨나고 의심이 고개를 내밀기 시작했습니다. 이것이 끝이 아니란 말인가?

눈은 모든 것을 보지만 눈 자신을 보지는 못한다

깊은 블랙홀로 빠져드는 체험을 한 후 나는 '이제 끝났나보다. 더 이상 얻을 것이 없는 것 같다'는 생각을 했습니다. '내가 없는 무아'라는 것이 이제서야 무엇인지 알 것 같았습니다. 한번 깊은 미궁 속에 빠져본 후 그 미궁의 깊이, 온통 미지이며 아무런 흔들림도 없는 절대무와 같은 그것이 존재 깊숙이 자리 잡고 앉아 내게서 떠나지 않고 있었습니다. 그저 암흑만이 있고 밖에도 내면에도 아무것 없는 그야말로 무의 상태에서 3일간을 지낸 후 내 마음은 '그래, 내 필생의 작업이 드디어 끝났구나'라고 느꼈습니다. 길을 걸어도 음식을 먹어도 그 블랙홀의 '무'의 감각이 늘 함께 했습니다. 내면엔 그저 평화가, 외부엔 아무 일도 일어나지 않고 있었습니다.

그런데 3개월가량 지나자 서서히 그 '감각'이 희미해지면서 이전보다는 약하지만 다시 생각에 휘둘리고 미세한 감정이 일어나며 무의 감각이 서서히 사라져가는 것이었습니다. 그때서야 이것이 전부가 아니라고 생각되기 시작했습니다. 세상 모든 사람을 속일 수 있어도 자신을 속일 수는 없는 법입니다. 내면에서 '아직 부족하구나'라는 생각이 올라오고 다시 흔들리는 것을 막을 수 없었습니다. 도대체 뭐가 더 있단 말인가? 소위 말하는 무아의 체험을 한 것이 아니란 말인가? 아니면 무아의 체험이란 것도 그냥 하나의 체험에 불과하며 지속될 수 없다는 말인가?

그리하여 마음은 또다시 현재를 떠나 여행하기 시작했습니다. 그러다 꼭 알맞은 시기로 느껴지는 때에 '절대'의 입장에서만 말하고 있는 『아이앰댓』이라는 책을 접하게 되었습니다. 그 책을 매우 흥미롭게 읽었는데, 그 이유는 질문자들이 마음에 들었기 때문입니다. 스승에게 무조건 고개 숙이지 않고 집요하게 묻는 것이 마치 내가 묻고자 하는 것을 꼭 집어서 대신 물어주는 듯했고, 그 대답 또한 시원했던 것입니다.

20대 초반 불경을 접했을 때 나가세나와 석가모니의 문답집을 보는 것과도 같았습니다. 다른 글과는 달리 이 경전은 나가세나 비구가 석가모니와 설전을 벌이는 장면이 아주 상세히 나와 있었습니다. 이 책은 석가모니에게 고개 숙이며 그저 '네, 네'만 하는 다른 경전들과는 확실히 달랐습니다. 그와 같이 『아이엠댓』도 역시 스스로 이해되거나 체험이 일어나지 않는 한 끊임없이 의문을 던지는 질문자들과, 그에 대해 한치의 흔들림 없이 대답하는 마하라지의 명철한 대답이 시원하게 느껴졌습니다.

그런데 책을 읽어가던 중 막히는 부분이 있었습니다. 바로 '눈은 모든 것을 보지만 눈 자신을 보지는 못한다'라는 문구였습니다. 뭔가 이해될 듯 하면서도 시원하게 수용되지 않는 이 문구가 가슴에 들어와 몇 날 며칠이고 떠나지 않았습니다. '화두란 이런 것이 아닐까? 스승이 주어서가 아니라 어떤 계기로 가슴속 깊이 들어와 제 스스로 떠나지 않는 문구! 내가 일부러 그것을 붙잡고 놓지 않으려고 하는 것이 아니라 그 문구 스스로가 내 가슴 안에 들어와 자리 잡고 떠나지 않는 것!' 거기에 내가 할 수 있는 일이라고는 아무것도 없었습니다. 밤이면 그 문구와 함께 잠이 들고, 아침에 일어나면 그 문구와 함께 또 하루를 시작했습니다. 마치 문지방에 서 있는 듯이 알듯 말듯 한 느낌이 나를 사로잡아 이 의문에서 멀어지지 못하도록 하였습니다. 아마도 이 말의 뜻을 이해하기에 너무도 먼 곳에 있었다면 이렇게 사로잡히지는 않았을 것입니다. 그런데 바로 한발만 내디디면 이해될 상태에 와있었기에 그토록 그 말에 사로잡힌 것이 아니었을까? 그래서 '화두'는 누군가가 주는 것이 아니라 그 스스로 자신에게서 떠나지 않는 것, 즉 내 안에서 살아있는 '활구(活句)'일 수밖에 없다고 이제는 느끼는 것입니다. 그리고 그 화두는 나의 의지를 몰수하여 모든 에너지가 그를 따르도록 하였던 것입니다.

그 상태에서 며칠이 흘렀는지 알 수 없지만 분명한 것은 그 당시 화두였던 '눈은 모든 것을 보지만 눈 자신을 보지는 못 한다'에 나의 온 의식이 집중되었다는 사실입니다. 그러다 어느 날, 아! 그것이 온몸으로 확연히 이해되었습니다. 그 순간 수많은 것들이 떨어져나가는 느낌이었습니다. 아주 가벼워져 아무런 무게감을 느끼지 못하는 자유로움이 있었습니다.

눈이 모든 것을 보듯이 내 마음의 근본도 마음에서 일어나는 모든 것을 봅니다. 거기에는 생각도, 감정도, 그 밑바탕의 느낌들 및 기타 마음에 의해 느껴지고 알려지고 경험되는 모든 것이 포함됩니다. 그것들은 모두 대상일 뿐 진정한 내가 아니었던 것입니다. 진정한 나는 그저 경험되지 않는 근원으로 남아 있을 뿐, 눈이 눈 자신을 볼 수 없듯이 내 마음의 근본도 그 자신을 보거나 알거나 경험할 수 없습니다. 대상이 있다는 것이 근원을 증거할 뿐. 그래서 근원에 대해서는 '이것도 아니요, 저것도 아니다'라고 부정어로만 말할 수 밖에 없다는 것이 확연히 와 닿았습니다.

논리적으로 당연한 것으로 여겨지지만 그 말이 나의 내면에 일으킨 통찰의 효과는 컸습니다. 더 이상 무언가를 찾아 헤매는 '마음'이 사라진 것입니다. 무언가 '의심'이 일어나면 '그것'을 느꼈고, 어떤 감정이 일어나면 '그것'이 보였습니다. 희노애락애오욕의 모든 내적인 사건들이 일어나면 '그것'을 보았습니다. 내면에서 일어나는 모든 것은 '그것'이었습니다. 나중에 그 이유를 분명히 알게 되었는데, 그것들과의 '동일시'가 끊어져버렸기 때문이었습니다. 내면에는 '나'라고 할 만한 것이 없었습니다. 그러자 내면에서 일어나는 어떤 일에도 더 이상 흔들리거나 끌리거나 저항하는 현상이 사라졌습니다. 그것은 분명하였습니다. 블랙홀의 체험 이후 3개월여를 무(無)의 감각으로 살다가 다시 돌아온 것은 '나는 무를 체험했다'는 체험에 주의가 가있었기 때문입니다. 그 '체험'과 무의식적으로 동일시되어 다시 동일시하는 함정에 빠진 것을 몰랐던 것임을 깨우쳤습니다.

그 당시는 참 놀라운 체험이라 여겼습니다. 왜냐하면 그 후로는 더 이상 어떠한 의문도 일어나지 않았기 때문입니다. 모든 것을 알게 되어서가 아니라 무엇에 대해 알아야 한다거나 부족하다는 마음이 사라졌기 때문입니다. 그것이 사라진 이유는 떠오르는 모든 생각들에 대해 초연할 수 있었기 때문입니다. 어떤 부족하다는 생각이 일어난다 해도 그것들과 동일시가 되지 않으므로 문제가 되지 않았습니다. 나의 중심이 더 이상 어떤 생각이나 감정, 느낌에 가있지 않게 되었습니다.

그러나 지금 내면을 바라보면 그것은 전혀 놀라운 일이 아닙니다. 동일시만 없다면 우리 모두가 항상 그 상태에 있기 때문입니다. 그러므로 무엇을 새롭게 얻은 것도 아니요, 새롭게 체험한 것도 아니며 새롭게 안 것도 아닙니다. 사실 근본적으로 내게는 아무 변화가 일어난 것이 없었습니다. 그러나 그것은 또한 혁명적인 변화이기도 했습니다. 이제는 해야 하고 필요한 일이라 생각되는 것에 아무런 내적인 방해나 잡념 없이 몰입 되었으며, 또 '의식'이 소용없는 순간에는 언제든 그것들을 내려놓고 '쉴 수 있게' 되었습니다.

기본적으로 어떤 생각이나, 생각에 기반을 둔 어떤 감정에도 빠지지 않게 되었습니다. 다시 말해 생각으로부터 초연해진 것입니다. 그러나 어찌 보면 말 그대로 가리고 있던 막에서 놓여났지만 이 존재는 "여전히 그대로이다"라고 말할 수 있습니다.

　이때부터 어떤 생각이나 감정이 지나가도 상관이 없게 되었습니다. '그것들'은 그저 '일어나는 일'에 불과한 것이었기 때문입니다. 일상에서 그것들에 대해 초월이 가능하게 되었습니다. 그 전까진 늘 무심상태에 들거나, 고요해지도록 노력해야 했습니다. 그런데 이제 더 이상 '일상을 피할 필요가 없어졌다.'는 것입니다. **생각이 있다는 것이 곧 내 의식의 근원이 있다는 증거요, 감정이 있다는 것이 바로 심오한 우주의 근원인 나의 바탕이 있다는 강력한 증거이기 때문입니다.**

　이전에도 똑같이 나는 내면을 살펴보았고, 수도 없이 자신의 생각과 감정이 어디서 기원하는지 의문에 휩싸였습니다. 그런데 이제 그 모든 생각과 감정이 그저 '일어나고 있는 것임'이 확인되는 것입니다. 물론 정신분석이나 정신적 외상치료에서와 같이 그 생각과 감정의 원인을 파고 들어가 보면 저 깊이에 무언가가 있겠지요. 그러나 아무리 깊은 심층에 어떤 원인이 있다하더라도 그것 역시 근원의 장(場)위에 떠오르는 '대상'에 지나지 않습니다. 그렇다면 과연 무엇이 달라진 것일까요? 우리는 어떻게 자신이 내면에서 말하는 자신의 목소리를 들을 수 있을까요? 그것은 우리의 근본의식은 언제나 그 모든 것을 목격하고 있다는 것을 알아챌 때 비로소 가능해집니다.

　15년 이상을 답답해하며 무언가 시원한 것을 끊임없이 추구하던 욕망이 바로 그 시점 이후로 사라져버렸습니다. 그렇다고 내가 '무언가'를 얻은 것은 아닙니다. 그보다는 차라리 그렇게 무언가를 얻으려하는 마음의 '전체과정'이 보인 것 뿐입니다. 그 과정을 모두 보게 되자 갑자기 '추구력'이 사라지며 그토록 추구하던 '나'로부터 자유롭게 된 것입니다. 그때서야 '내가' 자유로워지는 것이 아니라 '나로부터' 자유로워진다는 말의 진정한 의미를 알게 되었습니다.

상상에서 벗어나다

수련을 하던 초창기에 나는 뭔가 놀라운 내적 경험이나 황홀경을 추구하였습니다. '내가 사라지는 체험'이라는 것은 아마도 거대한 감정적·정신적·육체적 변화와 함께 상상할 수 없는 체험으로 다가올 것이라는 기대를 갖고 있었습니다. 물론 그 체험은 '내'가 결코 상상하지 못했던 모습으로 다가왔습니다. 아주 고요하고 모든 추구력을 끝내는 침묵으로.

어떤 사람에게는 황홀경이나 기적과 같은 체험이 함께 할 수도 있습니다. 그러나 그러한 모든 체험은 일시적일 수밖에 없습니다. 전 인류 역사를 통해 모든 참스승들이 이야기 하듯이, 만일 우리가 한 순간도 떠날 수 없는 근원 속에 늘 있다면, 황홀한 체험이 일어나기 전이나 이후에도, 항상 같은 근원의 바다 안에 살고 있으므로, 근원을 발견하고자 하는 우리는 그 경험의 전후를 포함한 매 순간 '변함없는 그 무엇'을 살펴봐야 합니다.

그런데 '그 무엇'을 발견하는 체험의 양상은 사람들마다 다르니, 어떤 이는 말로 표현할 수 없는 거대한 기쁨의 파도로, 어떤 이에게는 침묵의 평화로, 어떤 이에게는 한없는 사랑으로 체험될 수 있습니다. 다만 이렇게 극도의 진리와 선함과 아름다움을 경험하는 것은 모두 '근원'이 '그 사람이라는 현상'을 통해 '번역'된 모습일 뿐입니다. 근원은 어떤 모습도, 맛도, 감정도 지니지 않지만 그것을 체험하는 사람의 패턴에 따라 다양하게 모습을 드러낼 뿐입니다.

사실 거기엔 진리도, 선함도, 아름다움도 없습니다. 그저 근원이 있을 뿐입니다. 인도에는 근원을 표현하는 단어가 셋 있는데, 바로 삿, 칫트, 아난다(Sat, Chit, Ananda)입니다. 그것은 창조에너지의 '존재', 순수 '의식', '지복' 이라는 뜻입니다.

그러나 근원은 존재도, 의식도, 지복도 아닙니다. 그것은 근원을 본 사람의 양태에 따라 그렇게 번역, 혹은 해석된 것일 뿐입니다. 그러므로 그것에 대해서는 결코 그 어떤 말로도 포장할 수 없는 것입니다. 그것은 그저 용솟음치는 생명의 힘으로 나타날 뿐입니다. 그러므로 황홀경이나 지복의 느낌, 무한한 평화, 기쁨 등의 단어로 근원을 왜곡하지 말도록 해야 합니다. 거기서 초심자들의 오해가 생기게 되고, 그들의 잘못된 노력이 시작되기 때문입니다.

어느 누가 어떤 경험을 통해 근원의 맛을 보았다 해서 모두가 그런 경험을 해야 한다는 것이 아님을 기억하십시오. 우리 모두는 우리 자신만의 형태로 근원을 경험합니다. 그리고 그 경험의 색깔과 형태, 농도는 아주 독특해서 어느 누구도 같은 경험을 하지 않습니다. 그러므로 누군가 '이런 경험을 해야만 근원을 본 것이다' 라고 주장한다면 그는 올바르게 말하는 것이 아닙니다. 다만 자신의 지혜가 드러날 때까지 멈추지 않고 가면 됩니다. 그 길은 어느 한 사람이 알려줄 수도 없고, 하나의 방법이 이르게 할 수도 없습니다. 만일 누군가 자신의 상태를 잘 설명해주는 스승 밑에서 배우고 있다고 여긴다면 그는 그 스승을 떠날 때까지 깨어나기 더 어려울 것입니다. 왜냐하면 그는 스승의 '설명' 속에 묶여있기 때문입니다. 지혜는 '자신' 으로부터 '완벽히 자유로워졌을 때' 드러납니다. 또는 지혜와 자유는 동전의 양면입니다.

그래서 지혜를 얻은 이들에게는 한 가지 공통된 점이 있습니다. 즉, 근원의 빛이 된 자는 누구나 자기의 소리를 낸다는 것입니다. 그는 더 이상 누구를 뒤따르지도 않고, 더 이상 누구를 흉내 내지 않으며, 더 이상 누구를 막지도 않습니다. 그는 자신이 쥐의 형태를 하고 있음을 보고 찍찍 소리를 냅니다. 그리고 과거와 같이 더 이상 어홍 하고 사자 흉내를 내지 않습니다. 그는 이제 찍찍 소리를 내면서도 그것이 사자의 어홍 소리와 다르지 않음을 압니다.

　　다만 그림자에 가장 덜 오염된 말로 표현하려니까 존재의 근원은 의식이며, 그것 속에 있을 때 지복의 느낌을 갖는다고 말하는 것 뿐입니다. 여기서 지복이란 결코 행복과는 다릅니다. 행복은 늘 고통을 수반하는 동전의 양면이기 때문입니다. 반면에 지복은 자유와 함께 옵니다. 내적인 모든 생각이나 느낌이 '그것' 으로 느껴지는가? 그렇다면 그로부터 벗어나 있음을 자연스레 알게 되며, 그것들로 인해 야기된 '분리감' 이 사라지면서 전체인 하나가 됩니다.

　　누군가 감정적인 지복을 '느낀' 다면 이런 경우일 것입니다. 즉, 고개를 왼쪽으로 돌리면 분리감의 세계가, 오른쪽으로 돌리면 전체의 세계가 보이는 경계선, 그곳에 서있기에 그 두 세계 사이에서 전율하는 것, 그것이 지복의 느낌일 수는 있습니다. '분리' 에 속할 때만 '느낌' 이 가능합니다. 그에게 지복이라는 일말의 '느낌' 이 가능한 것은 그가 분리되어 있는 동시에 전체이기도 하기 때문입니다.

　　'지복' 이 그 어디에도 끌리지 않고 지금 여기서 일어나는 느낌인 데 반해, 행복은 무언가에 '끌리는', 움직임의 방향이 있는 느낌입니다. 행복한 이는 자신이 끌리는 것을 향해 달려가는 느낌이 있습니다. 어떤 이유가 있다는 말입니다. 물론 이 행복감이 극도로 커져서 어디로 향하는지도 모르고, 왜 행복한지도 모르며, 그저 그 행복감 자체 속에 있다면 그것은 지복과 유사한 느낌일 것입니다. 그러나 거기에는 여전히 강렬한 에너지의 유입이 있어야 하며 거기에 한계가 있습니다. 그런데 지복은 에너지의 유입이 없어도 그 자체로 잔잔한 진동을 일으키는 느낌입니다. 그는 지금 이 순간과 하나가 되어 있습니다. 그것이 크리슈나의 연인인 '미라'에게서 일어난 일입니다. 그녀는 행복감에서 시작했으나 그 행복감이 너무도 커져 자신마저 사라지는 지복의 상태로 변형되었던 것입니다.

아무것도 느끼지 않는 상태, 그것이 근원적 상태에 가깝습니다. 왜냐하면 우리는 그 '어느 것'도 아니기 때문입니다. 황홀경을 느끼고, 벅찬 기쁨을 느낀다면 그것은 곧 사라질 것입니다. 무언가를 느낀다는 것은 '변화' 속에 있을 때만 가능하기 때문입니다. 즉, '어떤 상태'에서 '다른 상태'로의 변화가 있을 때만 '느낄' 수 있습니다. '어떤 상태'와 동일시되어 있을 때만 그것이 '다른 상태'를 '느낄' 기반이 되어주기 때문입니다. 만일 황홀경이 있다면 그것은, 그동안 끊임없는 생각과 감정의 소용돌이 속에 파묻혀 있던 어떤 '정신 상태'가 난생 처음 거기서 빠져나와 아무런 생각도 없는 '무심의 경지'를 맛볼 때 느껴지는 감정적 부산물일 가능성이 매우 높습니다. 황홀경이 근원의 핵심은 아니기 때문입니다. 당신이 느낄 수 있는 모든 것은 거의 예외 없이 변화의 과정에서 느껴지는 내적인 '대상'일 뿐입니다. 그러나 근원은 그 어떤 대상도 아닙니다.

그리고 그 '아무것도 아님'의 세계는 우리 누구나 언제나, 거기에서 살아가고 있기에 알아채는 데 어려움이 없습니다. 이 글 「깨어있기-의식의 대해부」를 통해 그 평상심의 세계가 전달되기를 바랍니다.

의식을 사용하기

우리가 이제 '나'로부터 자유로워져서 의식을 초월적으로 사용하는 것은 자판의 사용에 비유될 수 있습니다. 우리가 분명하게 의식을 '사용하게 되기'까지는 무지와 자아, 자유인에 이르는 과정을 거칩니다.

'오직 모를 뿐'이라는 말이 있습니다. 그것은 어떤 생각으로부터도 자유롭다는 것을 의미합니다. 그러한 자유의식을 맛본다는 것은 '모른다'를 '느끼'거나 순수의식을 '느끼'는 것이 아니라 모르는 '상태'로 들어가는 것입니다. 흥미롭게도 자유로이 의식을 쓸 수 있는 '모르는 상태'에 있을 때는 도리어 '모른다는 느낌'이 없습니다. '모른다'를 '느끼'거나 '텅 빈 상태를 느낀다'는 것은 아직 이원(二元)적인 자리에 있다는 증거입니다. 아직도 '뭔가'를 '느끼는' 상태이기 때문이지요. 당신이 내적인 무언가를 '알거나 느끼기' 위해서는 느끼는 주체와 느껴지는 대상으로 나뉘어 있어야 합니다. 또는 그 대상의 '고정된 흔적'이 필요합니다. 즉 아무리 짧은 순간이라도 그것이 '지나간 과거'가 되어야 합니다. 분열되지 않은 '지금 이 순간'은 결코 '알거나 느낄 수' 없습니다. 예를 들어 지금 자신의 마음을 들여다보고 어떤 느낌이 있는지 '보십시오.' 만일 '외로움'이 느껴진다면 당신은 그 외로움을 사진 찍듯이 형태지어 붙잡아놓고 '느끼거나' '안다'고 하는 것입니다. 그렇지 않다면 그것을 '외로움'이라고 느껴 알 수 없을 것입니다. 그러나 그것은 이미 죽은 과거입니다. 그것이 사진과 같이 변함없고 고정되어 계속 '같은 느낌'을 준다면 말입니다. 과거만이 '같은 느낌'을 지닙니다. 그리고 고정된 '같은 느낌'을 지니지 않은 것은 우리가 '알거나 느낄 수' 없습니다. 무언가 보이고 느껴진다면 그것은 마음의 사진기로 찍어 고정화시킨 과거의 느낌일 뿐입니다. 우리가 '안다'고 느끼는 모든 것은 이와 같습니다. '안다'라고 느낄 때 우리는 이미 끊임없이 과거를 되씹는 반추동물이 되어 있는 것입니다.

그러나 모든 것에 깨어있지만 그 어떤 것에도 사로잡히지 않는 의식인 '깨어있기'가 되면 이제 비로소 '지금'에 현존하게 되며 곧이어 '모르는' 상태로 들어갈 수 있게 됩니다.

의식과 관련하여 우리에게는 세 가지 상태가 존재합니다. 즉, 어린아이 같은 상태, 자아가 확립된 어른의 상태, 자아를 사용하는 자유인(自由人)의 상태가 그것입니다. 이 세 가지 상태를 컴퓨터 자판에 비유하자면, '어린아이 의식'은 자판을 치는 법을 배우지 못해, 자판 위에서 무엇을 두드릴지 몰라 멍하게 떠있는 상태입니다. 그는 어떤 자판에도 익숙하지 않으므로 하나의 자판에 끌리거나 밀쳐내는 것이 없습니다. 그래서 그는 '가'를 쳐야하는 상황이 오면 온통 혼돈에 빠지며 헤맵니다. 다만 자신이 '헤맨다는 의식'이 없을 뿐입니다. 이것을 불교에서는 치심(癡心-어리석은 마음)이라 합니다.

반면 '자아가 확립된 이'는 어떤 한두 가지 자판에 손을 대고 있으며 전체 자판을 대강 익히기는 했으나 손이 늘 '어딘가에 머무르고' 있습니다. 우리가 자판을 칠 때 '제자리'란 아무 자판에도 중요점을 두고 있지 않지만 언제든 어느 자판이든 칠 수 있는 '자리'를 말합니다. 그런데 '자아'는 아직 그런 제자리에 가있지 못하며 몇 가지 '익숙한 자판'에 습관적으로 끌리거나 익숙하지 않은 것에 저항합니다. 그래서 그와 다른 새로운 상황이 오면 혼란에 빠져 끌림과 밀침 사이에서 갈등을 느끼는 상태입니다. 이것은 불교의 탐심(貪心)과 진심(瞋心)에 상응됩니다. 탐심은 끌리는 마음에서, 진심은 저항하고 밀쳐내는 마음에서 나옵니다.

'자유인'은 어떤 자판에도 끌림이나 밀침이 없으며 항상 '제자리' 에 떠있습니다. 이렇게 떠있는 것은 '어린아이 의식'이 몰라서 멍하게 떠있는 것과 유사합니다. 어떤 자판에도 닿아있지 않기 때문입니다. 그래서 성경은 '어린아이 같은' 사람이 천국에 간다고 말하는 것입니다. 그러나 자유인은 이렇게 어린아이 '같은' 사람이지 어린아이는 아닙니다. 어쨌든 자유인의 의식은, 자판에 익숙한 사람이 중간 줄의 공중에 손가락을 위치시키고 있는 것과 같아, 그의 다섯 손가락은 언제나 '현재'에 반응할 준비가 되어 있는 것과 같습니다. 그는 하나의 자판을 치고는 다시 원위치에 와있기에 다른 자판을 빠르게 칠 수 있습니다. '하나의 자판에 닿는 것'을 '어떤 것을 의식하는 것'이라고 비유해보면, 그런 의미에서 그는 항상 아무것도 '의식'하지 않는 상태에 있습니다. 어떤 자판에도 닿아있지 않기 때문입니다. 그래서 '모르는 상태'에 있다고 하는 것입니다.

그런데 자판에 서툰 사람은 하나의 자판을 치면 손가락이 지금 친 그 자판에 머물러 있습니다. 그러다가 다른 자판을 쳐야할 때가 되면 다시 그 손가락을 움직여 다른 자판으로 가져갑니다. 서툰 사람은 항상 어떤 자판에 손가락이 머물러 있으므로 늘 무언가를 '의식'하고 있다고 할 수 있습니다. 그리고 그 닿아있는 것에 머물고, 애착하며 그렇지 않은 것에 저항 합니다. 그러나 능숙한 사람은 손가락이 어떤 자판에도 닿아있지 않으므로 어떤 것도 '의식'하지 않습니다. 필요할 때만 의식하고는 다시 아무 의식이 없는 제자리로 돌아옵니다. 그런 면에서 그는 평시에 '의식이 없다'고 할 수 있습니다. 그러나 어떤 것에도 반응할 수 있다는 면에서 늘 '깨어있습니다.' 따라서 '깨어있다'는 것과 '의식이 있다'는 것은 다른 의미입니다. '의식이 있다'는 것은 뭔가 '안다'는 느낌이나 생각, 어떤 내용물에 일정부분 사로잡혀 있는 상태를 의미합니다. 반면 '깨어있다'는 것은 어떤 느낌이나 생각, 의식적 내용물에도 빠져있지 않고 있는 것입니다. 깨어있는 자는 언제나 '의식의 바다'를 수영해서 빠져나올 수 있습니다. 그러나 '의식하는 자'는 언제나 '의식의 바다'에 '빠져' 있습니다.

이렇게 자유인의 의식은 아무런 '의식'도 없지만 그렇다고 잠자거나 의식이 없는 것과는 다릅니다. 그는 지금 이 순간 어떤 것을 '안다'는 느낌도 없습니다. 또 무언가 '텅 빈 느낌'이나 '순수의식 상태에 있다'는 '느낌'도 없습니다. 이런 텅 빈 느낌이나, 무의 느낌은 스페이스 바를 계속 누르고 있거나, 모니터에 어떤 글자도 쓰지 않아 기능하지 않는 쉬프트 키를 누르고 있는 것과 같습니다. 그는 '긴장하거나 노력을 해야만' 아무것도 없는 '느낌'을 '유지'할 수 있습니다. 하지만 자유인의 의식은 아무런 노력이 없이 늘 우리의 본성이 텅 빈 상태라는 것을 압니다. 그는 어떠한 안다는 '느낌'도 없지만 동시에 모른다는 '느낌'도 없고 더욱이 잠자는 것도 아닙니다. 그는 '깨어있지만 아무것도 알지 못하는 상태' 그러나 언제든지 '아는 상태'를 '사용할' 준비가 되어있습니다. 이것을 우리는 지혜의 마음이라고 부릅니다.

당신이 언제든 '아무것도 모른다, 또는 아무것도 없다'는 '느낌'이 아니라 아무것도 모르는 '상태'로 들어갈 수 있다면, 또 언제든 거기서 필요에 따라 무언가를 의식하거나 아는 상태로 나올 수 있다면 의식의 '제자리'를 보고 그것이 된 것입니다. 그렇게 제자리를 본 사람은 더 이상 무엇에도 흔들리지 않습니다. 그는 흔들릴 중심이 없으며, 그 어떤 자판 또는 '의식'에도 머무르지 않기 때문입니다. 그는 언제나 '아무엇도 모르는' 제자리에 있기 때문입니다.

'제자리'를 안 이는 이제부터 '사용하는 삶'이 펼쳐집니다. 그는 모든 것을 '사용하며' 살게 됩니다. 그것이 생각이든, 감정이든, 느낌이든 필요에 따라 자유롭게 쓰면서 살아갑니다.

용어 정의

　'깨어있기'에서 사용하는 용어는 경험을 통해 분류된 것이기 때문에 일반적으로 알고 있는 내용과 다를 수 있습니다. 이렇게 정의를 분명히 하게 되면 경험에 도움이 될 것이므로 먼저 소개합니다.

감각(感覺) : 있는 그대로를 느껴 앎
감각하다(있는 그대로 느끼기)

　우리가 태어나 처음 감각기관을 사용하기 시작할 때 느껴지는 것으로, 자아의식과 존재감에 대한 아무런 지식과 통찰이 없는 상태이기 때문에 암흑에서 시작하는 아이와 같습니다. 여기서 말하는 '감각'은 수동적인 받아들임입니다. 이것은 불교에서 말하는 수상행식(受相行識)의 수(受)와 유사합니다. 사물을 직접적으로 감각하며 '나'로 인한 왜곡이 없습니다. 쉽게 표현하자면 우리가 보는 사물에서 기억으로 인한 '이름'과 그것의 '형태 및 질(質)'에 대한 느낌을 내려놓았을 때 남는 순수한 느낌입니다.

감지(感知) : '익숙하다', '안다'는 느낌
감지하다(익숙하고 안다고 느끼기)

　감지(感知)는 무언가 '안다'는 느낌입니다. 감각된 것이 흔적을 남겨 내면에 쌓이기 시작하면, 우리는 이제 그것들을 통해 외부의 사물을 보게 됩니다. 그 내적인 기준으로 인해 느껴지는 '익숙한' 느낌이 감지이며 이것은 일종의 미세한 기억입니다. 이때부터 사물은 있는 그대로 '보여지는' 수동적인 것이 아니라, 그렇게 내면에 쌓인 것을 통해 '보는' 능동적 대상이 됩니다. 즉, **'보이는 것'**이 아니라 내면에 '쌓인 것을 통해' **'보는 것'**입니다. 불교에서 말하는 상(相)과 유사합니다. 내면에 쌓인 일종의 고정된 과거(過去)라고 할 수 있습니다. 시계, 책상과 같은 사물에서 식물, 동물에 이르기까지 익숙하고 안다고 느껴지는 느낌, 더 나아가 슬픔, 행복과 같은 '느낌'도 역시 감지에 속합니다. 느껴서(感) 안다(知)는 의미입니다. 지금 이 순간, 처음 느끼는 것이 아니라 과거에 한번이라도 맛보았던 것으로 느껴진다면 모두 일종의 과거인 감지에 속합니다. 즉, 이름붙일 수 있는 모든 것은 감지이며 과거입니다. 그리고 감지에는 시각적인 것 뿐만이 아니라 청각, 후각, 미각, 촉각적인 것까지 모두 있습니다. 예를 들어 감지가 체험되고 구별된다면, 흔히 선사(禪師)들이 '바람에 흔들리는 깃발'은 바람이 흔들리는가, 깃발이 흔들리는가 라고 물을 때, 흔들리는 것은 바람도 깃발도 아니고 '그대의 마음이다' 라는 말의 의미가 이해될 것입니다. 내 안의 과거인 '흔들린다'는 감지가 느껴지고 있는 것입니다. 그것은 우화가 아니라 실제 우리 의식에서 일어나고 있는 일입니다. 감지를 구별하게 되면 우리의 의식작용을 더 깊이 이해하게 됩니다. 더 나아가 가장 미세하면서도 상위의 감지로는 '나'라는 느낌이 있습니다. 수많은 감지들 중 어떤 상황에 적절한 하나의 감지와 동일시되어 '주체'로 느껴지는 것이 '나'라는 느낌입니다.

모든 감지는 고통을 만들어냅니다. 왜냐하면 감지란 내적인 '안다'를 기준삼아 다른 것들과의 사이에 끌림과 밀침이 일어나게 하는 원인이기 때문입니다. 끌림이 일어나면 그것과 함께하려 하게 되고, 함께하지 못하면 미세한 고통이 일어나며, 끌림이 강해질수록 고통은 강해집니다. 그와 반대로 밀침은 그것과 함께하고 싶지 않은 것인데 이때 피하지 못하면 고통이 뒤따릅니다. 이렇듯 모든 내적인 끌림과 밀침은 괴로움의 원인이 됩니다. 이를 불교에서는 고(苦)라고 부릅니다. 그러므로 고(苦)는 '감지' 수준에서부터 시작됩니다. 그러나 이것은 말 그대로의 생각(想) 뿐만 아니라 그에 앞서 형성되는 일종의 이미지나 미세한 느낌까지 포함합니다.

즉, '깨어있기'의 감지(感知)는 '익숙하다'거나 '안다'는 느낌으로서, 우리가 보통 '시계'라고 할 때 떠오르는 그 느낌에서 '이름'이나 '생각'을 뺀 상태라고 보면 됩니다. 그에 반해 감각은 이름과 형태와 질을 모두 뺀 상태입니다. 감지는 감각들이 흔적을 남긴 것이며 그들 간의 관계가 작용하여 서로 간에 밀침과 끌림이 일어난 상태입니다. 하나의 사물에서 이름을 빼더라도 그것의 전체 이미지나 느낌에는 분명히 '안다'는 느낌이 있습니다. 이름을 빼어냈으므로 그 내적인 대상을 '무엇'이라고 말할 수는 없지만 그것을 '안다'는 느낌은 있는 것입니다. 즉 감지는 '안다'거나 '익숙하다'는 느낌을 지닌 일종의 과거입니다. 우리는 이 무의식적 저장물과 그들 간의 관계에서 오는 끌림과 밀침을 의식적으로 알아차리지 못하여 그것에 이리 저리 끌려 다니고 있습니다. 그러므로 사실은 무의식적으로 저장된 이미지들의 관계 속에 빠져서 행동하고 있다고 해도 과언이 아닐 것입니다. 그래서 자신도 모르게 무언가가 좋기도 하고, 싫기도 하며, 그에 따라 행동하고는 나중에 의식하여 후회하기가 다반사인 것입니다. 우리의 좋다, 싫다는 대부분 이 감지의 층에서 일어나고 있으며, 보통은 그것이 의식화 되지 않기에 자신의 행동이 의식적으로 컨트롤되지 않는다고 느끼는 것입니다. 이렇게 저장된 경험으로서의 과거기억인 감지는 흔히 카르마로, 과거의 경향성으로 불려지며 이를 해소하기 위해서는 심층심리로 들어가 그 고리를 끊어야 한다고 말합니다. 물론 이러한 감지에는 유전적, 집단 무의식적 저장물도 있을 것이며, 그 저장물들 사이의 끌림과 밀침으로 인한 작용도 있을 것입니다. 그러나 이 순간에 깨어있으면, 그 감지들과 동일시되는 순간을 알아차릴 수 있으며, 그러면 감지에 저절로 쏟아 부어지는 생명에너지가 차단됨으로 해서 동일시가 끊어지고 그로부터 자유로울 수 있게 됩니다. 그러므로 깨어있기만 해도 이 동일시의 고리는 언제든 끊을 수 있습니다(동일시 끊기 연습 참조).

주의(注意) : 생명의 투명한 힘

주의에는 자동적(自動的) 주의와 의도적(意圖的) 주의가 있습니다. 자동적 주의는 부지불식간에 일어나며, 놀라거나 위급한 상황을 알리는 소리에 저절로 우리의 주의가 가는 것과 같이, 자신도 모르게 주의가 사로잡히는 경우입니다. 이는 감각과 관련이 있습니다. 그에 반해 의도적 주의는 어떤 뜻을 가지고 주의를 '보내는' 것입니다. 그 모든 주의에는 내적으로 끌어당기는 힘(인력: 引力)과 밀어내는 힘(척력: 斥力)이 수반될 수 있습니다. 그 의식적 끌림과 밀침이 아주 미세하여 잘 느껴지지 않을 수도 있지만 내적으로 감지(感知)가 완전히 형성된 성인(成人)들은 늘 무의식적으로라도 이러한 끌림과 밀침을 경험하고 있습니다. 이때 끌림과 밀침은 불교에서 말하는 탐(貪)과 진(瞋)에 해당한다 할 수 있습니다. 탐진(貪瞋)이 보통 '의식적인 측면'에서 일어나는 것을 주로 말한다면, 여기서는 그것이 무의식적 감지의 층에서도 일어나며 그 모든 것을 포괄하여 말하기 위해 끌림과 밀침이라는 용어를 사용하였습니다.

끌림(貪)과 밀침(瞋)이 느껴져 그것이 자각되더라도, 보통은 명확히 의식하기 전에 이미 자동적으로 동일시가 진행되고 그로 인해 에너지 통로가 형성되어 되돌리기 어렵게 됩니다. 그리고 동일시된 의식적 대상에 에너지가 유입되기 때문에 '내가 저것을 싫어한다'거나 '나는 저것을 좋아한다'는 느낌에 무의식적으로 빠져버리고 맙니다. 그런데 중요한 것은 일단 여기에서 빠져나와야 한다는 것입니다.

밀침의 경우에는 에너지가 유입되기 시작하면, 저항하는 그 상황에 이르기 싫다는 느낌이 커지게 됩니다. 그때 자신의 주의(注意)를 그 밀침의 '느낌'에 주지 말고 그 밀침을 '자각하고 있는 의식' 쪽으로 옮겨야 합니다. 그러면 그 밀침의 감정으로 유입되는 에너지가 줄어들고 깨어있는 의식 쪽으로 에너지가 더 많이 유입되게 됩니다. 그 후 감정은 자연스레 약해지고 사라지게 됩니다.

그러나 여기서 무엇보다 중요한 것은 동일시가 일어나는 순간을 볼 수 있어야 한다는 점입니다. 그 순간을 볼 수 있게 되면 노력하지 않아도 저절로 의식은 '깨어있기'로 들어가게 되고 에너지도 낭비되지 않습니다. 알아챈다는 것은 생명에너지의 방향을 전환시키는 역할을 하기 때문에 동일시로 흐르는 거대한 에너지 강물을 애써 막지 않아도 그 흐름을 저절로 멈추게 합니다.

생각과 의식 : 감지들의 네트워크

앞의 세 단계를 다시 정리하면 순수한 감각단계를 지나면서 우리 근원의식에 일종의 흔적인 감지(感知 : '익숙하다, 안다'는 느낌을 일으키는 것)를 남기는데, 이후 저장된 흔적인 감지와 지금 새롭게 주의가 가서 감각된 정보가 비교, 대조되면서 우리 내면에 생각과 의식을 일으킵니다.

그러나 생각도 결국 근원 에너지의 패턴입니다. 따라서 생각의 내용에 빠지지 않고 생각을 '감각하기' 시작하면, 그것을 정밀하게 들여다보게 되고 그것이 의식에너지의 '작용'임을 알아채게 됩니다. 그런 후에는 일어났다 사라지는 생각이라는 패턴과 감정이라는 패턴, 더 미세한 감지라는 패턴을 볼 수 있습니다.

이것을 물로 비유하자면, 생각과 감정과 감지는 일종의 파도입니다. 분명한 모양이 있으며 서로 간에 구별이 됩니다. 그런데 그것을 좀더 자세히 들여다보면 모두가 물의 '작용'임을 보게 됩니다. 그리고 마지막으로 물의 작용이란 일어났다 사라지는 현상이라는 것을 눈치채게 됩니다. 우리의 근원은 바로 이 물과 같으며 그래서 일상에서 모양 있고 구별되는 세계의 밑바탕에 아무 구별 없는 세계가 동시에 있다고 하는 것입니다.

동일시 : 삶을 '알게' 해주는 유용한 도구

생각과 의식이 발생하면 이때부터 어느 한 생각과의 동일시가 일어나고, 동일시가 일어나면 에너지가 주로 쏟아 부어지는 부분인 '나'가 고착되며, 이후 '나 아닌 것'과의 끌림과 밀침을 통해 좋다, 싫다는 감정이 일어나게 됩니다.

예를 들면, 도로에서 차 한대가 급하게 끼어듭니다. 순간 화가 일어납니다. 그런데 사실 이렇게 화가 나는 것은 '저런 행동을 해서는 안된다' 라는 생각이 내면에 저장되어 있었기 때문입니다. 그 생각과 '내' 가 동일시되어 있는 것이지요. 즉, 그 주체가 되는 생각이 반대되는 상황으로 인한 생각과 부딪혀 밀침의 감정이 일어난 것입니다. 그런데 흥미로운 점은 이 두 가지 생각 모두가 저 밖의 '외부' 에서 일어나는 것이 아니라 사실은 이 '내면의 세상' 에서 일어나는 생각들이고, 나의 생명에너지가 그 중 하나의 생각과 동일시 될 때 분노의 느낌이 분명해진다는 점입니다. 만일 이때 일어난 생각과 동일시가 되지 않고 초연히 이 두 생각들이 생겼다 사라지는 현상을 볼 수 있었다면 자유에 한발 가까워졌을 것입니다.

다시 말해 동일시란 지금 일어나는 수많은 생각들 중, 그동안 살아오면서 내가 받아들이고 인정한 생각의 네트워크에 유사한 것을 '나' 라고 이름 붙여 에너지 중심을 삼는 것입니다.

감정 : 감지들의 밀고 당기는 관계를 보여주다

현재 일어난 상황이, '나' 와 동일시된 생각에 일치하거나 불일치함에 따라 끌림(탐욕)과 밀침(저항)이 발생하는데 그 에너지가 증폭되면서 감정이 일어납니다. 대표적 감정을 단계별로 나누면 밀침에 해당하는 것에는 무기력 또는 냉담함, 슬픔, 두려움, 증오, 분노가 있고, 끌림에 해당하는 것으로는 육체적 즐거움에 대한 탐닉, 사랑에 대한 탐닉, 정신적 기쁨에 대한 탐닉이 있습니다.

냉담함이란 얼어붙어 움직이지 못하며 에너지가 갇혀 있는 것을 말합니다. 거기서 조금 나와 움직일 수 있지만 수동적으로 느끼기만 하는 슬픔이 있습니다. 그 후 뭔가 대처를 해보고 싶지만 상처를 입을까 함부로 움직이지 못하는 두려움이 있고, 상대를 향해 쏟아내기 시작하는 증오가 있습니다. 그리고는 드디어 폭발하는 분노가 있습니다.

탐욕에는 크게 육체적, 과도적, 정신적 탐욕이 있는데, 육체적 탐욕은 즐거움을 갈망하는 것으로 나타나고, 과도적인 탐욕은 흔히 갈애(渴愛)라고 하는 사랑의 탐욕으로, 그 후 정신적 탐욕은 기쁨에 탐닉하는 형태로 나타납니다.

이 모든 감정들을 느끼고 사용하는 것은 좋지만 문제가 되는 것은 그 감정들에 빠지는 것입니다. 저항하게 되는 감정들은 위험의 신호로 보고, 탐욕하게 되는 감정들은 잠시 누린다고 여긴다면 이들을 잘 사용하는 것이 됩니다.

빠지지 않기 위해서는 이러한 감정에 대해 내면에서 끌리거나 밀치는 순간을 알아채면 됩니다. 그렇게 되면 그것을 향해 생겨나는 에너지 통로를 멈출 수 있습니다. 사실 모든 감정은, 그 전에 생겨나 있는 감지와 동일시되면서 에너지 통로가 생성되고 그를 통해 생명에너지가 주로 부어져, 그것과 밀침 또는 끌림이 일어나 발생하는 것입니다. 그렇게 일어난 감정은 나의 심신을 온통 물들이게 됩니다.

그러므로 어떤 생각에 끌리거나 저항할 때 그 생각의 짝이 되는 숨겨진 주체생각을 순간적으로 알아채게 되면 주체생각과의 자동적인 동일시가 멈추고, 그로 인해 에너지 통로가 생기지 않으며 그 두 생각 전체를 그냥 바라볼 수 있게 됩니다.

감각에 열려있기

이렇게 어느 한 생각이나 어느 한 감지와의 동일시를 알아채기 위해

'모든 감각에 열려있기' 라는 방법을 사용할 수 있습니다.

예를 들어 자신의 몸을 민감한 진동체라고 생각합니다. 그리고 주의를 몸에 둡니다. 사방에서 날아와 내 몸에 부딪히는 소리가 몸의 어느 부위에 자극을 주고 공명을 일으키는지에 주의합니다. 그렇게 하면 사방에서 들리는 모든 소리를 들을 수 있습니다. 어느 한 소리에 빠지지 않고 모든 소리를 듣는 것입니다. 보통 우리의 주의는 소리 나는 사물이나 장소로 빠르게 달려가 그것만을 듣습니다. 그렇기에 들려오는 수많은 소리들 중 하나의 소리에 귀를 기울이며 거기에 빠지는 것입니다. 그 습관적인 '빠짐' 을 멈춰보는 것입니다.

그와 같이 시각도 마찬가지입니다. 주의를 자신에게 두고 사방을 봅니다. 어느 한 가지에 시각적 주의가 빠지지 않도록 하여 보게 되면 시야에 나타나는 모든 것이 '보이게 됩니다'. 어느 한 가지를 '보는' 것이 아니라 '보이는' 것입니다.

그와 같이 내적인 감정이나 생각도 그렇게 할 수 있습니다. 생각과 감정 하나에 빠지지 말고 그냥 내적 중심에 주의를 남겨둔 채 있으면서 열어놓습니다. 그렇게 되면 모든 생각과 감정 및 느낌들이 전체적으로 '느껴집니다.' 어느 하나를 '느끼려고' 하거나, 어느 한 가지 느낌이나 생각, 감정에 '빠지지' 않은 채 그 모든 것을 향해 열려있기가 가능합니다.' 그리되면 모든 것이 느껴지고, 보이고, 생각되어짐을 알 수 있습니다. 더 나아가 그 '보여짐' 이 깊어지면 내가 동일시 되어있는, 그래서 '내' 게 보이지 않던 '주체생각' 도 보이게 됩니다. 사실 주체가 되는 생각이나 느낌은 잘 보이지 않습니다. 그것은 이미 '내' 가 되어있기 때문입니다. 그러므로 그렇게 동일시된 주체생각을 보기 위해서는 섬세하고 투명하며 중도적인 자세가 요구됩니다.

깨어있기 : '있음'을 깨닫기

깨어있기는 투명한 의식의 상태이며, 아무런 '안다'는 생각이나 느낌이 없이 열려있는 의식을 말합니다. 보통 우리는 어떤 생각이나 느낌을 늘 의식하고 있으며, 그것을 내용이 있는 의식이라고 부릅니다. 그러나 깨어있기는 어떤 내용도 없는 의식이며, 그런 의미에서 '의식이 없다'라고도 할 수 있습니다. 그렇지만 항상 현재에 반응할 수 있는 상태이므로 텅 빈, 열려있는 의식이라 하는 것입니다.

그래서 생각이 감각되기 시작하면 이제 그 생각을 '아는 깨어있는 의식' 느끼기로 갑니다. 깨어있기는 수동적으로 감각하기입니다. 의식과 생각, 감정, 감지 등 모든 것을 수동적으로 감각하는 것입니다. 다가오는 대로 감각하기, 이것이 깨어있기의 정의입니다. 그리고 그 깨어있기가 항상 가능하도록 열려있는 것입니다.

깨어있기 연습 과정에서 졸림이 일어나기도 하는데 졸린다는 것은 지금 깨어있는 것이 아니라 '깨어있다'는 '감지' 속에 있기 때문입니다. 우리의 의식은 놀라운 능력을 가지고 있어 '깨어있다'는 느낌도 만들어냅니다. 즉, 일종의 미세한 이미지를 만들어 느끼고 있는 것입니다. 그것 역시 고정된 과거이기에 졸리는 현상이 일어납니다. 변화가 없으면 의식은 졸음에 빠집니다. 이때는 그 이미지를 느끼고 있는 깨어있는 의식을 느끼도록 해야 합니다.

또 피곤하다는 현상도 나타납니다. 힘들고 피곤하다는 것은 내적인 끌림이나 밀침에 에너지를 낭비하기 때문입니다. 끌림은 뭔가 좋은 경험을 하였다고 판단하여 그것을 계속 맛보려고 하는 데서 오는 것이고, 밀침은 뭔가 자신은 열등하다고 느끼거나 잘 안될까 불안하거나 다른 일들에 신경이 쓰이는 등 그 느낌에 저항할 때 일어납니다. 그 저항과 탐욕에 에너지를 낭비하기에 피곤한 것입니다. 이때는 그저 자신이 내적으로 무언가에 끌리거나 밀치고 있다는 것을 알아채고 깨어있기 상태로 돌아오면 됩니다.

각성(覺性) : 의식의 본질을 깨닫기, 느끼는 자로 있기

'느끼는 자'로 있는 것을 의미합니다. 다시 말하면 근원으로 있는 것입니다. 깨어있는 의식을 느끼거나 순수한 있음을 느끼는 것이 아니라 그것을 가능하게 하는 '존재하는 자로 있기' 입니다.

의식

의식은 흐름이며 과정입니다.

의식의 해부도

앞으로의 연습은 의식의 속성을 알고, 주의를 연습하며, 감지와 감각을 넘어 깨어있기로 가는 과정을 밟아 나가는 것입니다. 이 과정은 우리가 무의식적으로, 또는 자동적으로 '의식'이 일어나게 된 과정의 역순으로 가는 것입니다.

순수한 감각작용을 거쳐 그것이 내면에 남긴 흔적인 감지들에게 주의가 감으로써 '의식'이 일어나게 됩니다. 즉 감각 → 감지 → 주의 → 의식의 순서인 것이지요. 이것을 불교에서는 수상행식(受相行識)이라 했습니다. 수(受)란 순수한 감각적 입력을 말합니다. 상(相)은 감각입력을 통해 내면에 쌓인 이미지나 그것들에 붙여진 이름들입니다. 그것은 모두 과거입니다. 행(行)이란 무언가를 확인하려는 의지나 행동을 말하고, 식(識)은 그로 인해 생겨나는 의식입니다. 우리가 익숙하다거나 안다는 '의식'은 이와 같이 수상행식 또는 감각-감지-주의-의식의 과정을 거쳐 발현합니다.

그래서 우리는 그것의 역순으로 살펴볼 것입니다. 즉, '의식'의 발생과정을 보는 것에서 출발하여 '주의'란 무엇인가를 알고 경험할 것이며, 그 후 '감지'에 대해 배우고 경험하여 구분하게 될 것입니다. 마지막으로 '감각'을 연습하게 됩니다. 이제 모든 사물을 기억이 아닌 현재의 그것으로 감각할 수 있게 되면 이때 비로소 '깨어있기'가 가능하게 됩니다.

연습들 중에는 마음을 고요하게 가라앉힌 후에, 통찰이 일어나게 하는 지혜를 연습시키는 것도 있습니다. 내면의 혼란이 일어나면 무덤덤한 사물에 집중하는 연습을 한 후에 다시 통찰연습으로 돌아오는 것이 좋습니다. 왜냐하면 혼란이란 내적인 끌림이나 밀침에 빠져있음을 의미하기 때문입니다.

불교용어에 탐심과 진심이 있는데 이것을 좀더 중성적이며 에너지적으로 살펴본 것이 끌림과 밀침입니다. 탐심과 진심이라 하면 그 용어가 탄생된 이래 거기에 들러붙은 많은 이미지와 느낌으로 인해 그 말 자체에 대해 호오(好惡)의 감정을 불러일으키고 판단을 일으키기 쉽기 때문에 용어를 중성적인 것으로 바꾸었습니다.

의식이란 '안다'는 느낌이 동반되는 것으로서 대상이 있을 때만 일어나며, 언제나 '나'라는 느낌을 불러일으킵니다. 즉 '나'와 '대상'은 항상 같이 일어나며 '의식'이라는 현상을 일으킵니다.

또 '의식'은 우리가 무언가에 '주의'를 기울이기 때문에 발생합니다. 주의가 도달할 때만 '안다'는 현상이 일어납니다. 주의가 어느 하나에 가지 않고 전체에 퍼져 있는 것, 이것이 깨어있기에 가까우며, 이때는 의식작용이 일어나지 않고 그저 모든 것을 수용하며 깨어있습니다. 이는 앞에서 말한 자판의 비유를 통해 명확히 이해할 수 있습니다. 깨어있는 것과 의식하는 것은 매우 다른데, 무언가를 의식하는 것은 의식의 내용이 있으며, 그 내용에 빠져있는 것입니다. 깨어있는 것은 어떤 것에도 빠져있지 않으며 아무런 의식적 내용이 없습니다. 지금 이 순간에 열려있을 뿐입니다. 그러나 의식적 내용이 없다고 해서 잠자고 있는 것은 아닙니다. 의식의 근본적인 질은 변하지 않았으나 어떤 의식적 내용에도 물들지 않은 순수한 의식의 질을 유지하고 있는 것이 바로 깨어있는 상태라고 볼 수 있습니다. 그 깨어있는 상태가 통찰이나 지혜를 통해 각성으로 빨리 이어지기 위해서는 체험자의 안내가 도움을 줄 것입니다.

우리는 의식의 근본을 왜 보려 하는가?

우리는 항상 어떤 목적이 있어야 움직입니다. 인간은 동인(動因)이 없으면 움직이지 않습니다. 현대인은 자연의 장엄함 또는 매력, 아름다움에 끌려 '자신'이 사라지고 마는 시점인 영원(永遠) 속으로 들어가기보다는, 무언가의 성취를 위해서 매진합니다. 그리고 그 성취라는 목표는 생각으로 정리됩니다. '~을 위해서'라는 생각이지요. 그 생각이 바로 나를 움직이게 만드는 동인이 됩니다. 생각으로 인해 에너지를 쏟고 움직이면 결국 생각을 중요히 여기게 되고, 생각에 자기 움직임을 의지하게 됩니다. 최근의 흐름을 보십시오. 생각의 힘을 몹시도 중요히 주장하고 있지 않습니까? 그야말로 지식과 사고의 시대입니다. '생각하는 대로 된다', '마음먹은 대로 된다'… 자, 이런 경우 그 사람은 생각을 부려 쓴다기보다는 생각에 이끌려 다니는 사람이 되고 맙니다. 왜냐하면 아이러니하게도 그는 생각대로 된다는 것을 일부 경험했기 때문이지요. 그러나 사실 그는 생각을 자유로이 하는 법을 터득하지 못했습니다. 자기가 원하는 것에 대한 생각들이 왜 떠올랐는지는 살펴보지 않고 그 생각들을 자기가 스스로 한 것이라고 믿고 거기에 빠져서 행동했기 때문입니다. 그리고는 그 임의적으로 떠오른 생각을 이루기 위해 혼신의 노력을 다합니다. 예를 들어 그는 부자가 되겠다고 마음먹습니다. 그리고는 몇 년 안에 10억을 벌겠다고 생각합니다. 그것이 자신이 해낸 생각이라 여깁니다. 그런데 그것은 과연 그가 한 생각일까요? 아니면 그에게 떠오른 생각일까요? 이것을 구별하는 것은 매우 중요합니다.

그가 왜 그런 생각을 하게 되었을까요? 그는 아마 가난하게 살았는지 모릅니다. 돈으로 고통 받았는지도 모르지요. 또는 남들과 비교하여 그들처럼 되고 싶었는지도 모릅니다. 아니면 현재 사회상황이 그렇지 못함에 반기를 들어 평등한 사회를 만들고자 거룩한 목표를 세웠는지도 모르지요. 어찌되었든 그 원인은 모두 외부에서 온 것이었습니다. 즉 어떠한 '이유'가 있었다는 말입니다. 그렇게 외부에서 온 생각을 '자기 것'인양 동일시한 것이죠. 그리고 그 외적인 원인의 생각에 끌려 자신의 전 에너지를 쏟습니다. 그 목적을 이루기 위해서 말이지요.

그런데 어떻습니까? 목적을 향해 가는데 자꾸 장애가 생깁니다. 생각대로 되지 않는 것이지요. 왜일까요? 그는 '떠오른' 생각에 사로잡혀 움직이는, '생각에 좌우되는' 사람이기 때문입니다. 그래서 중간 중간 떠오르는 다른 생각들 또한 무시하기 어렵게 됩니다. 만일 그가 스스로 해낸 생각으로 생각의 주인이 되어 움직였다면 떠오르는 여러 가지 생각들에 이끌려 다니지 않고 일이관지(一以貫之) 했을 것입니다. 하지만 그는 애초부터 스스로에게서 기원하지 않은 '생각'에 이끌려 움직였기 때문에 결국 생각의 노예로서 작동하고 있었습니다. 이것이 바로 생각대로 될 수 없는 이유입니다. 생각대로 되기 위해서는 먼저 스스로가 생각으로부터 자유로워지고, 생각을 부릴 수 있어야 합니다. 그 첫 단추가 잘못 끼워졌기 때문에 사람은 결코 '이끌림의 법칙'대로 이루어질 수 없습니다. 만일 그렇게 이룬 사람이 있다면 그는 다른 모든 생각을 잠재울 만큼 하나의 강력한 욕망에 사로잡혀 있기 때문일 것입니다. 아니면 자신도 모르게 생각으로부터 자유로운 생명의 힘을 터득한 드문 사람일 수도 있겠지요. 그렇게 한번 먹은 생각을 끝까지 실천해나갈 수 있는 사람은 그 과정에서 떠오르는 다른 여러 생각을 물리칠 수 있는 힘을 얻은 사람입니다.

그러나 그 일은 무의식적으로 '일어난' 것이었기에 생각으로부터 진정 자유로운 사람이라 할 수는 없을 것입니다. 진정 생각으로부터 자유로워지는 것이 생각대로 되기 위한 전제조건입니다. 그리고 생각으로부터 자유로워지기 위해서는 생각의 뿌리, 의식의 근원을 보고 스스로 그것이 될 필요가 있습니다.

아이러니컬하게도 우리는 '자유' 라는 개념을 만들어놓고 그 개념에 구애받으며 살고 있습니다. '자유' 라는 생각 또는 개념을 가진 존재는 이 지구상에 인간 밖에 없습니다. 자유로이 피는 저 들판의 꽃들이 자유를 추구하나요? 아니면 동물들이 그러합니까? 그들은 그러한 개념 없이 자유롭습니다. 우리 인간만이 자유라는 개념을 만들어 그 안에 구속되고 있습니다. 그러므로 그런 개념 또는 생각의 근본으로 거슬러 올라가야만 그 뿌리를 보고 그로부터 자유로울 수 있습니다. 그리고 드디어 처음으로 생각을 부려 쓸 수가 있게 되는 것입니다.

그렇게 한번 생각으로부터 자유로워진 후에는 감정으로부터도 자유롭게 됩니다. 왜냐하면 '자유로워진다' 는 것이 무엇인지 알았기 때문이지요. 또 생각의 근원은 곧 감정의 근원이기도 하기 때문입니다. 한번 근본을 본 사람, 아니 근본으로 있다는 표현이 좋겠네요. 왜냐하면 본다는 말에는 보는 자와 보이는 대상이 떨어져 있다는, 둘이라는 암시가 내포되어 있으니까요. 한번 근본으로 있게 되면 더 이상 생각에도, 감정에도, 그 무엇에도 구속됨이 없습니다.

자, 그런데 생각으로부터 자유롭다는 것의 의미는 무엇일까요? 첫째, 생각을 느끼고 볼 수 있다는 의미입니다. 우리가 어떤 도구를 마음대로 쓰기 위해서는 그것과 동일시 되어있지 않아야 합니다. 망치를 예로 들까요?

우리 모두 망치에 대해서는 그것이 '나' 라는 느낌이 없습니다. 그것에 대해 내가 아니다 라거나, 또는 어떤 거리감이 있습니다. 망치는 필요할 때 언제든 가져다 쓰고 필요 없으면 자유로이 서랍 안에 넣어둘 수 있습니다. 나는 망치에 이끌려 다니지 않습니다. 망치가 수시로 나타나서는 나를 이리저리 치거나 괴롭히지 않습니다. 한번 잡은 망치를 자기도 모르게 꽉 붙잡고 놓지 못하는 일도 없습니다. 그 망치 때문에 희노애락애오욕에 빠지는 일도 없습니다. 물론 망치가 나타나 내 삶의 방향을 이래라 저래라 지시하는 일도 결코 일어나지 않습니다.

자, 이제 위의 글에서 '망치' 라는 단어 대신에 '생각' 이란 단어를 넣어보세요. 그렇게 해서 그 말들이 모두 맞다고 느껴지면 여러분은 생각으로부터 자유로운 것이며, 근본을 향한 길에 서있는 것입니다.

둘째, 우리가 '깨어있기' 연습을 통해서 얻으려는 것은, 무엇이든 있는 그대로 볼 수 있는 우리 본래의 능력을 회복하는 것입니다. 우리 눈에 보이는 모든 것에는 이미지가 드리워져 있습니다. 지금 자신이 앉아있는 방안을 둘러보세요. 모든 사물, 모든 생물들에는 무언가 여러분이 이름 붙여 놓은 '안다는 느낌' 이 있습니다. 또는 그 이름을 모른다 해도 '그것은 무엇과 같다' 는 익숙한 느낌이 떠오른다면 여러분은 사물을 보는 순간에 그 사물의 있는 그대로를 보는 것이 아니라 자신이 가지고 있는 과거 이미지를 보고 있는 것입니다. 이렇게 여러분은 지금 있는 그대로를 보지 못하고 있습니다. 우선 그것을 인식하는 것이 중요합니다. '내가 있는 그대로를 보지 못하고 있구나' 라는 말에 공감하는 것으로 우리의 깨어있기 연습을 시작합시다.

'내가 있는 그대로를 보지 못한다' 라는 것을 인식하면 첫 단계는 이루어진 것입니다. 그러면 이제 자신의 모든 에너지가 '그렇다면 있는 그대로란 무엇일까?' 에 초점을 맞추게 됩니다. 그것이 절실하면 할수록 거기로 모든 에너지가 유입됩니다. 그렇다면 있는 그대로란 무엇일까요? 일단 기본단계로서 그것은 감각적입니다. 감각적 느낌이라는 말이지요. 우리는 더 이상 감각적이지 않습니다. 현대인은 '감각적' 이라는 것이 무엇인지 모릅니다. 개념적, 심상적입니다. 무언가를 보면 아~ 예쁘다, 멋있다, 좋다, 추하다와 같은 생각이 먼저 떠오릅니다. 또는 노랗다, 차게 느껴진다, 온화하다 등 이렇게 떠오르는 모든 표현들은 모두 개념입니다. 단순히 말해서 '생각' 이란 말입니다. 그러한 생각이 떠오르기 전에 다가오는 것이 바로 우리가 말하는 '감지' 입니다. 감정이 아닙니다. 그리고 아기가 맨 처음 이 세상에 태어났을 때, 처음 눈을 뜨고 사물을 볼 때 와 닿는 것, 그것이 감각적 느낌입니다. 처음 귀를 열고 소리를 들었을 때 들려온 그것이 감각적 소리의 느낌입니다. 처음 손을 들어 무언가를 만졌을 때 느껴진 것, 그것이 촉각적 느낌입니다. 말로만 처음 대하듯이, 처음 본 듯이 보는 것이 아니라 명실상부 그대로 '처음 보는 것' 이 되어야 합니다.

사실 우리는 매순간 매사건 마다 바로 이 '처음 보기' 의 과정을 거친 후에야 지각(知覺)하고 압니다. 모든 사물을 볼 때 순간적으로 지나가는 것이 바로 이 '처음보기' 과정인 것입니다. 이 과정을 지나 비로소 '이것은 나무네', '이것은 돌이네' 하는 개념이 떠오르는 것입니다. 그런데 이 '처음보기'의 과정이 너무도 빨리 지나가기 때문에 그것을 알아차리지 못하는 것 뿐입니다. 마치 무의식적으로 자동차를 운전하는 것과 같습니다.

우리가 기본적으로 구분해야 될 것이 감지(感知)인 이유가 여기에 있습니다. 감지는 감각과는 조금 다릅니다. 감각이 가장 처음 일어납니다. 그 후 그것의 흔적인 감지가 내면에 생겨나고, 감지들에 이름이 붙어 그것들 간의 관계인 생각이 떠오르는 것이지요. 그러므로 감지와 감각을 알아채고 회복하는 이 단계를 최우선적으로 연습해야 합니다. 그러기 위해 우리는 이 책을 통해 먼저 감지를 알아채고, 감각적 느끼기에 도달하기 위해 의식발현 과정을 한 단계씩 거슬러 올라가며 연습을 하게 될 것입니다.

여기서 말하는 '감각하기'는 흔히 말하는 '느낌'이 아닙니다. 느낌이라면 좋다, 나쁘다, 싫다, 차갑다, 따뜻하다, 흐리다, 어둡다, 등등… 이렇게 말할 수 있겠지요. 그러나 그것은 생각이며 그런 생각이 떠오르기 전이 바로 여기서 말하려는 감각하기라는 것을 곧 알아채게 될 것입니다. 이것은 연습을 통해서만 알 수 있습니다

감각하기가 되면 어떻게 되는가?

감각하기가 되면 이제 우리는 감각의 세계와 감지의 세계, 생각의 세계를 자유로이 거닐 수 있게 됩니다. 왜냐하면 이제 그 각각의 세계를 분명히 보았기 때문입니다. 물론 이 모두는 마치 무지갯빛처럼 하나로 얽혀 있습니다. 그것을 나눈다는 것 자체가 또 다른 분리를 낳는 것

일지도 모릅니다. 그러나 원시 부족이 무지개를 3가지 색으로 구분하는 것은 7가지로 구분하는 현대인에 비해 색깔을 자유로이 사용하지 못한다는 단점이 있습니다. 그와 같이 우리가 의식의 과정을 섬세하게 '사용하기 위해서는' 우리의 의식발현 과정을 좀 더 세분화할 필요가 있습니다.

의식은 어떻게 발생하는가?

의식, 즉 '안다'는 생각이나 느낌은 어떻게 일어나는 것일까요? 깨어있기 용어를 통해 살펴보았듯이, 기본적으로 의식이 형성되기 위해서는 네 가지 단계를 거칩니다. 먼저 감각기관을 통해 감각(感覺)하기입니다. 그렇게 감각된 것이 우리 내면에 흔적을 남기면 그 다음부터는 어떤 익숙한 느낌을 만들어냅니다. 그것을 감지(感知)라 합니다. 느껴서(感) 안다(知)는 뜻입니다. 이 감지에는 느낌과 이미지, 미세한 상상과 생각 등이 모두 포함됩니다. 이렇게 내면에 쌓여진 감지들이 이미 생성되어 있을 때, 지금 이 순간 외부에서 들어오는 감각자극을 기존의 감지들을 통해 확인하려 합니다. 이때 그것이 무엇인지 확인하려는 의도 또는 주의(注意)가 사용되면 '안다'는 의식(意識)이 발생합니다. 즉 순수한 느낌의 입력인 감각, 그것이 쌓인 감지, 확인하려는 의도적 주의를 거쳐 안다는 의식이 발생하는 것이지요. 그래서 깨어있기는 원래의 순수감각 상태로 돌아가기 위해 의식-주의-감지-감각(識-行-相-受)의 역순으로 연습을 해나가게 됩니다. 이렇게 순수한 감각의 상태로 돌아가면 거기서는 어떤 '안다'는 의식도 없고 따라서 '나'라는 느낌도 사라지고 맙니다. 왜냐하면 '나'라는 것은 어떤 '대상'을 '안다'는 주

객관계 속에서 발생하는 현상이기 때문입니다.

'나' 라는 느낌은 어디서 오는가?

자기관찰을 통해 배우는 것은 먼저 '나' 라는 '느낌' 이 있다는 것입니다. 흔히들 '내가 있음' 이라 부르는 그 느낌입니다. 그런데 보통은 '나' 라는 '생각' 을 자신이라고 여길 뿐 그 아래 있는 '느낌' 을 잘 구분하지 못합니다. 정곡을 찌르는 핵심 체험보다 우리는 수많은 생각과 이론들로 허영에 사로잡혀 소박하고 단순한 경험은 뒤에 남겨두기 쉽습니다. 그러나 진정으로 중요한 것은 그 소박한 체험의 깊이를 꿰뚫어 보는 것에 있습니다. 즉 '나' 라는 생각에서 '내가 있음' 의 느낌으로, 다시 '있음' 으로 연결되는 체험의 핵심을 보는 것입니다.

보통 우리는 주변을 맴도는 수많은 노력 가운데서 어쩌다 지나가는 현인들의 한마디, 고전에서 번뜩이며 마음의 귀를 울리고 가는 한 구절이 심장에 박힐 때면 진정한 자신을 찾겠다고 애써봅니다. 그러나 '나' 라는 생각은 찾아보려 하면 사라지고 없습니다. 왜냐하면 생각은 늘 왔다가 사라지기 때문입니다. 그렇게 많은 세월을 보낸 후에 드디어 내게 꼭 맞는 시간과 적절한 장소에서 '존재를 살피라' 는 내면의 목소리를 듣게 됩니다. 그리고는 드디어 자신의 생각을 떠받치고 있는 '느낌' 을 발견합니다. 따라서 자기의 근본을 보려는 사람은 생각보다는 느낌에 주의를 기울여야 합니다. 모든 생각은 그 아래 있는 느낌에 기반을 두고 있기 때문입니다. 그것이 수긍되면 이제 '나' 라는 느낌을 찾아보십시오.

말이나 생각으로 '내' 가 어디 있지? 라고 자문해보면 몸을 제외한

'나'는 찾을 수 없습니다. 그런데 고요히 앉아서 내면을 잘 느껴보면, 뭔가 죽거나 무의식 상태가 되지 않는 한 사라지지 않고 있는 살아있음의 '느낌'이 있습니다. 그렇게 자신을 바라보며 그 속에서 '살아있음'에 주목하면 이제 거기 한 치도 어김없이 누구에게나 있는 '내가 있음'이라는 느낌을 발견하게 됩니다.

처음에는 '내가 있다'는 느낌으로 여겨집니다. 그 느낌을 발견하여 그것의 더 깊은 속으로 들어가겠다고 각오하면 점차 '내가'는 사라지고 '있음'만 남게 됩니다. 왜냐하면 '내가'라는 것은 항상 그것의 짝이 되는 '나' 아닌 '대상'을 전제로 하는 것인데 보는 자인 나 외의 다른 대상은 없으므로 '나'는 사라지기 때문입니다. 말이 통하는 친숙한 사물도, 감정과 생각을 나눌 수 있는 인간 동료도, 그 아무도 없는 무인도에서 '나'를 주장하고 말할 사람은 없습니다. 그와 같이 '대상'이 없는 그 공간에서 '나'는 붕괴되어 사라집니다. 물론 생각과 감정을 하나의 '대상'으로 자기탐구를 하고 있는 사람에게는 분명 내적인 '대상'이 있다고 해야겠지요. 그러한 내적인 대상이 있을 때도 역시 '나'는 존재합니다. 그런데 그 모든 외적, 내적인 대상에서 떠나, '내가 있음'을 대상으로 삼을 때는 흥미로운 상황이 벌어집니다. 즉, 보통의 관찰과 같이 '내가' 어떠한 다른 '대상'을 생각하거나 느끼는 것이 아니라 그냥 투명하게 내가 나 자신을 '대상으로 느끼는 것'이기에, '나'와 '대상'이 따로 없고, 그리하여 '내가 있음'을 바라보던 '나'는 점차 사라져 버리고 '있음'만 남게 되는 것입니다.

처음에는 '내가 어디 있지?'라는 의문이나 생각 자체, 그 생각과 동반하는 느낌이 '대상'이 됩니다. 그래서 '나'와 '대상'이 있는 듯 느껴집니다. 그러나 그 둘은 둘이 아니므로 잠시 후 '나'와 '대상'은 점차 서로에게 녹아들며 사라지고, '있음' 자체만을 느끼게 됩니다. 마치 밖을 향해 그물을 자꾸 던져보는데 그물은 도리어 안에서 나를 덮는 듯한 느낌이 듭니다. 드디어 이때 처음으로 '주관과 객관의 세계'를 벗어나게 됩니다. 바로 이것이 크리슈나무르티가 끊임없이 외치던 내면의 '분열'이 사라진 상태인 것입니다. 그는 일기형식으로 자연을 묘사하며 이렇게 분열이 사라진 상태를 표현해내곤 했습니다. 장엄한 자연의 모습을 보며 그 아름다움에 압도되어 있을 때 우리에게서 내면의 관찰자와 관찰대상이 사라지고 만 상태를 고요한 필체로 묘사하곤 했지요.

사실 평상시에도 우리는 '내'가 사라지는 경험을 자주 합니다. 그것은 나의 주의력이 어떤 일이나 사건, 사물에 완전히 몰입되어 그 사건, 사물의 끊임없는 변화에 모든 에너지가 쏟아 부어질 때입니다. 그는 갑자기 '나'로부터 비약하여 사물과 사건 속으로 사라져버리고 마는 것입니다. 그것이 미하이 칙센트미하이가 말하는 몰입입니다. 그러나 그 모든 과정을 통찰하려는 우리에게는 큰 도움이 되지 않습니다. 왜냐하면 그 경우에는 그렇게 '나'가 사라지는 몰입의 사건이 지나간 이후에나 '내'가 없었음을 깨닫기 때문입니다. 그러나 우리는 그 모든 과정을 즉각적으로 알아채야 하는 것입니다.

일반적으로 외부 세계에서 사물과 사물이 구별되기 위해서는 그 두 사물 사이에 공간이 있어야 합니다. 즉, 분리를 위한 공간이 필요하지요. 그와 같이 내적인 공간에서도 이것과 저것이 구별되기 위해서는 '공간'이 필요합니다. 저것은 내가 '아니다'라는 느낌이 공간으로 작용하는 것입니다. 그렇게 관찰자가 관찰대상으로부터 공간적으로 떨어져 있는 것처럼 느껴질 때 우리는 객관적으로 자신의 내면을 관찰하고 있다는 느낌이 듭니다. 그러나 바로 이것이 내면의 '분열'을 초래

하는 것이기도 합니다. '나의 내면'이 따로 있고, 그 내면을 '관찰하는 누군가'가 또 있다는 느낌인 것입니다. 즉, 관찰하려는 '의도'가 내면을 '관찰자'와 '관찰대상'으로 나누어 놓습니다. 앞으로 조금씩 통찰이 일어나겠지만 이때 흥미로운 점은 외부적으로 이것과 저것이 구별되기 위해 공간이 필요했고 바로 그 '공간'에 '이것'과 '저것'이 모두 나타나 있듯이, 내면에서 '관찰자'와 '관찰대상'이 나뉠 때도 그 내면의 공간 안에 관찰자인 '나'와 관찰대상인 '그것'이 모두 나타나 있다는 점입니다. 우리는 보통 자신이 내적인 대상을 관찰하고 있다고 여길 뿐, 사실은 그 '자신'도 일종의 대상임을 간과하고 있습니다. 당신이 지금 내면에서 '화가 났음'을 느끼고 있다면 '내'가 '화'를 경험하고 있다고 여깁니다. 그러나 사실은 내면의 공간에 '나'와 '화'가 모두 드러나 느껴지고 있는 것입니다. 즉, '나'라는 것도 근원의 입장에서는 하나의 '대상'이며 에너지의 중심이 거기에 가있어 주체로 느껴질 뿐이라는 것입니다. 그러하기에 크리슈나무르티는 그것을 내적인 '분열'이라 이름 붙였습니다.

  공간적으로는 분열되지 않은 채 시간적 분열만 존재하는 경우도 종종 있습니다. 이는 우리가 흔히 하는 경험인데, 분노로 가득 차 있다가 조금 가라앉고 나면 "아, 내가 화를 냈구나"라고 느끼는 것과 같습니다. 시간차를 두고 '나'와 '대상'을 느끼는 것이지요. 시간이 지난 이 순간에는 분노의 약한 흔적과 '나'라는 느낌이 동시에 있습니다. 이와 같이 생각도 시간적 분열을 통해서만 분명히 구분되는 경우가 많습니다. 생각들을 구별하기 위해서는 보통 하나를 떠올리고 잠시 후 다른 하나를 떠올려야 명확히 구분되기 때문입니다. 그렇지 않고 동시에 떠올리면 약간 흐릿하게 느껴진다는 것을 발견하게 됩니다.

어찌되었든 이때 떠올린 대상으로서의 생각이나 이미지는 '나'와 어떤 관계일까요? 흥미롭게도 그것은 '나'라는 느낌을 동반하게 됩니다. '내가 그런 생각을 한다'라는 느낌이 있는 것입니다. 즉 내면의 공간에 대상인 '감지(感知:相)'가 형성되면 그와 함께 '나'도 나타나게 됩니다. 그렇게 '나'와 '대상'은 동시에 생겨납니다. 그런데 몰입 시에 '나'를 느끼지 못하는 이유는 사건에 쏟아지는 에너지가 너무도 강렬하여 빠르게 그 흐름을 타고 가므로 '나'를 느낄 시간적, 공간적 틈이 만들어지지 않기 때문입니다.

반면에 '내가 있음'을 느낄 때 뒤따라오는 '나'의 사라짐은 몰입에서의 '나'의 사라짐과 좀 다른 측면이 있습니다. 즉, '내가 있음'을 느낄 때는, 내가 사라지며 순간적으로 몰입될 때와는 달리, '나'를 지속적으로 의식하는 중에 사라짐을 경험하기 때문에, 스스로에 대해 깨어 있게 되는 것입니다. 생각의 흐름에 빠져있어 '나'의 사라짐에 깨어있지 못하는 몰입과는 다르지요. 몰입(沒入)은 단어 그대로 빠져(沒) 들어가(入) 하나가 되는 것을 말합니다.

물론 '내가 있음'을 느낄 때도 우리는 '나'라는 느낌을 찾아 그것과 하나가 됩니다. 다만 이때는 몰입의 대상이 외부가 아니라 '나' 자체이므로 늘 '나'를 의식합니다. 그런데 의식의 흥미로운 점은 주체인 '나'와 '대상'이 같으면 그 둘은 서로에게 녹아들어 사라지고 말지만 깨어있다는 그 '질'은 남는다는 것입니다. 그래서 '내가 있음'에 집중할 경우에는 몰입의 경우처럼 대상이 되는 생각들에 빠져 '나'가 사라지는 것이 아니라, 어떤 깨어있는 마음이 주체를 의식하며 유지되다가 '나'라는 느낌이 사라지더라도 그 주체의 본질인 '있음'으로 연결됩니다.

어떤 신경생물학자는 '의식'의 최소단위에 해당하는 물리적 상관물을 찾으려 부단히 노력하고 있는데 그것보다는 차라리 '의식'을 가능하게 하는 '과정'을 찾는 것이 더 빠를 것입니다. '나'라는 의식, '너'라는 '의식', 무언가를 '안다'는 '의식'은 항상 '대상' 또는 내용이 있을 때 생겨나는 일종의 '과정'이지 물리적으로 고정된 '무엇'이 아니기 때문입니다. 또한 더 중요한 것은 그런 과정을 가능하게 하는 '근원'에 초점을 맞추어야 한다는 것입니다.

의식 탄생의 과정

'내'가 없으면 대상도 없습니다. 지금 눈앞에 한 식물을 보면서 저것은 '식물이다'라고 알고 인식한다면 그것은 '내'가 식물을 '의식'하고 있는 것이며, 이때 대상은 식물이 됩니다. 그러나 '식물'임을 '아는' 내가 사라지면 거기에 '식물'도 사라지고 없습니다. 사실 이 우주에는 식물이나 동물과 같은 개별적인 존재들은 없습니다. 그것을 개별적이라 느껴 지각하고 개념화한 것은 의식의 작용일 뿐입니다. 그리고 그러한 의식은 주관과 객관으로 구성되며 이 주객의 느낌은 텅 빈 의식의 스크린 위에 형성된 한 쌍의 지도인 것입니다. 그래서 대상을 '아는 자'가 사라지면 당연히 그 대상도 사라지고 맙니다.

또는 그 반대로 '대상'이 없을 때도 '의식', 즉 무언가를 '안다'는 생각이나 '느낌'은 생겨나지 않고 따라서 그것을 '아는 나'는 사라집니다. 즉, '식물'이라는 대상의 느낌(感知)이 사라진다면 그때 '나'도 역시 사라집니다.

이렇게 대상의 느낌은 '나'와 불가분의 관계에 있기 때문에 내가 사라지면 세상이 사라지며, 세상이 없어진 곳에는 당연히 '나'도 없습니다. 그래서 사물을 보며 그것과 하나 되는 연습을 하는 수련자는 어느 순간 자신이 사라지는 것을 체험하게 되고, '나'를 탐구하던 수련자는 어느 순간 '나'라는 것이 없다는 것을 보고는 '외부 사물'도 사라지는 것을 경험하는 것입니다.

이 설명은 아주 미묘한 부분이 있습니다. 지금 우리는 감각과 감지에 대해 이야기 하고 있습니다. 감각은 주체와 대상이 따로 없는, 전체가 분리되기 전을 있는 그대로 감각적으로 받아들이는 것이며, 감지는 의식의 바로 전단계로, 분리될 수 없는 전체를 나누고 개념화하여 마치 개별체가 있는 것처럼 이름 붙이는 것을 말합니다.

다시 말해 감각이란, 아이가 처음 태어나 사물을 바라보거나 만질 때 느끼는 것입니다. 거기에서 아이는 어떤 '안다'는 생각이나 느낌을 갖지 않습니다. 왜냐하면 내면에 저장된 어떤 이미지도, 경험적 느낌도 없기 때문입니다. 따라서 분리된 어떤 '사물'이 보이지 않습니다. 모든 것은 그저 서로에게 녹아있는 하나의 전체일 뿐입니다. 감각을 하게 되면 실제 온 우주가 하나의 덩어리 또는 분리될 수 없는 둘이 아닌 것(不二)으로 느껴집니다. 이렇게 전혀 '앎'이 없는 느낌을 감각(感覺)이라고 이름 붙입니다. 그런데 성인이 되어 많은 것을 경험하고, 보았던 흔적이 내면에 저장되어 있을 때는 '이것'과 '저것'이 분리되어 '저것이 무엇인지 안다'거나 '저것은 본적이 있다'는 느낌이 동반됩니다. 이때 동반되는 '안다'거나 '익숙하다'는 느낌은 내면에 저장된 과거인 감지(感知)를 통해 일어납니다. 이러한 감지와 감각을 체험적으로 구별하는 것이 깨어있기의 최우선 과제입니다. 감각과 감지가 구별되면 이미 우리는 의식이 미세해져서 감지의 세계로 얼룩진 '세계'와 '나'를 새롭게 보기 시작하고, 그 이후에는 깨어있기 상태로 들어가 오직 '있음'의 상태만 남는 것을 체험하게 됩니다.

우리의 의식은 기본적으로 일상의 깨어있는 의식과 무의식(자동화된 무의식, 광대한 무의식, 전체의식) 두 가지입니다. 그런데 무의식이 지금 이 순간 진정으로 존재한다는 것을 이해하면 이제 아주 폭넓은 '나'의 스펙트럼이 가능하다는 것을 알게 됩니다.

어쨌든 이 두 가지의 '나'라는 레벨이 있다면 폭이 좁은 표면의식에서도 넓은 심층의식에서도 '나의 사라짐'은 똑같이 일어납니다. 겉보기에 의식의 수준이 낮다 해서 '무아'의 경험이 퇴색되는 것은 아닙니다. 그 경험 자체가 그의 존재에 영향을 얼마나 미쳤는가가 중요한 것입니다. 그것은 마치 도미노현상과 같아서 이쪽 표면에서 넘어지면 저쪽 심층까지 전달됩니다. 표면의식에서 심층이라 말하는 아뢰야식에 이르기까지 모든 의식은 나누어진 것이 아니기 때문에 그 한번의 '넘어짐'은 전 차원에서 일어납니다. 즉, 우리가 사물들을 '감각'하게 되면 '나'라는 분리된 개인의 '사라짐'은 전 차원에서 경험됩니다. 그리고 그 경험을 확대하고 심화하면 '나'의 사라짐이 무엇이며, 그것이 어디에서 일어나는 현상인지 통찰하게 됩니다.

예로부터 순수의식을 빛에 비유해 왔습니다. 그 빛이 비추어지면 '나'와 '대상'과 그 사이의 '앎'이 일어납니다. 그것을 불교에서는 '근경식(根境識)이 동시에 발생한다'라고 합니다. 외부의 대상은 경(境)이고, 그것을 감각하는 감각기관은 근(根)이며, 그 사이에서 일어나는 앎이 식(識)이라는 것입니다. 그리고 이 세 가지는 항상 같이 발생합니다.

예를 들면, 시각적 사물(境)을 눈(根)으로 보면 그것에 대한 앎(眼識)이 일어납니다. 그것은 청각적, 미각적, 촉각적, 후각적 대상도 모두 마찬가지입니다. 그리고 마지막으로 의식적 대상도 있는데, 즉 생각(境)을 마음(根)으로 보면 그것에 대한 앎(意識)이 일어납니다.

그것을 단순하게 표현하면 '나'와 '대상'이 함께 발생하며, 거기서 '안다'는 느낌이 생겨난다고 할 수 있습니다. 그래서 순수의식의 빛이 밖의 사물에 주의를 보내면 그것을 알고 인식하게 되고, 그 빛을 되돌려 안으로 돌아오면 내면을 비추어 내면의 것들을 알게 됩니다.

그런데 여기서 '안다'라는 것에 의문이 생깁니다. 내가 뭔가를 '안다'라고 할 때는 분명 이전에 보아서 그에 대한 기억이나 경험, 또는 그 무엇이든 과거의 흔적이 남아서 그것이 '내부'에 있을 때, 지금 외부에서 들어오는 감각적 자극과 비교하여, 그래 '이것을 안다'라고 합니다. 그러므로 '안다'는 것은 항상 '기존의 것'과 '새로 감각되어진 것' 사이의 비교를 통해 일어납니다.

이와 같이 내가 뭔가를 '안다'고 말하기 위해서는 항상 내면에 쌓여 있는 무언가가 있어야 합니다. 이때 내면에 쌓인 것을 '감지(感知)'라고 합니다. '느껴서(感) 알게(知) 하는 것'이라는 의미입니다. 반면 아기가 탄생해 처음 사물을 볼 때는 '안다'는 느낌이 없이 봅니다. 이때의 경험은 '느껴서 이 순간 깨닫는다'라고 할 수 있으며 우리는 그것을 '감각(感覺)'이라 이름 붙였습니다. 그것이 감지와 다른 것은, 감각하는 이의 의식에는 '안다'라는 생각이나 느낌이 일어나지 않기 때문입니다. 물론 감각도 어떤 식으로든 '느껴진다'라는 의미에서 하나의 '앎'입니다. 그러나 이때의 감각은 보통 사회에서 말하는 차다, 따뜻하다는 등의 감각과는 분명히 다릅니다. 이 책 '깨어있기'에서 '감각'이라 할 때는 그 어디에도 물들지 않은 원초적인 감각적 자극을 지칭한다는 사실을 기억하십시오. 어떤 수련자는 이것을 '맨 느낌(bare feeling)'이라고 표현하기도 했습니다. 맨몸, 맨발과 같이 과거의 어떤 이미지나 감정에 물들지 않은 순수한 느낌이라는 뜻에서 말입니다. 물론 이 말의 진정한 뜻은 '체험'으로만 이해 가능할 것이지만 말로 가능한 부분까지 최대한 설명해 보겠습니다. 그 후에는 여러분 스스로 연습을 통해 체득하시길 바랍니다.

그럼 '감각(感覺)한다'는 것은 '감지(感知)한다'와 무엇이 다를까요? 그것은 어떤 '느낌'이 있음을 '아는' 것이 아니라 순간적으로 '깨닫는' 것입니다. 거기에는 '안다'는 '생각이나 느낌'이 없습니다. 그것이 촉감이든, 시각적 느낌이든, 청각적 느낌이든, 그것이 무엇인지는 '모르지만' 나의 감각에 하나의 '자극'으로 와 닿는 것을 말합니다. 그러한 '자극'도 느껴진다는 의미에서 일종의 '앎'이라고 말할 수는 있습니다. 그렇다면 이때의 앎은 왜 생기는 것일까요? 그것은 감각기관이 가진 '기준' 때문입니다. 예를 들어 돌고래나 박쥐는 초음파를 쏘아서 그것이 사물에 부딪혀 돌아오는 변형주파수와 자신이 계속 내보내고 있는 원래 주파수가 만나 '간섭파'를 형성하는데 이를 통해 사물을 지각합니다. 우리 감각의 기준이라는 것은 돌고래가 내보내는 15만 헤르츠의 초음파와 같이 유전적으로 장착된 일종의 지속적인 진동파에 비유할 수 있습니다. 바로 그 지속적인 진동파가 '기준'이 됩니다. 그런데 내면에 감지(感知:相)들이 쌓여있으면 우리의 타고난 감각적 기준파를 내보내지 않고 내면의 상(相)을 보내서 확인합니다. 그것은 감지파(感知波)로서 우리로 하여금 가끔 착각을 일으키게 만듭니다. 뱀이라는 상(相)을 내보내 새끼줄을 보기에 그것을 뱀이라고 착각하는 것과 같습니다.

따라서 몸이 있기에 필연적으로 가지고 태어나는 이러한 감각적 '한계' 또는 '기준'은 그냥 '존재'를 위한 최소한의 기준이라 여겨 두고, 모든 번뇌와 고통의 원인이 되는 '감지'를 살펴보겠습니다.

인간으로 태어나 살아가면서 처음으로 느끼는 것은, 우선 '존재한다', 또는 '있다'는 느낌입니다. 그것이 가장 먼저 우리 생명력의 바다 위에 장착됩니다. 즉, '있음'이라는 느낌이 끊임없이 흐르고 있다는 것입니다. 거기에 감지들이 쌓이면 공통의 추출개념인 '나'가 생성되어 '내가 있음'으로 바뀝니다. 그리고 이것이 의식적으로 거칠게, 무의식적으로 미세하게 지속적으로 흐릅니다. 그 흐름에 어떤 사건이나 사물, 자극이 와서 간섭을 일으키면 '나'에게 새로운 '느낌'이 일어납니다. 즉, 우리가 느끼는 '나'란 일종의 '일관되게 진동하는 그물'이며 그 위에 어떤 시각적 자극이 와서 흔들어 놓으면 '집'이라는 '느낌'이 일어나고, 과거에 경험한 집의 이미지가 저장되어 있다면 그것과 비교해서 2차적으로 '안다'는 느낌이 일어납니다.

그 모든 느낌보다 최우선에 있는 것이 '있음'이란 것이며, 그것은 존재감이라 할 수 있습니다. 우리가 '있음'이라는 느낌으로 있게 되면 그것은 고요한 평화입니다. 바쁘게 이리저리 다니다가도 언제든 돌아와 쉴 수 있는 집처럼 '있음'은 평안을 가져다주는 존재의 뿌리와 같은 '느낌'입니다.

지금까지 '의식'에 대해 살펴본 우리는 이제 주의-감지-감각의 연습을 통해 점차 '있음'의 느낌을 발견하게 될 것이며, 더 나아가 '깨어있음'이 진정 무엇인지 체험하게 될 것입니다. 그리고 최종적으로 그 모든 깨어있음이 일어나고 있는 존재와 의식의 근원을 각성(覺性)하게 될 것입니다.

주의

일상에서 여러 가지 경험에 빠지지 않고 깨어서 경험하는 상태를 유지하며 동시에 자연이 부여한 생명의 힘을 발현하며 살아가도록 해주는 것이 깨어 있기입니다. 이것은 어떤 현상의 회오리바람 안에서도 내적인 평화를 이루면서 동시에 그 강력한 생명의 흐름을 타고 유유히 삶의 신비를 경험해가는 삶입니다.

주의의 종류

　주의는 놀랍도록 다양한 모습을 띱니다. 점과 같이 툭툭 끊어져서 보내질 수도 있고, 선과같이 지속적으로 보내질 수도 있지요. 또는 입체적으로 한 사물을 감싸며 3차원적으로 작용할 수도 있습니다. 거기에 시간적 요소가 덧붙여지면 더 다양한 모습을 나타내 보입니다. 먼저 깊이 내려가 보면 결국 주의의 힘과 주의의 패턴이라는 두 가지 요소로 나뉩니다. 그리고 그 패턴은 크게 네 가지로 분류됩니다.

　우주 만물은 하나에서 비롯되었기 때문에 그 모든 것은 같은 속성을 지니고 있습니다. 그것을 달리 말하면 프랙털 구조라고 합니다. 부분 속에 전체의 모습이 들어있고, 부분과 부분은 닮아있으며, 전체 역시 부분의 모습을 하고 있습니다. 그것은 의식과 물질에 있어서도 마찬가지입니다. 물질적 광자가 파동이면서 입자이듯이 의식 역시 일종의 파동과 같아서 파동성의 우주에 가 닿기도 하고, 한곳으로 집중하면 입자화하기도 합니다. 군중 속에서 누군가의 뒤를 계속 바라볼 때 그가 뒤돌아보는 것은 나의 의식의 파동이 퍼져나가 입자화했고, 그를 어떻게든 '건드렸기' 때문입니다. 우리의 의식은 이렇게 공간을 가로질러 갈 수도 있고, 따라서 시간을 가로질러 전달될 수도 있습니다. 시간과 공간은 하나의 연속체이기 때문입니다.

　또 우리는 의식을 레이저 파(波)와 같이 한 방향으로 강력하게 사용할 수도 있고, 에밀레 종과 같이 전방향(全方向)으로 퍼지게 하여 주변 만물에 널리 '닿게' 할 수도 있습니다. 그것이 바로 뉴로피드백에서 말하는 주의력과 집중력입니다. 즉, 주의력은 전방향으로 퍼져나가 전체를 의식하게 하며, 집중력은 레이저처럼 하나의 대상에 집중적으로 의식의 힘을 몰입할 수 있게 합니다. 그러한 의식의 기본 인자로서 주의(注意)의 특성을 살펴보겠습니다.

주의는 크게 4가지로 나눌 수 있는데, 먼저 자동적 주의(自動的 注意)가 있습니다. 자신도 모르게 무언가에 사로잡히는 주의를 말합니다. 그것은 갑자기 뒤에서 큰 폭발음이 들렸을 때 아무 의도 없이 자동적, 반사적으로 뒤돌아보는 것과 같습니다. 그 과정에서 처음에는 '뒤쪽'이라는 공간에 주의가 갑니다. 이것을 신경생리학에서는 자동적 공간지향(空間志向) 주의라 합니다. 이후 그것이 '무엇'인지 확인하는 데 주의를 사용하게 됩니다. 이를 자동적 대상확인(對象確認) 주의라 합니다. 세 번째로 의도적 주의(意圖的 注意)가 있습니다. 내적인 의도를 가지고 무엇을 보려할 때입니다. 여기에도 두 가지가 있는데 먼저 어느 방향의 공간을 향해 주의를 의도적으로 옮기는 것을 의도적 공간지향 주의라고 합니다. 예를 들어 '왼쪽 책상 위를 보려할 때' 사용하는 주의와 같은 것입니다. 네 번째는 어떤 대상을 확인하려는 의도적 대상확인 주의입니다. 이렇게 대상을 확인하려 할 때는 늘 마음속에 어떤 기준인 이미지나 느낌, 즉 '감지(感知)'를 가지고 대상을 보게 됩니다. 예를 들어 바닥에 동전이 떨어지는 소리가 들렸다면 마음속에 '동전'의 이미지(일종의 감지)를 가지고 바닥을 보며 그것을 찾으려 할 것입니다. 이때 사용되는 주의와 같습니다. 여기서 의식이 발생합니다. 즉 '안다'는 의식이란 내 안의 '감지'를 통해 '의도적 주의'를 가지고 외부의 무언가를 '확인'하려는 순간 발생하는 것이라고 볼 수 있습니다. 그래서 모든 의식에는 '감지'와 '주의'가 필요한데, 이때 주의가 자동적 주의냐, 의도적 주의냐에 따라 '알지 못하는' 의식이냐, '아는' 의식이냐로 구분됩니다. 이 과정을 불교에서는 수상행식(受想行識)이라고 불러왔습니다. 즉 우리가 '감각'이라고 부르는 수(受)를 통해 내면에 '감지'라는 상(想)의 이미지 단위들이 형성되고, 그렇게 쌓인 상들을 사용해 외부의 무언가를 보려고 행(行: '주의 또는 의도')하여 확인하려 할 때에 식(識:의식)이 발생한다는 것입니다.

다시 정리하자면 주의에는 네 가지가 있는데, 자동적 공간지향 주의, 자동적 대상확인 주의, 의도적 공간지향 주의, 의도적 대상확인 주의가 있는 것입니다. 그리고 '안다'는 의식은 바로 이 '의도적 대상확인 주의'에 의해 주로 발생합니다.

연습 1-1

주의연습에서는 이 네 가지 종류의 주의와 그 각각의 주의의 세기를 10단계로 나누어 경험하고 구별하는 데 중요점이 있습니다. 자신 안에서 일어나는 주의의 다양한 측면을 구분하게 되면 '주의'라는 어떤 정신적인 힘을 느끼게 되며, 그것을 느낄 수 있게 되면 분리해볼 수 있게 되고, 이때부터 '주의'와의 동일시에서 벗어날 가능성이 생기게 됩니다. 그러면 최종적으로 그 주의를 가능하게 하는 '의식의 근원'을 파악할 수 있게 될 것입니다.

아이러니컬한 이야기지만 우리가 '분리이전'으로 돌아가기 위해서는 아주 세밀한 분별이 필요합니다. 우리는 분별을 통해 분별없는 세계로 갈 수 있습니다. 그래서 자신을 아주 정밀하게 들여다보고, 일어나는 현상들을 세밀하게 구분할 필요가 있습니다. 그렇게 되면 점차 '주의'라고 하는 것에서 떨어져 나와 '주의'를 가능하게 하는 것 쪽으로 존재의 중심이 옮겨지게 됩니다. 주의 속에 빠져있는 것, 그것이 몰입입니다. 그러나 주의에 빠져있으면 주의를 파악할 수 없습니다. 그러므로 그 어디에도 빠져있어서는 안됩니다.

특히나 두려움과 분노는 '주의'라는 현상 자체도 일어날 수 없게 합니다. 즉, 두려움 속에서는 주의력이 발휘되지 않습니다. 잘 되어가던 사업이 격변하는 세계경제의 흐름 변동으로 인해 갑자기 부도를 맞게 되었다면 그는 자신의 잘못도 아닌데 그런 일이 벌어진 것에 대해 분노하거나, 앞으로 닥칠 어려움을 상상하며 두려움으로 인해 한없이 위축될 것입니다. 이러한 분노와 두려움 속에서 면밀한 주의력이 발휘될까요? 결코 그렇지 않습니다.

그러므로 안전한 장소와 시간을 마련하여 평상시에 이 주의연습을 하게 되면 '주의력'이라는 의식적 근력이 생겨 마음의 고통이 생길 때 그것을 힘 있게 사용할 수 있을 것입니다.

신경생리학에서 말하는 주의에는 네 가지가 있다고 하였습니다. 그 중 첫 번째는 자동주의(自動注意)입니다. 이것은 자신도 모르게 주의가 옮겨지는 것으로, 어떤 예기치 못한 사건이 우리 감각으로 들어올 때 그 사건이 일어난 공간 쪽으로 주의가 저절로 옮겨지는 자동적 공간지향 주의와, 그것이 무엇인지 확인하려는 자동적 대상확인 주의로 나뉩니다.

조용히 책을 읽고 있는데 갑자기 밖에서 무언가 부딪히는 소리가 쾅! 하고 납니다. 이때 우리는 자신도 모르게 순간적으로 소리가 나는 쪽으로 주의를 돌립니다. 또는 갑자기 끌리는 멋지거나 이상한 모양, 태어나 처음 맡아보는 향기나 갑자기 강하게 올라오는 악취 등등이 있을 때도 마찬가지이지요.

이것을 구분하는 연습을 위해서는 주변 사람들에게 요청해 자신이 눈을 감고 있는 동안 부지불식간에 예상치 못한 방향에서 큰 소리나 이상한 소리를 내게 합니다. 그리고 이때 그 방향으로 자신의 주의가 향하는 것을 알아채도록 해봅니다. 이 연습의 핵심은 소리나 방향에 있지 않고 부지불식간에 일어나는 현상에 쏟아지는 당신의 '주의'를 알아채는 것입니다.

두 번째로는 자동적 대상확인 주의입니다. 그렇게 자동적으로 주의가 옮겨진 후에는 그것이 무엇인지 대상을 확인하려는 주의로 바뀝니다. 이는 자동적 공간지향주의에 뒤이어 일어나므로 두 가지 주의를 같이 연습하며 알아채도록 합시다.

세 번째는 의도적 공간지향 주의가 있습니다. 자동적 주의와는 달리 의도적으로 주의(意圖注意)를 어디로 가져가겠다고 마음먹고 보내는 것입니다. 예를 들어 마당에 있는 화분을 향해 주의를 의도적으로 보냅니다. 그렇게 하면서 의도적으로 어딘가로 향하는 주의가 무엇인지 알아채는 것입니다. 내적으로 무언가가 보내어지는 것을 느껴봅시다.

마지막으로 의도적 대상확인 주의가 무엇인지 알아채도록 합니다. 예를 들면 화분이 어디에 있는지 확인하려는 의도를 가지고 눈을 돌려 주의를 보낼 때, 주의가 어떤 방향을 향하려 하고, 그 후 바로 그것이 '무엇인지 확인하려는 의도'가 생김을 알아챕니다.

이제 자신의 주의의 종류를 살펴보고 구분할 수 있는 실제적인 연습을 할 차례입니다. 주변을 둘러보고 10가지의 대상물을 미리 기억해놓습니다. 1번 대상을 기억해 내고, 그것을 확인하겠다는 의도를 가진 후 주의를 보내 확인합니다. 2~10번 대상에 대해서도 그렇게 연습하며 그 가운데서 자신의 내적인 주의의 움직임을 네 가지로 나누어 알아채도록 합니다. 이렇게 하는 목적은 의도적 공간지향 주의와 대상확인 주의를 사용하는 것이 무엇인지 내적으로 알아채고, 그것을 자유롭게 할 수 있음을 깨닫기 위해서입니다.

이렇게 우리의 주의에 대해 여러 가지로 분별할 수 있습니다. 분별한다는 것은 사실 또 하나의 굴레가 될 수도 있습니다만, 그렇게 하지 않았을 때보다 우리의 의식이 세심해지고 알아채는 능력이 깊어진다는 이점이 있습니다. 위와 같은 주의(注意) 연습으로 자신의 주의에 대해 관심을 가지고 살펴보기 시작하면 '주의' 자체를 대상으로 보는 힘이 생기며 점차 의도적 주의를 자유롭게 사용할 수 있음을 알게 됩니다. 주의를 의도적으로 사용하기 시작하면 우리는 점차 '잠'에서 깨어납니다. 잠이란 무의식적이며 자동적으로 '일어나는 일'에 휩쓸려 살아가고 있다는 의미입니다. 그러한 잠에서 벗어나 의식을 현재에 쏟아 붓는 일, 그것이 현재의 주의입니다.

어릴 때 외가에 가면 외숙부님이 아침 일찍 논에 갑니다. 논에 이상은 없는지, 더 필요한 것은 없는지 살피기 위해서지요. 그리고 물이 필요하면 물을 끌어들여 논에 물을 댑니다. 이것이 주의라는 한자에서 주(注)자가 의미하는 바입니다. 물댈 주(注)라고 하지요. 이렇게 논에 물을 대는 것과 같이 나의 뜻과 의식과 생명의 힘을 쏟아 붓는 것이 바로

'주의(注意)'라는 낱말의 뜻입니다.

주의의 패턴을 살펴 구분할 수 있게 되면 이제는 주의의 깊이를 살펴볼 차례입니다. 주의는 그 각각이 깊이가 다릅니다. 어떤 대상에 대한 자기 주의의 깊이가 어느 레벨인지 자각하도록 해봅니다. 물론 이 연습은 상기 네 가지 '주의의 종류'를 분명히 구분하게 된 후에 실시하는 것이 좋습니다. 이 연습을 하는 목적은 자신이 사용하는 주의의 강도(强度)가 모두 다르다는 것을 확인하기 위함입니다. 먼저 종이와 필기구, 화분을 준비합니다. 종이에 가로로 선을 하나 긋고 10등분을 한 후 그 각각에 1~10까지 숫자를 써넣습니다. 그리고 어떤 한 사물에 자신의 주의를 가장 약하게 보내고 그것을 느낀 후 1이라고 합니다. 다시 가장 강하게 보내본 후 그것은 10이라고 합니다. 그 1과 10의 주의의 세기를 느낀 후 중간쯤을 5라고 정하고 그 사이사이의 주의를 느끼며 나머지를 내적으로 정의합니다. 그것이 되면 이제 화분을 보며 제일 윗부분에 주의를 1만큼, 그 아래 2만큼… 제일 밑 부분에 10만큼 주의를 기울입니다. 그러는 중에 자신의 주의의 세기가 변하는 것을 알아채봅니다.

이렇게 주의에 대한 연습을 하다보면 '현존'한다는 것이 무엇인지 알게 됩니다. 많은 이들이 지금 이 순간을 살라고 말하며, 지금여기에 존재하라고 외칩니다. 그러나 머리로 그 말을 듣고 이해했다고 해서 자신이 현재에 존재하는 것은 아님을 잘 알 것입니다. 우리는 과거로 둘러싸여 있습니다. 지금 자신이 이 책을 읽고 있는 곳 주변을 잠시 둘러보십시오. 그렇게 둘러보는 중에 '안다'는 생각이나 느낌이 들지 않는 것이 있습니까? 만일 당신이 모든 주변 사물에서 '안다'는 느낌이 든다면 그것은 당신이 '과거'에 둘러싸여 있음을 의미합니다. '안다'는 것은 모두 과거이기 때문입니다. 따라서 '아는 것으로부터의 자유'란 과거로부터의 자유이며, 모든 '안다'로부터의 자유는 곧 죽음과 동시에 새로운 탄생을 의미합니다.

이해되시나요? 그것은 일종의 '죽음'입니다. '안다'의 베일을 벗는다는 것은 나의 모든 과거를 백지화하는 것이며, 그 상태는 우리가 태어났을 때의 상태와 같으므로 새로운 탄생을 의미하고, 그 탄생을 위한 죽음을 거쳤음을 의미합니다.

우리가 처음 이 세상에 태어났을 때 아이에게는 아무런 '아는 것'이 없었으며 모든 것이 새롭고 신비로웠습니다. 그런데 성장함에 따라 배우고 습득하면서 '안다'가 많아져 갑니다. 그래서 20세 전후가 되면 세상 모든 것을 거의 모르는 것이 없게 됩니다. 그러나 사실은 모르는 것이 없는 것이 아니라 아주 작은 '안다'라는 틀 속에 갇혀 있는 것입니다. 사실 '나는 안다'라는 생각이나 느낌은 인간을 이 세상에서 머리 둘 곳이 없는 존재의 한 '조각'으로 만드는 족쇄입니다. 이 물리적 세계를 깊이 탐구하여 들어가 누구보다도 더 많은 것을 알게 되었던 아인슈타인이 도리어 우주의 신비에 대해 언급합니다. 머리를 가진 인간 중 그 어떤 사람보다도 더 깊이 논리의 세계를 파고든 비트겐슈타인은 '말할 수 없는 것은 언급해서는 안된다'고 단언합니다. 그들은 모두 '안다'는 것을 넘어 신비의 일말을 체험했기 때문입니다. 즉, 그들은 아무리 많이 안다 해도 그것은 지구에 한정되는 일이고 더 큰 태양계, 거대한 은하계, 헤아릴 수 없이 막대한 초은하계는 수도 없이 더 많다는 것을 보았고, 또 아무리 인간 이성의 깊은 곳을 탐사해 들어가도 거기 끝도 모를 깊이가 존재한다는 것을 발견했던 것입니다.

하지만 그들도 신비를 '체험'했지 신비 자체로 '존재'하지는 못했습니다. 그런데 이 모든 '안다'를 벗어나게 되면 이제 진정으로 분리 없는 전체인, 둘이 아닌(不二) 존재로 살아가게 됩니다.

사실 우리는 이 '안다'라는 베일에 가려져있어서 '있는 그대로'를 보지 못하고 있습니다. 아이러니컬하게도 '안다'는 느낌이나 생각 때문에 존재의 진실에 대해 진정으로 '모르고' 있습니다. 그런데 어떻게 '현존'할 수 있겠습니까? 현재에 존재한다는 것은 '모른다'의 상태에 있는 것입니다. 이것은 모른다는 '느낌'과는 다릅니다. 모른다는 상태에서는 그 어떤 익숙하고 안다는 느낌이 없습니다. 그냥 이 순간에 있을 뿐입니다. 따라서 아무리 많은 책을 읽고 수많은 것을 안다고 해도 이 현존의 상태를 맛볼 수는 없습니다.

그런데 주의연습을 하게 되면 당신은 점차 현존하게 됩니다. 현존한다는 것은 당신의 생명의 힘이 이 순간에 더 많이 쏟아 부어짐을 의미합니다. 아무런 의식적 '내용'이 아닌 '주의'에는 '과거'란 있을 수 없으므로 점차 현재로 돌아오게 되는 것입니다. 과거는 모두가 '이야기'이고 어떤 '것'입니다. 그러나 주의는 우리가 '안다'고 이름 붙여놓은 그 어떤 '것'도 아니며 오직 투명한 생명의 힘일 뿐입니다. 그 힘 쪽으로 내 존재의 중심을 옮기는 것입니다. 더 많이 옮길수록 더 많이 현존하게 됩니다. 그러므로 '아무런 내용도 없는 투명한 주의'에 당신의 생명력을 쏟아 붓는 연습에서 시작하십시오. 주의가 무엇인지 느끼고, 주의가 움직이는 방향을 알아채며, 주의의 정도를 세밀하게 나누어 가늠해 보십시오. 자신의 주의를 연구대상으로 삼는 것입니다. 주의는 곧 의식의 재료이며, 우리 생명의 힘과 가장 가까이 있는 친구입니다. 그 친구에게는 그림자가 거의 없습니다. 우리의 모든 '앎'은 그림자입니다. 우리는 소나무와 하나가 될 수는 있지만 소나무를 '알' 수는 없습니다. 안다는 것은 소나무 자체가 아니라 모두 소나무의 그림자일 뿐입니다. 우리는 수많은 그림자들 속에서 살아가고 있습니다. 이제 그림자의 세계에서 나와 실제 있는 그대로의 소나무를 만나야 할 때입니다.

연습 1-2

이제 응용연습을 해보겠습니다. 다시 화분을 봅니다. 화분에서 자신의 주의를 가장 강하게 끄는 부분을 찾습니다. 왜 그 부분이 끌렸는지를 알아채면서 섬세한 마음으로 관찰합니다. 예를 들어 "제일 윗부분의 새로 피어나는 잎에 끌렸다. 그 잎의 여리고 부드러운 모습에 끌리는구나, 쭉 곧은 잎새의 잎맥에도 끌리네…" 등등. 그렇게 관찰하는 중에 다른 부분이 끌리기 시작하면 그쪽으로 눈을 옮겨도 좋습니다. 다만 끌리는 그 마음을 '의식'하고 그것을 의식적으로 되뇌인 후 다른 위치로 주의를 옮겨갑니다. 예를 들면, 제일 윗부분의 잎에 끌려 그곳을 관찰하다가, 충분히 살펴보아서인지 그 아래 잎으로 마음이 가는 것이 느껴집니다. 처음에는 무의식적으로 눈이 옮겨갈 것입니다(자동적 공간지향주의). 그러나 이때 바로 눈을 옮기지 말고, 의식적으로 "주의력이 왼쪽 아래 잎으로 끌린다"라고 속으로 되뇌이고 비로소 눈을 옮기는 것입니다(의도적 공간지향주의). 만약 무의식적으로 주의를 옮겼으면 다시 이전 사물로 돌아가 의식적으로 옮기는 행동을 합니다. 항상 움직이는 의식을 먼저 알아챈 후 그것을 느끼고 눈을 옮기도록 합니다. 즉, '의식적으로' 주의를 옮기도록 합니다.

자, 이번에는 주의의 질을 확인하는 연습입니다. 식물에서 끌리는 부분을 관찰합니다. 왜 그 부분이 끌렸는지를 알아채면서 섬세한 마음으로 관찰합니다. 예를 들어 "짙푸른 하나의 잎에 끌렸다. 그 강하게 뻗어 나온 잎맥에 끌리는구나, 힘찬 잎맥의 모습에도 끌리네." 이렇게 하는 동시에 자신의 주의력이 어떤 수준으로 몰입되고 있는지 알아챕니다. 그리고 그 주의력을 1~10까지 레벨로 분류합니다. 예를 들어, "짙푸른 모습에는 주의력이 6정도, 강하게 뻗은 잎맥에는 좀더 주의가 가니 8정도 끌린다" 등등. 그런 후 전체를 보면서 주의의 레벨을 느껴 봅니다.

물은 달이 아니라 달그림자를 보고 있다

　우리는 여기서 욕구하는 탐심(貪心)과 저항하는 진심(嗔心)이란 용어를 쓰지 않고 좀더 포괄적인 끌림(引力)과 밀침(斥力)이라는 단어를 의식적으로 선택하였습니다. 이 두 가지의 우주적 특성은 인간의 개인적 무의식과 그보다 더 깊은 집단 무의식, 또 유기체적 생물권 의식에 있어서도 적용되기 때문입니다. 이러한 끌림과 밀침에는 항상 이유가 있습니다. 깊이 들여다보면 그것은 생존과 직결되어 있거나, 더 승화되면 소멸하여 전체와 합일하려는 움직임과 연관되어 있습니다. 그러나 우리는 여기서 그러한 원인을 파고들어가 밝혀보고자 하는 것이 아니라 단순히 그러한 '주의(注意)'의 움직임에 대한 진실을 깨닫고자 합니다. 왜냐하면 주의의 움직임은 '안다'는 느낌을 불러일으키는 의식활동에 있어서 필수의 생명현상이며, 그 현상을 이해하고 체험할 때 비로소 그러한 모든 체험이 일어나는 '배경'에 대해서도 알아챌 수 있기 때문입니다. 그런데 여기에서 우리는 참으로 어려운 전환이 필요합니다. 우리가 어떻게 우리 의식의 배경을 '알' 수 있겠습니까? 배경이란 의식이 나오는 근원자리인데... 그러나 분명 길은 있습니다.

　그러므로 주의를 끄는 원인보다는 주의가 솟아오르는 근원 자체를 알아차려야 합니다. 그것을 위해 먼저 나의 의식이 어떤 사물에 끌리고 밀치는지 그 정도의 차이에 주목해보십시오. 그러한 주목이 끝내는 끌리고 밀치는 현상의 배후로 내 중심을 옮길 것입니다.

우리의 연습은 처음 사물에 주의를 보냄으로써 시작하겠지만 점차 사물로 향하는 주의가 사실은 사물을 사물로 보이게 하는 자신의 감지(感知;이미지, 느낌)로 향한 것이며, 그래서 결국은 자기가 자기를 보고 있다는 것을 알아채게 될 것입니다. 자기가 자기를 볼 때, 감지라는 과거 이미지에서 그 이미지를 가능하게 하는 의식의 근본 쪽으로 초점이 옮겨지면, 보는 자도 사라지고 보이는 대상도 사라집니다.

하나의 사물을 오랫동안 보고 있을 때 그것이 '감지'일 경우에는 멍해지게 되고, '감각' 하고 있을 때는 있는 그대로의 사물과 마주하게 됩니다. 감지를 보고 있음을 알아차리는 것은 마치 물이 달을 바라본다고 여겼는데 알고 보니 자기에게 비친 달그림자를 보고 있다는 것을 아는 것과 같습니다. 우리도 그와 같이, 실제 사물을 보고 있는 것이 아니라 '의식'에 비친 사물의 그림자를 보고 있습니다. 우리는 달을 '보거나 알 수' 없습니다. 달은 오직 '감각' 될 수 있을 뿐입니다. 그러므로 우리 눈에 보이는 사물은 사물 자체가 아니라 내면에 비친 사물이며, 따라서 다른 모든 사물들과 연관되어 내면에 그려진 감각적 정보 네트워크의 일부분입니다. 그런데 그러한 사물을 보다가 어느 순간 달그림자가 아니라 물에 초점이 맞춰지듯이, 내면의 이미지가 아니라 그 이미지를 가능하게 하는 의식의 근원에로 초점이 옮겨질 수 있게 됩니다. 우리가 하는 모든 연습은 달그림자에 맞춰진 초점을 그 대상이 그림자였음을 알아차리고 물로 옮기기 위한 것입니다. 그때 당신은 보는 자도 보이는 대상도, 본다는 행위도 모두 물이라는 근원의 작용임을 알아채게 될 것입니다.

모든 '존재'하는 것은 서로 끌어당기거나 밀쳐냅니다. 그렇게 함으로써 우주가 바라는 것은 끊임없는 움직임입니다. 움직임이야말로 살아있다는 것을 증거하는 제1의 요건이기 때문입니다. 그래서 주의를 끄는 것도 정적인 것보다는 동적인 것이 더 많은 주의를 끕니다. 그러하기에 우리 내면에서도 끊임없는 움직임이 일어나고 끌림과 밀침의 작용도 일어나는 것입니다. 우주에는 내면과 외면이 없습니다. 그것은 그저 하나입니다.

대부분의 고통이 이 의식적 끌림과 밀침에서 나옵니다. 그런데 흥미롭게도 이 끌림과 밀침이 일어나는 것은 당신 안에 이미 쌓여있거나 지금 이 순간 동시에 만들어진 어떤 느낌이나 생각 때문입니다. 바로 '나'라고 동일시한 어떤 기준이지요. 그런데 동일시된 그것은 잘 보이지 않습니다. 왜냐하면 우리가 그것을 기준으로 사물을 보고 판단하도록 동일시되어 있는 상태이기 때문입니다. 앞에서 의식이 일어나는 과정에서 살펴보았듯이 모든 대상은 '나'와 함께 나타납니다. 즉, 어떤 대상이 끌린다면 그것은 곧 내가 그것과 끌리는 무엇을 이미 내면에 가지고 있어 동일시되어 있다는 의미입니다. 예를 들어 저 밖의 S극이 끌린다면 이 안에 N극의 무엇을 가지고 있다는 것이지요. 왜 '나'는 부드러운 사람에게만 끌릴까요? 한 예로 그것은 내게 거친 면이 있다고 스스로 믿고 있어 이 거친 세상에 살면서도 부드러움을 유지하고 있는 상대의 내면의 특질이 끌리는 것입니다. 또 다른 '나'는 유순하고 심약한 사람을 밀어내거나 저항합니다. 그것은 내게 유약한 면이 있어 늘 손해 본다는 생각을 해오다가 그것이 싫어 거칠고 강하게 되려고 노력해왔기 때문입니다.

즉, 지금 이 순간 외부의 대상이라 여겨지는 사물이나 존재에게서 끌림이나 밀침이 느껴질 때는 언제나 내면에 그에 상응하는 '나'라고 여겨지는 동일시된 무언가가 있다는 의미이고, 그것을 발견하지 못하면 왜 자신이 고통스럽고 화가 나는지 깨닫지 못합니다. 그래서 흔히들 무의식적 저항에 의해 고통이 생겨난다고 말하는 것이지요. 불교에서는 탐진치에 의해 고통이 생겨난다고 합니다. 이때 탐심은 끌리는 마음이고, 진심(嗔心)은 거부하고 밀치는 마음이며 치심은 탐심과 진심이 일어나고 사라지는 것을 모르거나 또는 착각하는 마음입니다. 반면 지혜심은 탐심과 진심이 일어나고 사라지는 것을 전체의 관점에서 보는 것이며, 그것들이 늘 '나대상'의 짝을 띄고 일어났다 사라진다는 것을 알아채는 것입니다.

그러므로 모든 동일시된 마음, 즉 숨겨져 보이지 않는 '나'의 내용이 무엇인지 '보는 것'이 '나'로부터 자유롭게 해줍니다. 이를 위해서는 먼저 의식적 끌림과 밀침을 느껴 구분하고 그것이 무엇 때문인지 보는 눈이 있어야 합니다.

연습 2

먼저 주변 사물을 돌아보며 그것이 나의 의식과 얼마나 공명하고 또는 비공명하는지 감지해봅니다. 처음에는 그것이 감지되지 않을 수도 있습니다. 친숙한 사물과 낯선 사물을 번갈아 보고, 끌림의 차이를 1~10으로 표시합니다. 그것이 잘 되면 최근 1년간 알고 지내는 사람들을 떠올려보고 끌리는 느낌이 일어나는지 아니면 밀쳐내는 느낌이 일어나는지 알아챕니다. 앞에서 주의의 강도를 1에서 10으로 나누었는데 끌림이나 밀침의 세기가 1~10중 어디에 해당하는지 느낄 수 있다면 더

욱 좋습니다.

그렇게 끌리거나 밀쳐내는 것은 모두 의식적 '대상'입니다. 그 의식적 대상이 밀쳐지고 끌리는 것은 그 전에 동일시된 '나'가 있기 때문입니다. 그 대상을 끌리거나 밀치게 하는 '나'의 내용이 무엇인지 직시할 수 있다면 바로 '내려놓아' 버립니다. 그것을 내려놓을 수 있다면 나와 너, 주체와 객체, 음과 양으로 분열된 내면을 넘어 즉시 태극의식 또는 순수의식으로 도약할 수 있습니다.

다시 말해 순수의식으로 돌아가기 위해서는 무엇보다도 자신의 내면이 '나와 너' 또는 '주체와 객체'로 분열되어 있다는 것을 보아야 합니다. 당신이 밖에서 '무언가'를 보고 있다면 그것은 이미 내면이 분열되어 있다는 증거입니다. 그 무언가를 볼 '내'가 있기 때문입니다. 사실 저 밖에는 아무 '것'도 존재하지 않습니다. 우리가 감지를 통해 선을 그어 분리하고 구분해놓은 것뿐입니다. 세상이 세상으로 '보이는 것'은 단지 우리의 의식작용 때문입니다. 거기엔 나누어진 어떤 것도 '존재'하지 않습니다. 그러므로 무언가를 보고 있다면 이때 '세상'을 보고 있는 자신이 분열되어 있음을 통찰해야 합니다. 내 눈에 무언가가 보이고, 내가 무언가를 '알며', 내가 무언가를 '느낀다'면 그것은 모두 당신의 내면이 '나와 대상'으로 분열되어 있다는 것을 의미합니다. 그럼 내면이 분열되어 있지 않을 때는 어떤 때일까요? 그것은 장엄한 폭포 앞에서 압도되어 있을 때, 끝없이 펼쳐진 무한 바다 앞에서 자신이 느껴지지 않고 그저 무한함만 있을 때입니다. 거기서는 '나'라는 느낌이 없습니다. 아무 생각도 느낌도 없이 오직 감각적으로 '있을 뿐'입니다.

침묵으로 가득 채우기

우리 내면은 늘 침묵으로 가득 차 있습니다. 침묵이 기본 상태입니다. 그런데 주의(注意)는 소음을 따라 다닙니다. 그것은 모두 순환이라는 거대한 흐름의 움직임을 형성합니다. 물이 수증기가 되어 하늘에 올라 구름이 되고, 구름이 비가 되어 대지로 스며들고, 그것들이 하나로 모이고 다시 수증기가 되듯이, 우리의 주의도 모여 생각이 되어 오르고 생각들이 모여 덩어리를 이루어 그것들이 무거워지면 감정의 비가 되어 내리며, 존재 속으로 스며들어 해소되고 분산되어 다시 주의력을 회복합니다. 이 모든 것은 내외적 순환을 위해 우주가 마련한 움직임들입니다. 따라서 주의를 따라다녀서는 침묵을 경험할 수 없습니다. 주의가 일어나고 있는 그 배경에 초점을 맞추어야 합니다.

그러면 왜 우리는 생각과 감정의 소음으로부터 벗어나지 못하고 있는가? 왜 우리는 생각이나 감정을 보지 못하고 있을까요? 현대과학은 투명인간을 만들어내고 있습니다. 광센서가 달린 전기전도체 옷을 입은 사람은 뒤쪽 배경을 앞으로 투사할 수 있습니다. 즉 뒷배경이 자신의 몸 앞에 투사되어 마치 투명한 것처럼 보입니다. 빛이 직접 그의 몸을 투과한 것이 아니라 등 쪽에 달린 광센서에 입력된 빛 정보가 배 쪽에 달린 광센서를 통해 앞쪽으로 투사하여 마치 몸을 투과한 것과 같은 기능을 합니다.

그림1

그림2

그림3

(그림1) 비늘과 같이 생긴 작은 거울들이 온몸 앞뒤로 달린 옷을 입고 있다.

(그림2) 등쪽의 비늘거울에 비친 배경이 배쪽의 거울로 전달되어 비추기 시작한다.

(그림3) 배쪽의 모든 비늘거울에서 등쪽에 비친 풍경이 비춰져, 앞에서 그를 보는 사람의 눈에는 배경 풍경이 보이는 것으로 착각하게 된다.

따라서 투명하다는 것은 배경과 하나가 되었을 때를 말합니다. 그렇다고 실제 투명한 것은 아니지요. 우리 의식에 있어서도 이런 일이 일어납니다. 즉 우리의 생각이나 감정이 근원으로 동일시되어 그것을 다른 사람의 생각이나 감정을 보는 토대로 사용하고 있다면 우리는 자신의 생각이나 감정을 '볼 수 없는' 것입니다. 그 이유는 생각과 감정을 자신의 기반으로 여기기 때문이며 우리는 이러한 현상을 동일시라고 부릅니다. 그러나 그것은 위 그림에서와 같이 착각된 배경일 뿐입니다. 그러므로 이런 착각된 배경이 아니라 진정한 침묵의 배경을 경험한다면 당신은 자신의 감정이나 생각을 비롯한 소음으로부터 자유로워질 것입니다.

그와 같이 모든 움직임 저변에는 그 모두를 지켜보고 있는 빈 공간이 있으니 그것은 움직이지 않고 침묵하며 있습니다. 이렇게 말하면 이제 여러분은 침묵의 배경을 '보려' 할 것입니다. 그러나 그 배경은 볼 수 없습니다. 그것은 대상이 될 수 없는 배경이기 때문입니다. 그러므로 만약 소음이 일어나면 침묵을 보려하지 말고, '침묵이 되어' 소음을 지켜보아야 합니다. 그리고 소음을 볼 수 있는 것은 나의 본질이 침묵이기 때문임을 알아채야 하는 것입니다.

연습 3

우선 침묵연습을 통해 침묵이 무엇인지 느껴보고 그것이 '되어보고' **그와 같은 본질적 침묵이 '나'를 느끼고 있음**을 통찰해봅니다. 그를 위해 아래의 과정을 따릅니다.

가까이 있는 식물을 봅니다. 그것의 말없는 침묵을 느낍니다. 그 침묵을 그대로 내 가슴으로 가져와 가슴에서 느낍니다. 그 침묵으로 내 몸을 가득 채웁니다. 그 침묵으로 방 안 전체를 채웁니다. 그 침묵으로 내 주위의 공간 전체를 채웁니다. 이때 어떤 소리가 들려와도 그 침묵은 깨지지 않음을 알아챕니다. 하늘과 땅, 온 우주가 침묵으로 가득 찰 때 언뜻 지극한 행복감을 일별합니다. 그러한 지극한 행복감의 느낌으로 자신을 가득 채웁니다. 그 느낌으로 온 우주를 가득 채웁니다. 그 침묵은 우주에 충만한 순수한 의식임을 압니다.

이때 주의할 점은 이 모든 과정을 '이미지'로 하지 말라는 것입니다. 머릿속의 이미지가 아니라 '느낌'을 통해 가도록 해보십시오. 지금 내 몸에서 느껴지는 감각을 통해 가야 합니다. 이미지는 과거와 미래로

포장된 마음속의 일이지만 느낌은 최소한 이 순간 일어나고 있습니다. 그러므로 느낌을 통해 가는 것이 더 정확합니다.

그렇게 침묵의 느낌으로 가득 차면 이제 내면의 소리들을 느껴봅니다. '침묵으로 있으면서' 소리를 느껴봅니다. 그리고 그와 같이 자신의 진정한 침묵은 느낄 수 없으며 그저 '소리'를 느낌으로서 자신이 '침묵'임을 간접적으로 알아채봅니다.

절대의식은 어디 저 멀리에 있는 것이 아닙니다. 항상 발로 딛고 서 있는 지금 이곳에 이런 저런 일상의 생각이 활개 치는 상대의식과 함께 있는 것입니다. 그것은 늘 음양을 포함하는 태극과 같습니다. 음양이라는 표면의 상대세계가 멈추면 바로 그곳이 태극의 세계인 것입니다. 당신이 괴로워하는 그 번잡한 생각과 감정들이 멈추는 순간 바로 그곳이 절대세계인 것입니다. 이런 저런 이야기들로 채워진 드라마의 세계, '나'와 '대상'이 있고, 이것과 저것이 있는 상대세계는, 바로 그 순간 절대세계 위에서 벌어지고 있으므로 항상 지금 이곳에 이 둘은 함께 있는 것입니다. 마치 파도와 물이 같이 있듯이…

감지

누가 깨어나는가?

내가 깨어나는 것이 아닙니다.
'나'를 포함한 모든 것으로부터 깨어나는 것입니다.

감지란 무엇인가?

느낀다는 말에는 다양한 의미가 포함되어 있습니다. 가장 기본적으로 촉감을 느껴볼 수 있습니다. 지금 보고 있는 책의 표면에 손을 대서 한번 느껴보십시오. 뭔가 느낌이 있지요. 우선 그 느낌의 가장 표면적인 것으로부터 점차 근본적인 것으로 들어가 봅시다.

가장 표면적인 것으로는 매끄러운 느낌, 시원하고 기분 좋은 느낌, 부드럽고 따스한 느낌 등이 있습니다. 이것은 말로 표현된 불확실한 느낌입니다.

그 다음 한 단계 내려가면, 거기에는 말 이전에 느껴지는 세세한 느낌이 있습니다. 시원하고 부드러운 느낌은 손을 이리 대거나 저리 대어도 같은 느낌이지만, 말 이전의 이 세세한 느낌은 이렇게 저렇게 책 표면에서 손의 위치를 바꿀 때마다 달라지며 그것은 말로 표현하기 힘들지만 미세한 차이가 있는 느낌입니다.

그 다음 또 다시 한 단계 내려가면, 아무런 '생각한다' 도, '안다' 는 느낌도 끼어들지 않은 감각적 느낌이 있습니다. 그것은 그야말로 그 사물의 있는 그대로의 느낌이라고 할 수 있습니다. 거기에는 아무런 생각과 이야기가 끼어들지 않습니다. 내 과거의 경험으로 인한 왜곡된 이미지가 영향을 주지 않습니다. 그것은 우리가 태어나 처음 감각을 사용하기 시작할 때 가졌던 느낌입니다.

그러나 그것 역시 우리 감각이라는 내적인 기준과 사물과의 반응입니다. 이제 한 단계 더 내려가면 의식적 느낌이라는 것이 있습니다. 그것은 감각적 느낌이라기보다는 의식적 구별이라고 하는 것이 더 나을 것입니다. 이 의식적 구별은 이것과 저것을 아무리 미세하다 하더라도 의식이 분별해내는 것을 말하며 그것은 미세한 차이를 느끼는 것과 같습니다. 그래서 의식적 느끼기라고 할 수 있습니다.

이렇게, '느낀다'는 것은 다양한 차원에 걸쳐 우리와 사물을 연결시켜줍니다.

느끼는 것에는 오감을 통해 느끼는 것이 있고, 의식으로 감정과 생각, 미세한 존재감을 느끼는 것이 있습니다. 그것을 단계별로 보면, 가장 표면에 감정이 있고 그 밑에 생각이 있으며 그 아래 익숙한 감지가 있고 더 아래 순수한 감각이 있으며 가장 아래 근원이 있습니다.

이제 잠시 책을 내려놓고 밖으로 나가 사물과 생명체들을 느껴보십시오. 처음에는 곧바로 감정이나 또는 생각과 감정이 섞인 차원들로 들어가게 될 것입니다. 늘 알아왔다고 여기며 '무덤덤함'이라는 감지(感知) 또는 기억 속으로 들어가기도 하겠지요. 보통은 '안다'고 여기며 그냥 지나치거나, 아니면 안다고 여기는 것 외에 뭔가가 있을 것이라는 기대 속에 뚫어지게 한 사물을 응시할지도 모르겠습니다. 그러나 초점을 뭔가 새롭게 알아지는 것에 두지 말고, 만지거나 보는 순간 '너무 빨리 지나가 놓치고 있는 것'에 주목해야 합니다. 왜냐하면 우리는 무언가를 보는 순간 바로 생각이나 감정으로 들어가기 때문에 그 전에 필수적으로 거치는 기본단계를 간과(看過)합니다. 그러므로 그 생각이나 감정이 일어나기 바로 전에 무슨 일이 일어나고 있는 지에 관심을 두는 것이 중요합니다.

우리의 의식은 근본에서 표면까지 모두가 하나이지만 그 각각이 경계별로 다르게 작용하고 있습니다. 그것은 마치 대양(大洋)의 표면은 끊임없이 파도로 일렁이고 있지만 동시에 그 심연(深淵)은 꿈적도 하지 않고 침묵하며 은밀한 진동을 보이고 있는 것과 유사합니다.

　　고전물리학적 해석에 따르면 우리가 사물을 보는 것은 광자가 외부의 사물에 부딪혀 반사되어 우리 눈으로 들어와 원추세포와 간상세포를 자극하기 때문이라고 말합니다. 이런 관점에서 보면 '본다'는 것은 분명히 수동적인 활동입니다. 그러나 '본다'는 현상은 그렇게 단순하지 않습니다. 그렇게 자극에 반응하는 것이 '보는 것'이라면 화학물질에 색깔이 변하는 리트머스 시험지와 다를 것이 없을 것입니다. 그러한 시세포들은 단순히 자극에 반응하는 것일 뿐입니다. 그렇다면 그 반응이 '무언가를 본다'는 경험으로 이어지는 것은 무엇 때문일까요? '본다'의 제1원인은 아직도 과학적으로는 명확히 밝혀지지 않고 있습니다.

　　여기 새로운 과학적 견해가 있습니다. '깨어있기' 실제연습에서 말하는 '감지(感知)'를 설명하는 데 도움이 될 것 같아 소개합니다. 그것은 수잔 그린필드와 로돌포 리나스의 말처럼 본다는 것이 '의식적 투사(投射)라는 것'인데 이는 '감지'에 대한 설명을 뒷받침 해줍니다.

　　뉴욕 의과대학의 신경과학 전문가인 로돌프 리나스(Rodolfo Llinas)교수는 '우리가 보는 것은 꿈꾸는 것과 같은 것이다'라고 말하고 있습니다.

　　"꿈속에서 사건이 일어났다고 가정합시다. 놀랍게도 고통을 느낄 수도 있고 경악하거나 사물을 보고, 귀로 들을 수도 있습니다. 예전에 알던 사람과 적절한 억양과 말투로 이야기 할 수도 있습니다. 제가 주장하고 싶은 것은 꿈꾸는 것과 깨어있는 것은 똑같다고 할 수는 없지만 매우 비슷한 상태라는 것이죠. 이런 가정 하에서 뇌란 무엇인가를 이해할 수 있습니다. 왜냐하면 뇌는 이미지를 만드는 곳이기 때문이지요. 인간의 뇌는 정말 놀랍습니다. 현실세계라는 이미지를 만드는 것은 뇌입니다. 말하자면 만들어진 현실이지요. 우리가 느끼는 현실세계는 조정된 것이고 감각에 의해서 컨트롤 됩니다. 인간은 보고 지각하고 자유롭게 꿈을 꿀 수 있습니다. 이 거대한 우주를 느끼고 작은 인간의 머릿속에 잡아둘 수 있는 단 하나의 방법이기 때문입니다. 우리는 그것을 섞어서 이미지를 만들고 투영(投影)시킵니다. 그게 인간의 뇌가 하는 일이지요(Rodolfo Llinas from BBC documentary 'Brain story-Mind's eye')."

그는 뇌에서 만들어진 이미지가 외부에서 들어오는 정보에 의해 '사실'로 전환된다고 주장합니다. 다시 말해서 우리가 어떤 사물을 '바위'나 '나무', '컴퓨터'로 '보는 것'은, 지금 외부에서 들어오는 정보를 참고하여 내부의 이미지가 '현상화' 하는 과정입니다. 이 현상화를 통해 우리는 그것을 '사실'로 인식합니다. 물론 뇌가 그 모든 것을 한다는 것은 논의의 여지가 있습니다만, '본다'는 것이 우리에게 익숙한 하나의 '현상화' 시스템이라는 지적은 우리의 주의를 끌만 한 충분한 이유가 있습니다.

그에 대해 런던 대학의 수잔 그린필드 교수 역시 "보는 행위는 외부의 세계를 흡수하는 단순한 행위가 아닙니다. 눈에 보여 지는 것을 왜곡하고 무시하고 또 새롭게 창조해내기도 하는 능동적 행위인 것입니다. 인간은 눈을 통해 외부세계를 보지만 우리는 각자가 보고 생각하는 것에 따라 완전히 자신만의 세계와 우주를 창조할 수도 있는 것입니다(Susan Greenfield from BBC documentary 'Brain story - Mind's eye')."라고 말합니다.

즉, 이들은 본다는 행위가 단순히 외부의 정보가 안으로 들어오는 일방적인 현상이 아니라 내부의 정보와 만나 확인되고 투사(投射)된다는 사실에 대해 언급하고 있습니다. 이 말은 '인간은 보고 싶은 것만을 본다'거나 '세상은 환영(幻影)이다'라는 말과 일맥상통하는 말입니다. 왜냐하면 우리가 세상을 보는 방식에 따라 세상이 다르게 보인다는 의미이며, 이것은 '보는 사람'의 눈이 '보이는 모습'에 영향을 미친다는 것을 의미하기 때문입니다.

우리는 '깨어있기'에서 감지(感知)라는 용어를 사용합니다. 감각(感覺)과 감지(感知)는 비슷하지만 다른 말입니다. 뇌의 용량증가와 나이의 상관관계 그래프를 보면 3세까지는 증가량이 극도로 커서 거의 수직선을 이루고 그 후엔 점차 수평선에 가까워집니다. 그 말은 우리가 3세까지 가장 많은 것을 받아들이고 배운다는 의미입니다.

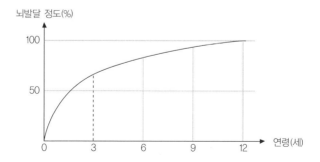

그렇게 배우는 동안 우리가 사용하는 것은 감각입니다. 그러나 이제 내면에 무언가 쌓이고 정보의 네트워크가 형성되면 점차 감지가 많아집니다. 감각은 우리의 감각기관을 사용해 느끼는 것이고, 감지는 감각을 통해 내면에 쌓여진 흔적들을 한번 거친 후 느끼는 것이라고 할 수 있습니다. 따라서 감지는 '있는 그대로'를 보는 것이 아니라 마음이 '재구성한대로'를 보는 것입니다. '느껴서 이 순간 깨닫는' 감각(感覺)과 달리, 감지(感知)는 단어의 뜻 그대로 '느껴서 안다'를 의미합니다. 우리가 '안다'라고 말할 때는 지금 보고 있는 것, 경험하고 있는 것을 무언가 내면에 있는 것과 비교한 후 '그래 이것은 아는 것이야'라고 말할 때입니다. 즉 내적인 '과거'가 있어야만 '안다'라고 말할 수 있는 것이지요. 세상에 처음 태어나 나무를 보는 아이는 '감각' 하느라 바쁩니다. 그들은 주위에 있는 모든 것을 받아들이고 느낍니다. 그는 감지(感知)할 만한 것이 없습니다. 그는 '안다'는 느낌이 없이 봅니다. 그러나 이제 20세가 넘은 사람은 대부분 '감지'를 합니다. 90% 이상을 '안다' 또는 일부라도 '봤다'는 느낌을 가지고 보는 것입니다. 그리고 이제 생각과 이미지가 그의 삶을 지배하기 시작합니다. 아픔과 오해, 수치와 자긍심 등 희노애락의 기타줄 위에서 춤을 춥니다.

　이때 우리의 삶은 도약이 필요하게 됩니다. '안다'를 통해 세상을 보는 '눈'이 만들어진 우리는 모든 것을 하나의 '틀'을 통해 경험하기 때문에 깊은 내면에서는 답답함을 느끼기 때문입니다. 그것을 '자아'라 부릅니다. 물론 그것이 없었다면 우리는 '세상'을 '알' 수 없었을 것입니다. 그러나 조만간 '아는 것'을 넘어가야할 때가 옵니다. 그 후 '자유'라는 것이 옵니다. 사물에 대한 감지(感知)와 감각(感覺)을 구별하고 그로부터 초연할 수 있을 때 비로소 자유가 옵니다.

로돌포 리나스 교수의 말을 우리 방식으로 이야기 하자면 뇌에서 만들어 밖으로 투사되는 이미지는 '감지'이고, 외부에서 들어온 정보는 '감각'입니다. 그리고 이 둘이 만나 비교를 통해 일어나는 것이 '안다'는 느낌이며, 이 '안다'는 느낌이 크든 작든 끊임없이 일어나고 사라지는 변화가 있을 때 '의식'한다는 현상이 일어납니다.

** 감지에 대해서는 236쪽 '깨어있기' 체험담 중 '생각이 떠오르는 바로 그 순간을 잡아채다' 라는 글을 참고하시면 분명하게 이해할 수 있을 것입니다

연습 4

이제 본격적인 감지연습에 들어가기 전에 먼저 감지를 발견하기 연습을 하겠습니다. 아래와 같은 과정을 따라 연습하면 됩니다.

1) 주변의 사물을 보며 그 본래의 이름을 부르면서 느껴보고, 이름을 빼고 느껴본다. 그 내적인 느낌의 변화에 주의한다. 이름을 부르고 느낄 때와 이름없이 느낄 때의 차이가 구별되는가? 이름에 대한 생각이나 이름 자체를 빼고, 단순히 느껴지는 '익숙한 느낌', 이름을 모른다고 여기며 보는, 그 느낌이 감지이다. 많은 사물을 대상으로 연습한다.

2) 부모님이나 형제자매를 떠올리며 그들의 이름을 부르면서 느껴보고, 거기서 '어머니', '아버지', '동생'이라는 이름을 빼낸 후 어떻게 변화하는지 내적인 느낌의 변화에 주의해본다.

무의식적 감각을 통해 무의식적 감지가 쌓입니다. 내면에 쌓여진 과거인 이 무의식적 감지들이 현재 외부에서 들어오는 감각들과 만나면 감지들 간에 끌림과 밀침이 일어나고, 생명에너지인 주의가 움직여 생각을 일으킵니다. 이 생각에 따라 또다시 끌림과 밀침이 일어나며 그것과 동일시되면 감정이 일어나고 행동하게 됩니다.

　결국 우리는 어디에선가부터 시작해야 하므로 '무지'에서부터라도 시작하지 않을 수 없습니다. 아무것도 알지 못하는 상태에서 감각을 통해 어떤 느낌들이 쌓이고 그 쌓인 것들 간에 네트워크가 형성됩니다. 그런데 그렇게 형성된 에너지 패턴, 즉 그 경향성은 어떤 방향으로 움직이려는 벡터입니다.

　벡터(vector)란 무엇일까요? 그것은 어떤 움직임입니다. 그런데 움직이기 위해서는 항상 방향이 필요합니다. 어딘가로 움직인다는 것입니다. 우리의 마음도 어딘가로 늘 움직입니다. 왜냐하면 마음은 움직이지 않으면 존재할 수 없기 때문입니다. 마음은 과거들의 집합이며 상호의존적인 네트워크입니다. 그래서 어느 한 기억에 주의가 가면 그 기억은 다른 기억을 불러일으키고 그 다른 기억은 또 다른 기억을 불러일으킵니다. 그렇게 수많은 기억들이 불러일으켜져서 끊임없이 서로를 향해 달리는 것이 마음입니다. 즉 기억은 다른 기억에 의존합니다. 하나의 벡터는 다른 벡터에 의존합니다. 이때 만일 벡터, 즉 방향을 가진 힘이 방향은 없고 힘만 있다면 어떨까요? 그것은 그 자리에 멈춰섭니다. 마치 바람에 흔들리는 코스모스를 보는데 처음엔 그 흔들림, 색깔, 하늘거리는 줄기에 끌려 생명의 힘인 주의가 그것들을 향하다가, 꽃에 이르러서는 경이로운 그의 그라데이션과 섬세함에 눈이 멈춰, 그것의 아름다움 속으로 깊이 들어가 꽃을 보는 이는 없고 꽃의 아름다움만 남는 것과 같습니다. 그때 '내'가 '꽃'을 향해 움직이는 의식의 벡터가 사라집니다. 이때 우리는 기억에서 벗어나 꽃 자체를 볼 수 있습니다.

자, 그렇다면 기억에서 벗어난다는 것은 어떤 것일까요? 우리는 여기서 미세한 것에서 명확한 것에 이르기까지 모든 기억에 감지란 이름을 붙였습니다. 뭔가 익숙하게 느껴지고 '안다'는 느낌을 불러일으키기 때문입니다.

먼저 소리를 이용한 감지를 확인해볼 수 있습니다. 지금 밖에서 들려오는 소리에 귀기울여 봅시다. 그런데 그 소리를 잘 들어보면 그 '소리'와 '소리에 대한 관념', '소리에 대한 나의 반응'을 구별해볼 수 있습니다. 예를 들어 차 소리가 난다면, '소리 자체'와 '차의 소리'라는 관념과 그 소리가 '좋다 나쁘다' 등 소리에 대한 반응인 인력과 척력을 느껴볼 수 있습니다.

이 세 가지가 모두 구별되면 이제 '소리 자체'에 대하여 주의집중과 주의고정을 행합니다. 주의집중이란 약 10초간 그 소리 자체에 집중하는 것이며, 주의고정은 약 120초(2분)간 그 소리에 집중하는 것입니다. 처음에는 소리자체에 주의집중과 주의고정을 하는 것이 힘들 수도 있습니다. 그러므로 먼저 '소리에 대한 관념(차 소리)'에 주의집중과 주의고정을 해봅니다. 그러는 과정에서 '차 소리'가 아닌 그냥 '소리 자체'에 대해 눈 뜰 수도 있습니다. 즉, '차 소리 자체'에 주의집중이 잘 되면 거기서 한발 더 나아가 소리에 몰입되어 의식의 흐름이 끊어지지 않는 주의고정 상태로 이어집니다. 그러는 중에 '차 소리'에서 '차'가 빠지고 '소리'만 들리는 때가 언뜻 언뜻 나타납니다. 이때 '소리자체', 즉 대상의 본성에 집중되고 '차'의 느낌이나 이미지에 의해 왜곡되지 않은 '소리' 가 들리는 상태가 지속되면 그것을 '무감지 집중'이라고 합니다. 감지(感知)에 의해 왜곡되지 않는 고도의 집중상태를 말합니다.

미지수 X와 미지수 Y가 서로를 의지하여 서있는 갈대처럼 존재하는 것, 이것이 '나'라는 느낌과 '대상'이라는 느낌이 함께 생성되는 원리입니다. 갈대는 결코 홀로 서있을 수 없습니다. 서로 의지해야만 서있을 수 있지요. 이와 같이 '대상'과 '나'도 서로를 의지해야만 존재할수 있으며 이 둘이 존재할 때 '의식'이라는 현상이 일어납니다. 즉 '안다'라는 느낌은 '대상'과 '나'가 만날 때 생깁니다. 따라서 '대상'과 '나'와 '안다'는 항시 같이 다니는 세 친구입니다. 그러므로 '안다'는 느낌을 내려놓고 사물을 보기 시작하면 그동안 알아왔던 '사물'은 사라지고 그 사물이 낯설게 보이기 시작합니다. 이 낯선 상태가 지속되다가 어느 순간 '미지'만이 남게 됩니다. 이 미지만이 남는 상태를 감각이라고 합니다. 이때가 되면 '나'라는 느낌도 사라지는데 주체와 객체, 그 둘 사이의 관계인 '안다'는 느낌은 모두 함께 일어났다 사라지기 때문입니다. 이를 위해 '내'가 보는 사물에서 이름을 빼고, 형태를 빼고, 질(質)을 빼고 보기 시작하면 점차 대상은 사라지고 '봄'만 남는 것을 경험하게 됩니다.

중성적으로 느끼기

감지 연습을 할 때 감정이 일어나면서 잘 진행이 안될 때가 있습니다. 이것은 사실 그 이전에 이미 내적으로 그 감지에 끌리거나 밀쳐지는 느낌과 함께 상대적인 세계에 휘둘리고 있음을 의미합니다. 이때는 끌리는 것에 따라가지 말고 밀치는 것에 저항하지도 말며 그저 그런 느낌이 있다는 것을 중성적으로 느끼면 점차 다시 연습할 힘을 얻게 됩니다. 끌림과 밀침을 자각하게 되면 이제 끌리거나 밀치지 않는 중성적인 상태가 어떤 것인지 알게 됩니다. 중성적인 상태가 무엇인지 알게 되었으면 이제 그 중성적인 상태에 주의를 줍니다.

끌림과 밀침은 우리의 감정인 희노애락애오욕과 깊이 관계합니다. 즉, 강한 끌림에서 강한 밀침의 정도를 구분해보면 다음과 같습니다.

+5	+4	+3	+2	0	-2	-3	-4
강한끌림				중성			강한밀침

욕(慾) - 희(喜) - 애(愛) - 락(樂) - 0(제로) - 애(哀) - 오(惡) - 노(怒)

이 표에서 보듯이 끌림은 기분 좋게, 밀침은 좋지 않게 느껴집니다. 따라서 좋고, 싫고의 느낌이 있다는 것은 내 안에서 드러나지 않고 있지만, 대상과 접하여 끌리고 밀치게 하는 기준이 있으며 그 기준인 숨겨진 '나'에 에너지 중심이 있음을 의미합니다. 즉, 이 일곱 가지 대표적인 우리의 감정은 순수한 감각적 느낌이 아니라 재해석되고 재구성된 2차적인 느낌입니다.

흔히 말해 다혈질인 사람은 에너지가 많은 사람입니다. 그는 이러한 2차적 느낌에 강한 양극성을 보입니다. 그러나 그가 이 양극성에서 벗어나면 막대한 양의 에너지를 잘 사용하게 될 것입니다. 감정이란 이때의 양극성을 벗어난 중성적인 에너지가 내적인 끌림이나 밀침을 느끼고 그것과 동일시되는 순간 에너지 통로가 형성되면서 강력한 감정으로 드러나는 것입니다. 에너지, 생명력, 프라나, 기 등은 우리가 사용할 수 있는 중성적인 에너지이고, 일곱 가지 감정은 인간사회에서 성장하면서 무의식적으로 배운 에너지 분출 통로입니다. 그러나 이 통로가 작동하기 위해서는 먼저 내적인 동일시가 일어나야 합니다. 우리가 할 일은 그 내적인 동일시가 일어나기 전에 발생하는 '끌림'이나 '밀침'의 느낌을 감각하고 그 느낌에 '깨어있는' 것입니다.

그러나 이제 자유자재로 깨어있기가 가능해지면 굳이 모든 동일시를 막으려고 애쓸 필요가 없습니다. 일곱 가지 감정은 키보드와 같이 사용해야할 도구입니다. 이 키보드를 통해 컴퓨터와 소통하듯이, 일곱 가지 감정을 통해 인간과 인간은 소통하는 것입니다. 소통의 도구로 자유롭게 사용할 수 있다면 그렇게 하십시오. 억제하는 것은 힘들게 배워 얻은 도구를 잘 사용하지 못하고 있는 것입니다. 다만 그 도구에 빠져서는 안되겠지요. 사용하고 있다는 것의 가장 기준이 되는 원칙은 어떤 감정이든지 '지금 이 순간 멈출 수 있는가' 입니다. 언제든 멈출 수 있다면 당신은 감정을 사용하고 있다고 할 수 있습니다. 그러나 멈출 수 없다면 당신은 감정에 빠진 것이며 '사용 당하고' 있다고 할 수 있습니다.

　무언가 마음이 혼란스럽고 연습할 마음이 안들고, 그만두고 싶을 때, 이 중성적인 느끼기를 합니다. 혼란스러워져 저항하고 밀쳐내는 내적인 느낌이 느껴지면, 그 느낌을 느끼는 동시에 그 반대쪽의 감정인, 이전에 느껴보았던 끌리는 느낌, 혹은 좋은 느낌을 떠올립니다. 그리고 이 끌림과 밀침 둘 사이를 왕래하다가 점차 그 어디에도 끌리거나 밀쳐내지 않는 중간 지점을 찾아 느낍니다.

　이 과정 중에서 머리가 아프거나 다른 통증이 있거나 졸리거나 의식이 멍해질 때, 스스로에게 물어보십시오. '이러한 상태가 될 때 의식의 질은 어떤 모습을 띄는가? 머리가 아픈 것은 의식 자체의 질에 어떤 영향을 미치는가?' 그러면 의식의 질은 변함이 없으며 전과 똑같이 생생히 살아있음을 느낄 것입니다. 그러면 다시 물어보십시오. '의식의 질에 영향을 미치지 못하는 이 두통은 어디에서 일어나며 누구에게, 무엇에게 영향을 미치고 있는가?' 라고 자문하고 통증 자체가 무엇에 영향을 미치고 있는지 살펴봅니다.

　끌림과 밀침은 늘 일어납니다. 그것은 생명을 존속시키는 작용중 하나입니다. 그런데 그 끌림과 밀침을 일종의 신호로 보지 않고 그것과 동일시되어 생명에너지를 거기에 쏟아 붓는 것이 문제가 되는 것입니다. 다시 말해 감정은 늘 생겨났다 사라집니다. 그것을 완전히 없앨 필요는 없습니다. 그러나 거기에 먹이를 주는 것은 우리가 조절할 수 있다는 말입니다. 자신을 감정과 동일시함으로써 그것과의 통로를 만들고 거기에 계속 에너지를 공급하는 것은 곧 감정에 먹을 것을 주는 것입니다. 모든 에너지 통로는 동일시를 통해 일어납니다. 그러므로 감정이 일어나는 것을 바라보고 동일시하지 않는다면 그 감정은 우리를 생존시키고 더 나은 삶의 질로 안내하는 안내자로서 우리에게 지속적인 메시지를 주는 유용한 도구일 뿐입니다. 이때 그는 감정을 잘 사용하고 있는 것입니다. 그는 필요할 때는 분노도 할 것이며, 기뻐할 것이고, 두려워할 것이며, 슬퍼할 수도 있습니다. 그러나 그는 거기에 빠지지 않습니다.

자, 여기서 '빠진다'는 말은 무엇을 의미할까요?

모든 감정은 깊은 의미가 있으며 삶의 유용한 도구입니다. '두려움'이라는 것을 통해 이것을 상세히 살펴봅시다. 두려움은 미래의 일과 관련이 있습니다. 우리는 앞으로 일어날 일이 원하는 방향으로 진행되지 않을까봐 불안해하며 그에 대해 고민하고 염려합니다. 두려움은 우리에게 부정적인 고민과 긍정적인 염려를 일으키는 일종의 '신호'입니다. 그런데 고민(苦悶)은 말 그대로 괴로워(苦)하고 초조해(悶)하는 것입니다. 이것은 자신의 몸과 마음을 피폐하게 합니다. 그러나 염려(念慮)는 그 두려움을 해결하기 위해 방법을 생각(念)하고 대처할 자세를 고려(慮)하는 것입니다. 앞으로 일어날 일이 불편하고 힘든 쪽으로 갈 것이라는 예측은 한순간의 '두려움'으로 우리에게 신호를 보냅니다. 그런데 그 신호를 붙잡아 계속 상상하며 더 큰 괴로움을 불러오는 것은 그에 대해 '고민'만 하기 때문입니다. 만일 고민하지 않고 '염려'로 돌아선다면 두려움은 잠시 후 사라집니다. 이때부터 당신의 에너지는 해결책을 위해 쓰여지게 될 것입니다. 그리고 현재의 작은 징후를 통해 느껴진 두려움이라는 신호는 미래의 문제를 원만히 해결하는 데 유익한 도움이 됩니다. 만일 두려움이 없었다면 당신은 해결책을 위한 행동에 나서지 않았을 것임을 생각해보십시오. 그러므로 두려움은 그것을 사용할 수 있을 정도로 깨어있는 사람에게는 강력한 미래 대비 장치입니다.

그런데 우리가 두려움을 이렇게 사용하지 못하고 그것에 빠지는 이유는 바로 고민만을 하며 과거로 가득 찬 감지로부터 자료를 불러내 왜곡된 상상으로 부풀리기 때문입니다. 당신은 이때 괴로워하고 초조해하는 것에 모든 에너지를 쏟아 붓고 있는 것입니다. 그리고는 거기서 헤어 나오지 못하고 있는 것이지요. 바로 이때 중성적 느끼기를 하십시오. 과거에 경험했던 끌림과 밀침의 느낌을 불러내 각각 느껴보며 이 둘 사이를 왔다 갔다 하면 그 중간에 중립지대가 느껴질 것입니다. 일종의 감정적 제로지대이지요. 바로 그 지점에 머물게 되면 머지않아 감정적 혼란으로부터 벗어나게 될 것입니다.

분별감의 바탕 느끼기

　　모든 개별화된 사물, 즉 입자(粒子)는 자신만의 경계를 가집니다. 나에게 의식되거나 느껴지는 모든 것은 개별적인 경계가 있습니다. 개별적인 경계가 없다면 우리는 그것을 지각할 수 없습니다. 이것과 저것을 구별할 수 없으면 우리는 그것을 따로 존재하는 두 가지로 알지 못하기 때문입니다. 그것은 무생물에서 식물, 동물, 사람에 이르기까지, 더 나아가 느낌이나 생각, 존재감에 이르기까지 우리가 감각하거나 알수 있는 모든 것에서 마찬가지입니다. 그들 사이에는 공간적, 시간적틈이 있어야만 개체로서 파악될 수 있습니다. 그래서 모든 외적, 내적인 존재의 경계를 분명히 파악하게 되면 평상시 파악하지 못했던 많은것들을 알아차리게 됩니다.

　　'안다' 는 것은 경계 짓기입니다. 경계가 있는 모든 개별체, 즉 입자에는 파동성, 즉 전체성이 또한 있으므로 거기에는 그것이 분리되어 경계 지어지기 이전이 동시에 있습니다. 그것을 우리는 바탕이라고 부릅니다. 우리의 모든 의식적 현상도 경계 지어지는 입자적인 특징이 있는동시에 분리없는 파동적 특징도 있습니다. 바로 그 파동적 특성이 바탕입니다.

　　우리의 의식은 늘 새로움을 찾아 흐릅니다. 그것이 의식이 존재하는 방식이기 때문입니다. 그러나 그 새로움 속에 변함없는 것이 극 저

변에 있습니다. 마치 우리가 움직일 때도 흔들림 없이 존재하는 자신을 발견하는 것과 같습니다. 당신은 끊임없이 변하는 소리이기도 하고 한결같이 움직임 없는 침묵이기도 합니다. 자신이 소리 속에 있다고 느낀다면 당신은 파도로 존재함이요, 침묵 속에 있다면 물로 존재하고 있는 것입니다. 우리는 이 순간 소리이기도 하고 침묵이기도 합니다. 우리는 그 모두이기 때문입니다. 그런데 대부분의 일상에서 우리는 그저 분리된 파도라고 믿고 살아갑니다. 분리된 특정 소리라고 믿으면서 동일시되고 그에 따라 나와 너를 구분하며 살아갑니다.

생각도 마찬가지입니다. 우리는 투명한 물과 같은 밋밋한 순수의식보다 다양한 색깔의 생각과 감정이라는 강한 자극에 더 끌려들어 갑니다. 그리고 그것에 물들어 갑니다. 모든 감각이 그러하듯이 자극은 더 강한 자극을 원합니다. 그와 같이 생각이나 감정도 더 강한 자극을 선호하고 선택됩니다. 지금 당장 자신의 내면으로 들어가 순수한 의식을 발견하고, 그와 함께 있는 여러 생각과 느낌들에 주목해보세요. 모든 음식이 그러하듯이 맛이 강하고 자극적인 음식에 점차 익숙해지면 담백하고 투명한 음식에 대해서는 시들해집니다. 그것이 가장 기본적이고 가장 오래갈 수 있는 음식이라 하더라도 말입니다. 그와 같이 우리의 의식도 점차 자극이 강한 생각이나 감정에 익숙해져 그냥 아무런 맛이 없는 투명한 의식에 더 이상 에너지가 가지 않고 잊혀지는 것입니다. 그러나 오래갈 수 있는 것은 바로 투명한 의식입니다. 그것은 일상의 밥과 같습니다. 늘 먹어도 질리지 않는 주식입니다. 그 순수의식을 기반으로 여러 가지 자극성이 있는 생각이나 감정들이 다양한 맛을 보여줄 수 있는 것입니다.

주변의 두 사물을 선정합니다. 1m 이내의 거리에 있는 사물이면 좋습니다. 그 둘 사이의 빈 공간에 눈의 초점을 맞춥니다. 그리고 마음으로는 두개의 사물을 의식합니다. 즉, 눈은 빈 공간을 보지만 의식은 두개의 사물에 가있도록 합니다. 이렇게 하다보면 어느 순간 의식이 두개의 사물을 떠나 거기에 보내어지고 있는 '의식 자체'에로 옮겨지는 때가 있을 것입니다. 그 순간 자연히 주의를 그 의식 자체로 옮깁니다. 그 상태를 가능한 만큼 유지하도록 하십시오. 의식 자체에 주의집중(12초), 주의고정(2분), 무감지 집중(30분)을 해봅니다. 이것이 잘 되면 다음 연습으로 넘어갑니다.

에너지의 바다

아침에 일어나 목이 마르면 거기서 우주의 율동을 느껴보십시오. 왜 이런 현상이 끊임없이 일어나는 것일까요? 눈을 뜨자마자 생각이 떠오르고 에너지가 거기로 쏠립니다. 무슨 힘이 이것을 발생시킬까요? 이 모든 것에 편재하고 있는 우주적 힘을 느껴보십시오. 우주적 흐름을 생각하고 느끼면 전율이 오면서 기분이 좋아집니다. 왜 그럴까요? 좁은 방에서 늘 보던 것만 보고 있으면 답답해서 벗어나고 싶어집니다. 이렇게 변화를 원하는 것은 왜일까요? 무엇이 '나'를 움직여 이렇게 하도록 하는 것일까요? 거기에는 나와 우주가 하나로 돌아가는 흐름이 있기 때문입니다. 그 흐름을 느껴봅시다.

우리 내면에는 내가 나라고 생각하는 나보다 더 큰 지혜의 사용자가 존재합니다. 그는 우리에게 늘 지혜를 나눠주고 있습니다. 그러나 우리는 너무도 자주 표면적인 나에 집중되어 그가 보내오는 미세한 신호들을 비껴 지나가고 맙니다. 그의 신호는 우리가 무언가를 찾을 때면 늘 지혜로 다가오는데, 너무도 미세하고, 너무도 순간적으로 지나가기에 늘 놓치고 맙니다. 그 신호에 대해 우리는 문을 닫은 지 오래입니다. 그러나 문을 여는 것은 우리에게 달려있습니다. 당신이 '나'라는 틀의 문을 열고 나오는 법만 안다면 언제든 접속할 수 있는 지혜의 공간이 있으며 그 공간에서는 가장 최상의 지혜를 만날 수 있을 것입니다. 우리가 진실로 원하며 준비만 되어있다면…

그 커다란 지혜는 거대한 폭풍과도 같이 늘 내면을 흐르고 있습니다. 그런데 그러한 폭풍의 위력에도 전혀 알아채지 못하고 느끼지 못하는 '나'란 도대체 누구일까요? 잠시 당신의 모든 감지(感知)들을 내려놓고, 모든 이미지(想)와 생각들을 내려놓고, 오직 구하는 마음으로 기다려보십시오. 오직 구하는 그 마음이 길을 보여줄 것입니다. 당신이 자신의 거대함을 믿기만 한다면 그 어떤 장벽도 문제되지 않으며, 그 어떤 존재의 슬픔도 전혀 영향주지 못할 위대한 그가 있습니다.

그것은 우주적 율동이며, 전 우주를 하나로 엮는 에너지의 바다입니다. 아이의 가냘픈 몸매 속에도 흐르고, 근육질 거인의 몸에도 하나같이 흐르는 매트릭스로서의 에너지입니다.

그 어떤 생각을 떠올리지도 말고, 그 어떤 느낌도 불러내지 말고, 오직 자신이 전 우주의 에너지 바다에 속한 한 방울 물이라 여기며 바다를 구하는 마음으로 기다려보십시오. 그 바다는 벅찬 가슴으로 밀려올 수도 있고, 거대한 침묵으로 찾아올 수도 있으며, 들뜬 희열로 다가올 수도 있습니다. 그러나 그 모든 형태의 만남에서 오직 에너지의 바다만을 구하며 그와 하나되기를 찾아보십시오.

위의 글을 읽으며 자신의 몸에서 어떤 작은 에너지의 느낌이라도 느껴졌나요? 그 느낌은 출렁이는 에너지이거나 침묵일 수도 있고 어떤 미묘한 기쁨일 수도 있습니다. 그렇다면 눈을 감고, 외부로 향한 모든 감각의 문을 닫은 채 바로 그 느낌을 증폭시켜 보십시오. 그 거대한 느낌이 자신의 몸을 감싸고, 자신이 앉아있는 방안을 감싸며, 전 도시, 전 국가, 전 지구로 확장해 가는 것을 느껴봅니다. 이러한 느낌이 단순히 상상이 아님을 알게 될 것입니다. 그것은 결코 머릿속의 힘없는 관념덩어리, 생각 하나가 이루어낸 상상의 산물이 아닙니다. 느낌은 살아있으며 전 우주와 연결되어 있습니다. 한번 시도해보십시오. 체험해보세요. 지금 이순간 당신의 온 존재를 에너지의 바다를 찾는 데 쏟아보십시오. 거기에 어떤 막힘없는 순간이 옵니다. 더 이상 내가 제어하고 있다는 느낌이 사라지고 오직 그 에너지의 흐름 속에 내가 사라지는 현상이 일어납니다. 그것은 무지의 결과가 아니라 의식이 높아짐으로써 오는 자기 방기(放棄)의 현상입니다. 우리의 무한한 근원이 '나'라는 것에 초점을 맞추고 있다가 그를 놓아버림으로써 드러나는 막대한 자유의 느낌, 그 순수한 에너지의 폭발입니다.

그것은 에너지의 바다에 에너지 폭발이 일어나는 것과 같아서 지금껏 분리되었다고 여겨졌던 자신이라는 물질과 감정, 정신의 '한계'가 사라지고 내외의 경계가 하나되어 오직 유일하게 존재하는 에너지의 바다가 드러나는 것입니다. 그것은 마치 거대한 바다 속에서 또 다른 물의 흐름이 흘러가는 것과 같습니다. 공기가 공기 속을 흐르고, 물이 물 속을 흐르며, 에너지가 에너지 속을 흐릅니다.

연습 7

약간의 에너지 흐름을 맛보았다면 이제 오른손바닥을 자연스럽게 펴고 손가락들을 왼손 등에 가볍게 대어봅니다. 마치 처음 만나 사랑에 빠진 애인 손등을 터치하듯이, 함부로 만질 수 없는 사람을 몰래 살짝 대어보듯이, 그가 눈치 채지 못하도록 하듯이, 그렇게 닿을락 말락 하는 그 느낌을 느껴봅니다. 아주 가벼운 그 느낌이 느껴지나요?

그러면 이제 그 한없이 가벼운 느낌을 가슴으로 가져가 깊이 느끼고, 그것으로 온몸을 가득 채워봅니다. 그리고 그 가벼움이 나의 존재

자체가 되도록 해봅니다. 천천히 그 느낌과 함께 온 몸을 좌우로 조용히 흔듭니다. 처음에는 아주 미세하게 시작하여 그 가벼운 에너지의 느낌이 온몸에 가득하면 흔들림을 점점 더 크게 해도 좋습니다. 중요한 것은 손등에 느껴지는 그 견딜 수 없는 가벼움이 심장으로 가서 다시 온몸에 전달되어 느껴져야 합니다. 그렇게 10여분 간 연습해보십시오.

이번에는 두 손 바닥의 장심을, 감은 눈 위에 깃털처럼 닿을 듯 말 듯 댑니다. 어떤 기쁨이 느껴질 것입니다. 2분씩 두 번, 4분간 합니다. 그러나 지속할 수 있으면 계속해도 좋습니다. 누르지 않고 그저 닿아있도록 합니다. 누르는 순간 다시 그것을 알아채고 닿을 정도로만 합니다. 팔이 힘들면 힘든 것과 상관없이 있는 자신, 깨어있는 의식에 존재의 중심을 가져간다고 생각합니다. 몸 전체에 이완됨을 느껴봅니다. 그후 다시 깃털처럼 댑니다. 깃털처럼 가벼움이 가슴으로 가도록 합니다. 가슴에서 그 깃털 같은 가벼움을 느껴봅니다. 그리고 그 가벼움이 내 존재가 되도록 합니다.

가벼움을 느끼다가 곧 무게 없음 속으로 들어갈지도 모릅니다. 깃털처럼 가벼운 것은 언제 날려가 사라질지 모릅니다. 그와 같이 우리의 '내가 있다' 는 느낌도 그토록 가벼워서 확- 불면 그 느낌은 사라지고 맙니다. 바로 그렇게 내가 있다, 내가 존재한다는 느낌은 순식간에 사라질 수 있습니다. 그 느낌이 사라진 곳에 아무 무게감 없는 무한의식만이 남습니다. 이때 당신의 의식은 '나' 라고 동일시 되어있던 이름과 형상, 질(質)로부터 무명(無名), 무형(無形), 무질(無質)의 순수의식으로 도약해갑니다.

감지의 과거성 : 기억

옛날의 가르침은 모두 변화와 움직임을 그쳐 고요한 곳으로 돌아오라는 것이었으나 이제는 그 모든 변화와 움직임이 있음에도 불구하고 그와 동시에 있는 고요함을 깨닫는 것이 필요한 시기입니다. 이것이 앞으로 가르침의 대세가 될 것이며, 2500년이라는 시대를 지나 새롭게 나타나는 가르침이 될 것입니다. 그러한 징후들이 이곳저곳에서 보이며 이미 사회 깊숙이 들어오기 시작한 여러 의식프로그램을 통해 그 '의미'가 무의식중에 전달되고 있습니다. 지금까지는 動과 靜을 동시에 다루는 것이 쉽지 않아 우선 靜으로 먼저 돌아오라 하였으나, 이제는 진정한 정중동(靜中動)과 동중정(動中靜)을 실현할 때인 것입니다. 기억의 메커니즘을 넘어 우리가 '안다'는 느낌으로부터 벗어나면 끊임없이 변화하는 앎 속에 '아무것도 모른다'가 근본으로 자리하고 있음을 보게 되니 이것이 동중정입니다. 즉, 動이 곧 靜임을 깨닫게 되는 것입니다.

모든 '아는 것'은 재경험입니다. '안다'고 느껴지는 것은 과거의 경험으로 인한 일종의 미묘한 기억이며, 그 기억을 불러내 다시 경험하고 있는 것입니다. 사물이든 감정이든 생각이든, 그 모든 것들과 접하면서 느껴지는 것 중 '아는 것'을 느낌으로 따로 구분해낼 수 있게 되면 그 '아는 것', 즉 기억을 다루어낼 수 있게 됩니다. 그렇게 되면 기억은 점차 떨어져나가고 의식은 지금여기로 돌아와 현재를 감각하기 시작합니다.

이를 위해 먼저 감각(感覺)과 감지(感知)를 구별할 필요가 있으며 우리는 앞에서 감지에 대해 분명히 알아챘습니다. 다시 한번 간단히 정리하자면, 감각은 느껴서(感) 현재 일어나고 있는 느낌을 깨닫는(覺)것이고 감지는 느껴서(感) 과거의 것과 비교해 아는(知) 것입니다. 아이들은 주로 느끼며 그 감(感) 속에 머뭅니다. 왜냐하면 지(知)할 비교대상을 내면에 쌓아둔 것이 별로 없기 때문입니다. 그래서 아이들은 현재를 삽니다. 반면 어른들은 느끼고는 바로 지(知) 속으로 들어갑니다. 그는 과거로 직행하는 것입니다. 따라서 어른들은 현재를 경험하는 것이 아니라 현재를 실마리로 과거를 재경험한다고 말하는 것이 더 옳을 것입니다.

그에 반해 각자(覺者)는 느끼고 그 감(感)을 각(覺)합니다. 우리가 일상에서 감(感)하고 그 가운데서 '그 무엇'이라는 느낌을 빼버리면 그것이 각(覺)입니다. 모든 경험의 흔적인 기억들은 늘 '나', '그것', '안다'라는 느낌이 함께 다닙니다. 정확히는 '나'라는 1차 이름표와 '그것'이라는 2차 이름표를 늘 달고 다닙니다. 그래서 사물을 보고 그 느낌 속에서 이름과 형태, 질과 관련한 모든 기억을 빼면 그 기억과 함께 있던 '나'도 사라지고 감(感)과 각(覺)만 남게 됩니다.

감지(感知)에서 감각(感覺)으로 돌아올 때 과거에서 현재로, '아는 것'에서 '있는 그대로'로 옮겨갑니다. 그러면 모든 '아는 것'에는 '나'라는 이름표가 붙어있으며, 여기서 '나'와 '대상'과 '안다'가 모두 하나의 과정임을 깨닫게 됩니다.

118

모든 단절된 생각들을 하나로 묶어주는 것이 '나'라는 느낌입니다. 비유를 들자면 떨어지는 빗방울을 보는데 그것이 떨어지는 속도보다 그것을 보는 속도가 느리면 개별화된 빗방울이 아니라 모두 연결된 빗줄기로 보이듯이, 각 개별 경험의 흔적인 기억과 생각의 단편들이 불러 내어져 순수의식의 스크린 위를 지나갈 때 그 지나가는 속도보다 그것을 감각하는 자각의 속도가 느리면 그 모든 것들이 하나의 연속된 실체로 느껴지는 것입니다. 그것이 전체를 하나로 착각하게 하여 '나'라는 느낌으로 나타납니다. 생각들을 자세히 들여다보고, 의식이 섬세해지면 그 사이의 틈들이 보이고 각각의 기억에 붙어있는 '나'라는 느낌이 모두 분리된 단편들임을 알아채게 됩니다. 그때 전체로서의 '나'라는 것이 가상의 이름표였음을 보게 됩니다. 즉 모든 대상에는 '나'가 붙어 있어 각기 다른 느낌이지만, 그것을 세밀하게 빗방울로 보지 못하기 때문에 빗줄기처럼 변함없이 연결되어 있는 하나의 '나'로 착각하는 것입니다.

의식은 대상이 있지만 자각은 대상없이 깨어있는 마음입니다. 그런데 대상없이 깨어있다고 느껴도 위험한 순간은 다가오기 마련입니다. 마음은 놀라운 능력을 가지고 있어 대상없이 깨어있는 상태마저도 이미지화하고 고정된 흔적을 만들어 대상화할 수 있기 때문입니다. 그래서 자각력이 섬세하지 않으면 자신이 대상없는 깨어있음 속에 있다고 느껴도 사실은 미세한 이미지 속에 있는 경우일 수가 있습니다. 즉, '나는 순수의식 속에 있다'라고 '아는' 자가 있다면 '순수의식 속에 있다'는 그 '아는' 느낌이 바로 과거로 구성된 이미지라는 점입니다. 그것을 구별할 수 있는 한 가지 기준이 있다면 '깨어있다'는 것은 고정된 상태가 아니라 항상 '진행중' 이라는 사실입니다. 또 아무리 섬세하다 해도 그것이 이미지라면 고정된 것이기 때문에 자신이 어떤 대상의 이미지를 그리고 있다면 얼마 지나지 않아 졸리거나 잠이 오기 시작합니다. 그 깨어있음이 살아있지 않고 죽어있으며 변화가 없고 고정된 것이기에 잠이 옵니다. 그렇게 느껴지면 자신이 이미지 속에 있음을, 기억 속에 있음을 알아채도록 합니다. 깨어있다는 것은 끊임없는 '현재 진행중' 이므로 살아있음을 의미합니다. 이런 말들이 모두 이해가 되지 않고 '모르겠다' 고 느껴진다면 바로 그 '모르겠다' 는 느낌에 대해 깨어있으면 됩니다. 그 '모르겠다' 는 느낌도 역시 하나의 기억이기 때문입니다.

깨어있기 과정은 거칠고 큰 기억에서 작고 미세한 기억까지 모두 포함해 모든 것이 기억임을 알아채고 그것을 내려놓는 연습을 하는 것입니다. 즉, '안다' 는 느낌은 쌓여있던 것을 불러내어 재경험하고 있는 것임을 알아채는 것입니다. 모든 것은 기억입니다. 모든 '안다' 고 느껴지는 것은 기억입니다. 그것이 통증이라 해도 익숙한 모든 것은 기억입니다.

모든 기억, 즉 모든 '아는 것' 으로부터 해방될 때 자유가 옵니다. 그리고 어느 한 기억으로부터의 해방을 '의식적' 으로 경험하면 다른 모든 기억으로부터도 자유로워질 수 있는 반석이 마련됩니다.

기억에는 여러 가지 종류가 있습니다. 육체적 강한 생명의 힘이 느껴진다면 그것은 '생명력의 기억' 입니다. 거기서 한발 나아가면 성적인 기억이 있습니다. 성이란 양극성을 의미합니다. 나의 생명력이 극성을 띠며 음성과 양성 중 어느 한쪽과 자신을 동일시하여 불균형의 치우친 상태를 만듭니다. 이때 극성을 띤 에너지로 느껴지는 것이 성적인 힘이며, 그 '양극성에 대한 기억' 이 있습니다. 다음으로 '감정적 기억'

이 있습니다. 양극성이 생겨나 다른 반대극의 힘과 끌리고 밀치는 데서 오는 에너지의 움직임입니다. 그것이 감성이며 감정입니다. 이 양극성들이 서로 상호 작용하는 중 통합하여 하나가 되는 '사랑의 기억'이 생겨납니다. 이 사랑은 처음에는 육체적 생명의 힘에서 시작하였으나 점차 정신적 사랑이라 부르는 새로운 통합차원의 미세한 에너지 세계로 향합니다. 여기서 '정신적 사랑의 기억'이 나타납니다. 이제 정신과 지성의 미세한 움직임이 본격적으로 일어나고 바로 거기에 우리가 '의식적 세계라 부르는 기억'이 있습니다. 마지막으로 이 지성과 정신의 기억들이 통합하고 하나되는 '영적인 기억'이 있습니다.

이 모든 과정은 아이가 태어나 생명의 힘을 사용하는 전개과정과 같습니다. 다만 어떤 인간은 4단계에서 성장이 멈추는 반면, 어떤 인간은 7단계까지 진행된다는 차이가 있을 뿐입니다. 이렇게 거친 육체의 생명력에서 시작하여, 생명력이 양극화된 극성의 상호작용으로 인한 감정을 지나, 미세해진 정신에서 통합되는 여러 과정 중에 일어나는 흔적들로 기억은 이루어집니다. 이 흔적들은 크게 육체적 기억, 감정적 기억, 정신적 기억으로 구분되지만, 생명력의 발전단계에 따라 육체적 기억, 성적인 기억, 감성적 기억, 사랑의 기억, 정신적 사랑의 기억, 정신적 기억, 영적인 기억으로 더 세밀하게 나눌 수 있습니다.

모든 기억에서 벗어나는 가장 빠른 길은 생각을 다루는 것입니다. 왜냐하면 생각의 원천은 분명히 생명력이지만 인간에게 있어 그 생명의 힘을 조율하는 것은 생각이기 때문입니다. 그것은 마치 에너지의 원천은 민중이지만 그 에너지를 잘 이끌어가는 것은 지도자인 것과 같습니다. 따라서 지도자를 다루어낼 수 있다면 생명력을 잘 사용할 수 있습니다.

지금 당장 당신의 생각을 내려놓을 수 있는가? 그렇다면 당신은 생각보다 위에 있으며 생각을 경험한다고 말할 수 있습니다. 또 정신적 기억으로부터 자유로운 상태에 있는 것입니다. 그러나 다른 생각으로 대체해야만 지금 생각에서 벗어날 수 있다면 아직 생각에 묶여있다 해야 할 것입니다. 다른 더 끌리는 생각이 나타나지 않으면 그는 현재 붙잡힌 생각으로부터 헤어날 수 없기 때문입니다.

다시 한번 반복하겠습니다. 지금 당장 당신의 감정을 내려놓을 수 있는가? 그렇다면 당신은 감정보다 위에 있으며 감정적 기억으로부터 자유로운 상태에 있는 것입니다. 그러나 예를 들어 지금 느끼는 실연의 상처를, 다른 사랑을 만나야만 해결할 수 있다면 아직 감정에 묶여있습니다. 그는 현재 붙잡힌 감정을 아무 조건없이 내려놓을 수 없기 때문입니다.

지금 당장 현재의 성적인 욕망이나 식욕을 내려놓을 수 있는가? 그렇다면 당신은 육체적 기억으로부터 자유롭습니다. 그러나 예를 들어 배가 고프지 않은데도 현재 음식에 대한 욕구를 내려놓지 못한다면 그는 육체적 기억에 묶여있는 것입니다. 여기서 생존을 위한 배고픔이라는 육체적 감각과 먹고 싶은 욕구라는 육체적 감지는 구별되어야 합니다.

물론 생각을 사용하고, 감정을 사용하며, 성욕과 식욕을 사용하면서 그 혜택을 누리는 것은 괜찮습니다. 다만 그런 것들을 언제든 자유롭게 내려놓을 수 있어야 합니다. 만약 그렇지 못하다면 그는 기억에 묶인 하나의 로봇에 불과합니다.

그러한 자유를 위해 가장 중요한 것은 내게 쌓여있는 기억과 현재 실제 느껴지는 감각을 구분하는 것입니다. 지금 느낌이 어떠한가? 그 지루한, 초조한 느낌 또는 멍한 느낌, 답답한 느낌, 마음이 시원한 느낌을 이전에도 느껴봤는가? 그렇다면 그 익숙한 과거의 느낌을 발견하여 경계 짓고 느껴봅니다. 느낌이 있다는 것은 다른 것과 구별된다는 것이고, 구별된다는 것은 경계가 있다는 것입니다. 그러한 느낌 하나하나마다에서의 익숙한 느낌을 찾아내봅니다. 그것은 과거이며 기억이고 저장된 파일입니다. 그러한 기억에는 아래와 같은 것들이 있습니다.

· 본능기억 – 유전자에 새겨진 이전의 기억으로, 생존을 위해 감각-감정-이해가 더하여 만들어진 기억(이 기억은 생존을 위한 것이므로 여기서는 다루지 않습니다. 또 다른 책과 심화과정에서 다룰 것입니다).
· 육체기억 – 오감에 연계된 감지(감각적인 반응과는 다릅니다)
· 감정기억 – 감정적인 느낌과 연계된 감지 ; 내적인 에너지의 이동을 통해 느껴짐
· 이해기억 – 생각이나 지성적인 이해가 일어날 때의 느낌과 연계된 감지

위의 육체, 감정, 이해기억 세 가지는 대부분 동시에 발현됩니다. 예를 들면, 두려운 상황에 대한 이해가 있다고 할 때, 그 전체적인 맥락을 타고 에너지가 움직이는 것이 감정입니다. 이렇게 특정 구조(이해)를 타고 움직이는 에너지(감정)가 몸 차원에 영향을 주는 것이 육체적 감지입니다.

그런데 지금 이 순간 느껴지는 것에는 이 세 가지가 모두 포함되어 있습니다. 이 세 가지는 항상 같이 다닙니다. 다만 어느 것이 우세되어 나타나므로 그중 하나라고 느껴지기 쉽습니다.

예를 들면 의견차이로 불편한 마음이 들었다면 전체 느낌의 강도는 2, 그중 감정기억이 80%, 체감각 기억이 10%, 이해기억이 10% 정도됩니다.

그런데 지금 누군가 내 팔을 잡았을 때, 일어날 수 있는 두 가지 상황을 생각해봅시다. 하나는 압력이 무엇인가를 설명하기 위해 잡았을 경우에 느껴지는 것이고, 다른 하나는 똑같은 강도이지만 어두운 뒷골목에서 불량배가 잡았을 경우를 예로 들 수 있습니다. 이 두 느낌에는 커다란 차이가 있을 것입니다. 전자는 체감각 기억이 80%로 가장 크고 그 다음 이해기억이 15%, 감정기억은 5% 정도이며 전체적인 느낌의 강도는 3정도일 것입니다. 그러나 후자는 두려움이라는 감정기억이 90% 팔을 누르는 체감각 기억이 7% 이런 상황을 알고 있는 이해기억은 3%이며 전체 느낌의 강도는 9이상일 것입니다. 이렇게 세 가지 종류의 기억은 대부분 동시에 일어나므로 이 세 가지를 모두 합하여 하나의 '느낌'으로 처리할 수 있습니다.

무엇인가를 안다는 것은 무엇인가? 그것에 연관된 기억이 있다는 증거입니다. 당신이 보는 모든 것은 미묘한 기억입니다. 따라서 과거입니다. 이제부터의 연습에서는 깨어있는 의식에만 주의를 주지 말고 지금 보고 있는 사물이 오래된 기억임을 알도록 합니다. 즉, '있는 그대로'의 느끼기와 '기억된 것'을 느끼기를 동시에 합니다.

연습 8

앞에서는 사물을 보고 과거 경험으로 인해 '알던 느낌'과 지금 이 순간의 '새로운 느낌'을 구별해, 알던 것을 내려놓고 지금 느낌 속으로 들어갔습니다. 이제부터는 여러 가지 사물을 보면서 '사물의 감각'과 '사물의 감지(사물에 대한 기억)'를 분리해본 후 두 가지를 동시에 보도록 합니다.

먼저 사물을 보고 그 경계에 주의를 준 후 '있는 그대로'를 봅니다. 그런데 있는 그대로를 본다는 것이 무엇인지 모른다 해도 그냥 과거의 모든 기억, 모든 안다는 느낌을 내려놓는다고 생각하며 시도해봅니다. 그런 후 이번엔 주의를 다시 사물로 가져가 '기억'을 봅니다. '기억'을 본다는 것이 무엇인지 안다면 사실 그는 이미 기억에서 벗어나 있습니다. 과거에서 벗어나 있습니다. 자신이 과거의 한가운데에서 머물러 있으면서도 그것을 알아채지 못하는 것이 가장 큰 문제입니다. 나이가 들수록 옛날 좋았던 시절을 떠올리며 그 속에 푹 빠져있기 쉽습니다. 그때 그는 자신이 과거 속에 있다는 것을 알지 못합니다. 그와 같이 우리가 지금 눈앞에 보이는 사물을 볼 때도 사실은 과거를 보고 있는 것입니다. 첫째 한번이라도 본 사물이라면 그것은 분명 과거를 보고 있는 것이며, 둘째 본 듯한 사물이라면 일부 과거가 포함된 것을 보고 있는 것이고, 본 것은 아니지만 그냥 왠지 익숙한 사물이라면 역시 과거를 포함시켜 보고 있는 것입니다. 그러므로 지금 당신이 보고 있는 사물에서 과거의 '기억'인 것을 분리해내고 남는 것만 보도록 해보세요. 그것이 기억과 있는 그대로를 구분하는 것입니다.

그 둘의 차이를 분명히 구분하게 되면 이제 '기억'으로 보았다가 '있는 그대로'로 보았다가 해봅니다. 이 연습을 바위와 같은 사물을 통해 먼저 해보고, 그 후 꽃과 같은 식물을 대상으로 시도해봅니다. 그것이 잘 되면 이제는 꽃의 향기를 맡으면서 해봅니다. 향기에도 역시 기억의 측면이 있으며 그 기억을 빼고 향을 맡을 수 있습니다. 그때 그 향기는 세상에 태어나 처음 맡아보는 향이며 사물의 표면을 넘어 더 깊은 존재의 '있는 그대로'를 맛보게 될 것입니다.

예를 들어 천정의 전등을 봅니다.

이때 여기서 '이것은 알던 것'이라는 느낌을 구분해냅니다. 어제도, 오늘도 계속되는 느낌이라면 그것은 기억입니다. 그것을 구분해냅니다.

사물을 보고 기억과 있는 그대로를 구별하여 동시에(또는 순차적으로) 느낍니다.

전체 방안으로 주의를 옮겨 돌아와 그 사물 주변을 둘러보며 그 침묵을 느껴봅니다.

다시 그 사물로 돌아가 '기억'과 '있는 그대로'를 번갈아 느껴봅니다.

이 전체 과정을 5번 반복합니다. 계속할 수 있으면 어떤 통찰이 일어날 때까지 해도 좋습니다.

존재의 중심 찾기

존재한다는 것은 분리되어 있다는 말입니다. 누군가 존재한다면 그가 '누군가'로 존재하기 위해서 다른 사람이 아닌 그 사람이어야 하기 때문입니다. 전체 속에서 떨어져 나와 '그로 있음'을 의식하고 있는 것이지요. 만일 그로서 분리되어 나오지 않았다면 자신의 존재를 느끼지 못할 것입니다.

그런데 존재에는 또 다른 차원이 있으니 바로 '누군가'로 존재하는 것이 아니라 그저 '존재'만 있는 차원입니다. 그는 한 개별체로 존재하는 것이 아니라 모든 개체들의 핵심, 존재의 꽃인 '있음'으로 존재하는 것을 의미합니다.

수많은 양귀비꽃을 처음 보았을 때의 그 아름다움을 잊을 수 없습니다. 처음에는 꽃 한 송이에 눈이 가서 아주 얇고 고운 한지 사이로 붉은 전등 빛이 새어나오는 것과도 같은 꽃잎에 매혹되었다가, 곧바로 전 들판을 수놓은 붉고 노란 꽃들의 향연에 넋을 잃었습니다. 쭉 곧게 올라온 대궁이 하늘하늘 바람에 흔들리며 넓고 고운 꽃잎을 펼쳐 보이는데, 꽃잎 사이로 비칠듯 말듯 한 꽃술과 꽃가루들, 그러한 꽃들이 수천수만 송이 너른 들에 흐드러지게 피어있었습니다. 그 전체 들판에 끊임없이 살랑대며 바람 사이에서 춤추는 그들…

그렇게 진정 넋을 잃고 바라보는 동안 '나'라는 것은 없었습니다.

나중에 집에 돌아와 그때 '내'가 그랬지 라고 기억할지는 모르지만 말입니다. 그렇게 매혹되어 바라보는 순간 나는 개별적인 '나'가 아니라 그저 '존재'로 있었습니다. 처음에는 '양귀비꽃'이라는 기억에서 시작했지만 점차 기억에서 벗어나 현재의 장엄하고 섬세한 아름다움 속으로 들어가서는 현존에 머물렀습니다.

그런 이에게 '문제'란 없습니다. 그는 문제보다 더 커져 있기 때문입니다. 한 개인으로 존재할 때는 수많은 문제를 지닙니다. 그러나 모든 문제는 '개인'의 문제일 뿐, 전체에게는 문제가 없습니다. 당신이 기억을 넘어 분리감 없는 감각의 세계에 발을 들여놓게 되면, 거기에선 아무런 문제없이 그저 존재할 뿐입니다. 따라서 그는 문제를 가지고 있으면서도 여전히 내면이 평화로운 사람으로 살아갑니다. 그는 압니다. 두려움과 외로움, 분노와 좌절을 느끼면서도 여전히 행복하고 기쁘게 살 수 있음을… 더욱이 그 모든 것들은 그저 개별체로 있을 때 느끼는 부차적인 감정일 뿐, 그것을 감싸고 있는 더 큰 '존재'에게는 아무 일도 일어나지 않고 있다는 명백한 진실을 이제 확실히 깨닫게 됩니다.

모든 개별적 존재는 '분리'에 기초를 두고 있습니다. 그러나 우리는 일상에서 조차도 그 개별적 분리감을 느끼지 않을 때가 많습니다. 즉, '나'와 '너'라는 개념이 포함되지 않은 무언가에 몰입되어 있거나, 아름다운 경치를 보고 그 속에 푹 젖어있을 때, 일에 몰두할 때가 그렇습니다. 그럼에도 우리는 '자신이 존재한다'고 '생각'합니다. 그것은 아마도 자신의 상태를 철저히 살펴보지 않았기에 추측하고 있는 것인지도 모릅니다. 그리고 그 추측을 '믿어버리는' 것이지요. 마치 부산에 가보지 않은 사람이 많은 다른 사람들에게 부산은 존재한다는 말을 듣고 믿는 것과 같습니다. 그는 결코 부산에 가보지 않았습니다. 그리고 부산이 어떤 곳인지 알지 못합니다. 그러나 모두들 부산이라는 곳이 있다고 하니 그저 믿어버린 것입니다. 그리고 다른 이에게 부산은 존재한다고 주장하고 다니기까지 합니다. 그런데 어떻습니까? 실제 부산을 가보니 특별히 다른 것이 없는 그저 땅이요, 물이요, 산입니다. 그리고 사람들이 있고, 집들이 있을 뿐입니다. 그는 그때야 사람들이 하나의 땅 위에서 금을 그어놓고 '부산'이라는 '이름'을 붙여놓은 것을 알게 됩니다. 그리고 부산이라는 무슨 특별한 곳이 존재하는 것이 아니라 구분의 편의를 위해 선을 그어놓은 지도 속의 개념일 뿐임을 눈치 챕니다.

자, 당신은 정말 '나'라는 것이 존재한다고 믿나요? 누군가 '이름'을 불러주고, '이름이 다른 것은 존재가 다른 것'이라고 믿도록 교육을 받아서 그렇게 된 것은 아닌가요? 당신은 진정으로 자신의 내면을 탐사하여 보았습니까? 그리고 거기서 진정으로 분리된 개인을 발견하였나요? 어떤 고유한 특성을 가진 '나'라는 것이 발견되나요? 당신이 자신은 분리된 존재라고 여기는 것은 '분리감' 때문이며, 그 분리감은 일시적인 현상인 느낌일 뿐입니다. 그것은 우리의 여섯 가지 감각을 통해 만들어진 일시적인 현상(現象)인 것이지요. 이제 다음 쪽의 연습을 통해 분리감이 있는 상태와 없는 상태 사이를 왔다갔다 해볼 것입니다. 이때 주의를 기울여야 할 곳은 바로 그 느낌들입니다. 당신은 자신이 개별적으로 존재한다는 분리감을 느끼기도 하고 그 느낌이 순간적으로 사라져 전체 속에 몰입되었음을 나중에 기억해내기도 할 것입니다. 바로 그 사이에서 자신의 존재가 어디에 있는지 살펴보세요.

연습 9

- 왼손을 펴서 심장부위에 대었다가 5cm 정도 뗀다.
- 오른 손을 펴서 왼손 등에 닿을 듯 말듯 할 정도로 가까이 댄다.
- 연습 7 '에너지의 바다' 에서 느낀 그 가벼움을 느끼며 가슴으로 가져간다.
- 몸을 좌우로 흔들며 내적인 느낌이나 기쁨, 기운을 증폭시킨다.
- 10~20분 이상 계속한다.

- 잘되지 않으면 손바닥을 이마, 가슴, 배부위에 각각 대어보고 가장 강하게 느껴지는 부위에서 연습을 한다.
- 그 존재감이 어떻게 생겨났다가 어떻게 사라지는지 유의한다.

감각

현대의 과학과 철학은 의식과 세계, 그 둘의 관계를 설명하려고 혼돈스런 설득을 하고 있으니, 그에 대한 가장 적합한 지적은 메를리 퐁티 (Merleau Ponty)의 '세계는 세계가 투영된 인간의 자아로부터 분리될 수 없고, 자아 역시 그 자신의 투영인 세계로부터 분리될 수 없다'는 말일 것입니다.

철학자들은 사유를 통하여 이 둘이 결코 분리될 수 없음을 말하며, 과학자들은 실험을 통하여 그것을 설명해내려고 합니다. 그러나 중요한 것은 우리가 자아와 세계 사이에 놓여진 다리를 통하여 삶을 평화롭고 생생하게 살아갈 수 있는가 하는 점일 것입니다. 아무리 훌륭한 설명이 주어진다 해도 그 설명이 삶을 변화시키지는 못합니다.

그래서 우리 삶의 방향을 변화시킬 통찰이 필요하고, 그 방향으로 나아가게 하는 기술인 '감각 다루기'가 필요하며, 심신에 각인되어 그 과정을 더디게 만드는 과거의 흔적들에 대한 치유가 필요한 것입니다.

감각 발견하기

감각에는 오감이 있고 이 오감을 경험시켜주는 상위감각이 있습니다. 그 감각은 의식적 알아챔과 유사하지만 거기에도 역시 내적인 감각이 있습니다. 물리적 오감은 모두 이 내적인 상위감각을 통해 '안다' 로 의식화됩니다. 그것이 감지입니다.

예를 들어 시계소리가 들립니다. 그러나 귀는 그것이 시계소리인 줄 알지 못합니다. 귀는 그저 소리라는 현상과 반응하여 그 반응을 뇌로 전달합니다. 이때 기억이 끼어듭니다. 그러면 상위차원은 그것을 시계소리로 해석합니다. 기억의 조합인 해석은 순수의식의 스크린에 파문을 일으킵니다. 이 파문은 즉시 기록되어 또다시 나중에 쓰일 기억의 일부가 됩니다. 동시에 '나' 라는 이름표가 가서 들러붙습니다. 그리고 '나는 안다' 라는 생각이 이어 나옵니다. 이렇게 '안다' 는 것은 재경험입니다. 이것이 감지의 과정입니다. 여기서 기억이란 저장되어 있던 것을 다시 불러내어 경험하는 것입니다.

지금 혹시 몸에서 약간의 불편함이나 통증을 느낀다면 한번 살펴보십시오. 그것 역시 기억임을 알겠습니까? 감각은 매순간 모두 다릅니다. 빗방울을 하나하나의 물방울로 경험하는 것과 같습니다. 반면 감지는 전체를 하나로 묶어 저장합니다. 따라서 빗방울의 연속은 그저 방울방울이지만 감지는 하나의 기다란 빗줄기로 경험합니다.

'나' 라는 것은 일종의 메타(meta)감지입니다. 1차적으로 감각되어 흔적으로 남겨진 감지(기억)들이 네트워크를 이루어 서로를 흔들고 있을 때 감각은 전체 감지(기억) 그물의 흔들림을 조망합니다. 모든 감정은 감지, 즉 기억들 간의 관계에서 오는 현상입니다. 하지만 동물이 감각하여 자신을 지키려는 행위나 그들의 내적인 움직임은 감각들의 네트워크입니다. 거기에는 감지(感知)가 거의 없습니다. 거기에는 있는 그대로의 자연적인 흐름이 있을 뿐입니다. 사람들과 오래도록 함께 살아온 애완동물이 아니라면 동물들에게 감지로 인한 왜곡은 거의 없습니다. 2차적인 감지를 통해 두려움, 기쁨, 슬픔 등의 감정들이 있고 그후 이 모두를 통합하는 '나' 라는 메타감지(상위감지)가 생겨납니다. 따라서 순수의식의 장에 1차적인 감각의 흔적들이 전체 기본적인 흐름을 네트워크화한 후 공통개념이 추출되고 3차적 감지가 생성되어 메타(상위)감지가 생겨납니다.

아무것도 없는 텅 빈 세계, 즉 무아의 블랙홀을 체험하고나면 이제는 체험을 넘어선 세계로 갈 준비가 된 것입니다. 체험을 통해 오를 수 있는 마지막 계단에 올라선 것입니다. 이제 남은 것은 거기서 뛰어내리는 일입니다. 그곳은 체험의 발로는 디딜 곳이 없는 곳입니다. 다시 말해 더 이상 무언가를 디디고 서있을 '나' 라는 것이 없는 세계입니다.

그곳으로 들어가는 과정은 처음에는 텅 빈 블랙홀로 빨려 들어가는 느낌을 느끼지만, 잠시 후에는 그 느낌마저 없는 상태로 이어집니다. 최종적으로 우리가 느낄 수 있는 것은 텅 비었다는 느낌, 아무것도 없는 '무' 의 느낌입니다. 이것이 우리가 체험할 수 있는 최후의 체험입니다. 그러나 그 상태로 머물며 일상을 살아갈 수는 없습니다. 이제 그 무의 상태를 늘 자각하며 일상의 삶을 경험하기 위해 그 무의 체험을 넘어갈 필요가 있습니다. 그것은 마지막에 이루어집니다.

이 단계에서 주의할 것은 감지(感知)부터 왜곡이 일어나므로 감각(感覺)의 있는 그대로에 머물러 있도록 하십시오.

순수의식을 구별하기 위해서는 그 순수한 있음에 감지(기억)의 느낌을 알아채야 합니다. 그러나 처음에는 감지하지 못하는 미묘한 기억도 있으므로 그것이 기억인지 아닌지 구별할 수 없는 경우도 있습니다. 그러다가 점차 의식이 섬세하고 미세해지면서 그 미세한 기억을 느낄 수 있게 됩니다. 예를 들어 '아무것도 없다'는 느낌을 처음에는 감지하지 못하나 나중에 감지하게 되고 그때에는 그것도 일종의 기억이며 그 상태에 있을 때는 순수의식이 아니라는 사실을 비로소 알게 됩니다.

우리가 근심, 걱정, 불안이라고 부르는 것들은 2차적으로 느껴지는, 감지된 것들입니다. 처음에는 단순한 있는 그대로의 느낌만이 감각됩니다. 잔잔한 물결이 햇빛을 받아 반짝이는 것을 보고 느껴지는 것이 1차적인 감각이라면 그 후 느껴지는 평화로움, 평온한 감각이나 여유로움은 2차적으로 느껴지는 감지입니다. 즉, 평화로움이란 그 이전에 혼란한 광풍으로 인한 거친 파도가 경험된 적이 있어 대비되는 경험인 것입니다. 그래서 이것을 2차적인 감지라고 합니다.

모든 기억은 그 자체만으로 존재할 수 없으며 다른 기억에 의존합니다. 기억 x는 기억 y에 의존하고 기억 y는 기억 z에 의존합니다. 즉, '전화기'라는 기억은 '버튼'이나, '안테나', '송신부', '수신부' 등의 다른 기억에 의존합니다. 그 다른 기억은 또 다른 기억에 의존하고, 더 미세한 기억 또는 에너지에 의존합니다. 그 미세에너지는 더 미묘한 기운에 의존합니다. 그리고 더 깊이 들어가면 거기엔 텅 빈 허공만이 있습니다. 그 허공을 보면 자신이 애초부터 기억에 묶이지 않고 자유로웠다는 것을 알아채게 됩니다. 왜냐하면 그 X와 Y는 애초부터 텅 빔이 근원인 미지수(未知數)였기 때문입니다. 원래 X와 Y는 본질적인 원인자가 아니라 핵심이 없으며 영원성이 없는 에너지 변화에 의해 임시로 형성된 것이었기 때문입니다. 모든 '안다' 라는 것의 핵심에는 '미지' 가 있을 뿐입니다.

구체적인 생각과 연관되어 있는 것, 즉 2차적 감지들 사이의 관계에서 감정이 나오고 생성되고 그 강렬한 감정적 색채가 옅어져갈수록 감지에서 떠나 1차 감각에 가까워집니다.

'나' 라는 느낌도 하나의 기억입니다. 손으로 무언가의 촉감을 느끼듯이, 즐거움이 느껴지고, 슬픔이 느껴지듯이… 그렇게 물리적이라 부르는 무언가를 느끼고, 감정적이라 부르는 무언가를 느끼듯이 '나' 라는 느낌도 그저 느껴지는 무엇인 것입니다. 그것들은 모두 있다가 없어지고, 왔다가는 사라지며, 항상 있는 것이 분명히 아닙니다.

무엇보다도 먼저 대상인 '너'를 알기 위해서 기본적으로 의존하는 것은 '나' 라는 주체의 느낌입니다. 주체와 객체를 이어주는 가장 기초적인 것은 감각이며 그 감각적 정보에 기초하여 감지가 이루어지고 그 감지를 통해 추론이 가능해집니다. 따라서 현재 왜곡된 상으로 인해 발생하는 많고 심각한 문제들을 다루기 위해서는 무엇보다도 원초적인 감각으로 돌아갈 필요가 있습니다. 감각이란 감각기관을 통해 느끼는 것을 말합니다. 기억에 의해 왜곡되지 않은 있는 그대로의 느낌입니다. 그런데 우리는 있는 그대로를 느끼는 능력을 잊어버렸습니다. 깨어있기에서는 먼저 감각을 통해 알기, 즉 순수느낌 느끼기를 연습하게 됩니다. 이제 정확히 순수느낌을 느낄 줄 알게 되면 우리가 사물을 항상 두

가지로 보고 있음을 깨닫게 됩니다. 하나는 감각적인 순수느낌이고 다른 하나는 기억에 의존한 상(相)을 보는 감지입니다. 감지(感知)란 감각을 통해 느꼈던 사물의 흔적들로서 그들 간에 서로를 비교하여 '아는' 것을 일컫습니다. 그래서 우리는 감지를 2차적이라고 합니다. 모든 감정은 2차적인 감지를 통해 일어납니다. 즉, 감정은 2차적 감지들 간의 관계에 의해 발생하는 3차적인 프로세스입니다. 그래서 1차적 감각인 순수느낌을 다시 느낄 수 있게 되면 그보다 부차적인 2차 감지를 통해 일어나는 모든 감정에 빠지지 않고 바라볼 수 있게 되는 것입니다. 이것이 깨어있기의 힘입니다.

다시 정리하면 모든 감정은, 순수느낌인 1차 감각을 통해 무의식적으로 정립되어 있는 '기준'인 2차 감지 때문에 일어납니다. 이제 깨어있기를 통해 1차적 감각을 느낄 수 있기 때문에 더 이상 2차 감지에 의존하지 않게 되므로 자연히 3차 프로세스인 감정에 휘둘리지 않을 수 있는 것입니다.

깨어있는 사람은 사물을 이중으로 봅니다. 하나는 늘 이 순간에만 볼 수 있는 1차 감각적(感覺的) 사물이고, 다른 하나는 과거와 미래의 산물인 2차 감지적(感知的) 사물입니다. 그러나 사실 감각적 사물도 감지적 사물도 실재하는 것이 아닙니다. 왜냐하면 감각으로 보면 거기엔 개별적인 사물 같은 것은 없고, 감지로 보면 그것은 사물이라기보다는 내 안의 상(相)을 보는 것이기 때문입니다.

그와 같이 깨어있기가 연습된 사람은 자기 내면도 깨어있기로 보므로 2차 감지 속으로 빠져들어 자동적으로 반응하기보다는 1차 감각을 통해 순수하게 반응합니다. 이 반응은 거시의 세계로 시야를 옮기면 우주적 율동을 보는 것이기도 합니다. 왜냐하면 1차적인 이 감각들은 전 우주가 하나의 메커니즘으로 돌아가고 서로가 서로에게 영향을 주며 돌고 도는 유기적 관계 속에서 일어나기 때문입니다. 거기서 이 우주에는 분리된 개체가 따로 없다는 말이 나오게 됩니다.

그렇게 되면 이제 이 일상의 삶과 밤에 꾸는 꿈의 질이 똑같다는 것을 알게 됩니다. '내가 있다'는 자체, 뭔가를 안다거나, '나'라는 의식이 있다는 자체는, 하나의 가상세계 속에 들어와 있는 것임을 알게 됩니다. 가상의 세계는 연속성이 있고 하나의 거대한 줄거리를 만들어냅니다. 하지만 감각의 세계에는 줄거리가 없습니다.

아침에 눈을 뜨고 이곳이 '침실이구나'를 아는 순간 또 다른 꿈속으로 들어가고 있다고 보면 틀림없습니다. 거대한 이야기의 한 줄기 속으로 들어가고 있기 때문입니다. 이런 꿈속에 있으면서도 꿈 밖에 머무는 것, 그것이 가능할까요? 그 가능성은 깨어있는 현실이라고 믿는 이 세계가 꿈이라는 것을 아는 데서부터 시작됩니다.

욕실의 '비누'를 보는 순간 그것이 꿈임을 압니다. 왜냐하면 감각의 세계에는 비누라는 것이 없기 때문입니다. 그저 미끈미끈하고 향이 나는 딱딱한 물체가 있을 뿐입니다. 물론 이때의 미끈미끈함이나 향, 딱딱함, 물체란 개념 역시 하나의 개념에 불과합니다.

생각이 체험된다는 말은 무슨 의미일까요? 이를 이해하기 위해서는 먼저 경험한다는 것의 본질은 무엇인가를 알아야 합니다. 촉감으로 경험한다는 것에 대해 알아봅시다. 손을 탁자에 대면 차가움을 경험합니다. 우리는 '차가움을 느껴 안다'는 것을 경험한다고 말합니다. '차가움'이라는 것은 2차적인 감지입니다. 즉, 개념이 포함되어 있습니다. 개념이란 수많은 유사감지들로부터 추출되어 정제(精製)된 기억입니다. 그보다 앞서, 깨어있기로 느끼면 있는 그대로 만져지는 맨느낌입니다. 어쨌든 그 무엇을 느껴 안다는 것을 경험한다고 말합니다. 즉, 안이비설신의라는 감각에 어떤 것이 접하여서 내적 반응이 일어나는 것을 말합니다. 그러므로 1차적 체험과 2차적 경험이 있다고 해야 할 것입니다. 모든 감각(感覺)을 통해 우리가 맨느낌으로서 경험하는 것은 1차적 체험이고, 차갑다고 느끼는 것은 2차적 경험입니다. 그러므로 2차적 경험 이전에 무어라 말할 수 없는 '있는 그대로의 촉감', 아이가 처음 세상에 태어나 맛보는 촉감, 시시각각 모든 촉감이 다르게 느껴지는 그 촉감이 바로 1차적 감각입니다.

생각도 역시 다른 것과 마찬가지로 '1차적 체험과 2차적 경험이 동시에 있다'라고 말할 수 있습니다. 1차적 체험의 측면은 의식의 스크린에 생각이 나타났다가 사라질 때 느껴지는 것을 말하고, 2차적 경험이라는 것은 그 생각들이 어떤 의미와 맥락이 있는 스토리로 다가오는 것을 말합니다. 의미라는 것은 결국 생각들 간의 관계가 만드는 2차적인 느낌입니다.

그래서 우리는 생각도 사물을 있는 그대로 감각하듯이 1차적으로 느낄 수 있습니다. 일상적으로 경험하는 것 중 기본단계를 살펴보면, 알고 있는 어떤 단어를 계속 발음하다가 어느 땐가 그 단어가 낯설게 느껴질 때가 있습니다. 무언가 이상한 느낌, '어머니'라는 단어를 말하다가 내가 경험한 또는 개념적으로 느껴지는 어머니의 느낌이 아니라 뭔가 어색하고 낯선 느낌의 '말'로 느껴지는 것, 이때가 바로 개념이 빠진 때라고 할 수 있습니다.

개념이란 것은 무지개색의 연접부위처럼 나누기 힘든 애매한 부분이 있습니다. 그러나 어쨌든 수많은 종류의 실재 불에서 '불'이라는 개넘이 나왔습니다. 하지만 그 개념은 거리에 따라 밝음이 변하거나 따뜻함이 바뀌는 '개별적인 실재 불'이 아닙니다. 그와 같이 '나'라는 것도 개념입니다. 의식의 기능이 이 나무와 저 나무를 구별하는 동시에 이것과 저것이 나무에 속한다는 공통개념을 뽑아내듯이 이 경험 저 경험의 차이를 분명히 구분함과 동시에 그 모든 경험에 공통적으로 있는 것을 발견한 것이 바로 이 몸과 마음이 작용하는 '나'라는 개념입니다.

간단한 예를 들자면 이렇습니다. '내'가 외부의 '너'인 사과를 봅니다. 그러나 나는 진정 외부의 사과를 보고 있는 것일까요? 아닙니다. 사실 사과란 없습니다. 그저 전체 우주의 나누어질 수 없는 한 부분일 뿐이지요. 그럼에도 '나'에게 전체로부터 분리된 사과가 보인다면 그것은 '나'의 경험과 지식 등으로 이루어진 '나'의 세계에서만 느껴지고 경험되는 '사과'인 것입니다. 따라서 과수원에서 사과를 길러본 사람이 보는 사과와 도시에서 자라 시장이나 슈퍼마켓, 혹은 백화점에서만 사과를 사본 사람이 보는 사과는 단어는 같다하더라도 그 의미와 느낌은 매우 다를 수 있습니다. 이와 같이 '사과'는 모두 다른 사과이며, 엄밀한 의미에서 내가 보는 사과는 나만의 사과인 것입니다. 즉 '나'의 '사과'는 사실 '나-사과'로 묶여서만 사용될 수 있습니다. 이때 '나-사과'의 느낌에는 내가 경험한 총체적인 사과의 느낌(사과라는 측면)과 더불어 그 사과에 대한 나의 태도, 판단, 선호도의 느낌('나'라는 측면)이 한 덩어리로 묶여져 있습니다. 그래서 '나-사과'라고 말할 수밖에 없습니다.

이와 같이 내가 경험하는 현실도 역시 '나'만의 '현실'입니다. 똑같은 서울역에 세 사람이 서있습니다. 시골에서 막 상경한 A와 10년 동안 그곳에서 노숙하던 B, 오랜 해외생활을 마치고 귀국한 C가 내려선 서울역은 모두 다르게 느껴질 것입니다. A의 '나'는 느리고 천천히 흐르는 시골의 시간에 익숙해 있어서 그와 매우 대비되는 빠른 '서울역'이라는 상황이 느껴집니다. B의 '나'는 차가운 돌덩어리로서의 잠자리일 뿐인 '서울역'이 주로 느껴집니다. 그는 살아가기 험한 서울역을 느낍니다. C의 '나'는 20년 전에 비해 화려하고 빛나는 '서울역'을 주로 봅니다. 그들은 이렇게 각자의 '서울역'을 경험합니다. 그러므로 지금 '내'가 보는 모든 사물은 그 사물 안에 이미 '나'가 포함되어 있습니다. 이렇게 '보이는 모든 사물'들 안에 포함되어 있는 각각의 '나'들에게서 추출된 개념인 전체로서의 '나'가 개념화한 것이 지금 우리가 느끼는 변함없는 '나'라는 느낌입니다. 이 몸과 마음의 모든 경험들에서 공통으로 나타나는 느낌을 개념화한 것이 '나'라는 것이지요. 그러나 모든 개념에는 애매한 가장자리가 있듯이 '나'라는 개념도 역시 마찬가지입니다.

모든 경험이 경험의 그림자, 즉 기억을 만들고 그 모든 기억들에 '나-대상'이라는 작은 이름표가 붙고, 그것들이 거대한 하나의 세계를 만든 것, 그것이 '나'라는 개념입니다.

실재 삶이 바뀌지 않는 한 개념은 잘 바뀌지 않습니다. 예를 들어 원시시대의 불은 모닥불이나 천둥번개의 불, 산불 정도였을 것입니다. 그래서 불의 개념에 그런 것들의 속성이 포함되었습니다. 그런데 불과 관련하여 현대의 삶은 많이 바뀌었습니다. 원자력도 일종의 불이며 전등도 일종의 불입니다. 석유 같은 액체도 불의 직접적 원인이 됩니다. 예전에는 액체의 상징인 물과 같은 석유가 불과 같을 수 있다는 것은 상상도 하지 못할 일인 것입니다. 이렇게 삶과 시대가 바뀌면서 불의 개념도 변화해왔습니다.

그래서 개념 역시 살아있고 변해간다고 하는 것입니다. 개념의 재료인 생각의 단위들은 꼬리에 꼬리를 물고 이어져야만 존재할 수 있는 흐름입니다. 왜냐하면 모든 생각들은 서로가 서로에게 연결된 일란성 쌍둥이이기 때문입니다. 그것들은 모두 불이(不二)의 세계에서 나타났습니다. 만일 하나의 생각이 단편적으로 느껴지고 그것이 독립적으로 멈추어 있다면 생각은 곧 사라지고 말 것입니다. 그러나 생각이란, 즉 개념이란 이것이 저것을 설명하고 저것이 이것을 정의하는 관계이기 때문에 끊임없이 이것에서 저것으로 옮겨가야 존재할 수 있습니다. 그러나 생각을 1차 감각적으로 느낄 수 있다면 개념으로서의 생각이 즉각 멈추며 우리는 생각으로부터 영향 받지 않을 수 있습니다. 왜냐하면 그때 우리는 생각의 내용 속으로 빠져들지 않고, 생각이란 의식의 스크린에 닿아 느껴지는 대상이며, 생각도 일종의 체험대상이라는 것을 알아챌 수 있기 때문입니다.

　　감각의 세계에는 경계가 없습니다. 감지의 세계에 들어와야만 경계가 있고, 구분이 되며, 분별이 생깁니다. 생각이 체감각적 감각의 세계로 들어오면 힘을 쓰지 못하고 사라지는 이유입니다.

　　** 감각에 대해서는 217쪽 '깨어있기' 체험담 중 '생각과 느낌의 경계'라는 글을 참고하시기 바랍니다. 상세하게 잘 설명되어 있어 도움이 될 것입니다.

이제부터는 종합적인 연습으로 들어가 봅시다. 시장에 가서 사물과 식물, 그 식물의 색과 향을 대상으로 연습합니다. 사물이 가진 침묵을 먼저 느낍니다. 사물을 보고 느껴 거기서 기억을 찾아내어 구별합니다. 그 기억과 실재 사물의 느낌의 차이를 느껴봅니다. 기억이란 익숙하다거나 안다고 느껴지는 모든 것입니다. 예를 들어 스피커를 봅니다. 네모난 그 형태를 봅니다. 이때 '네모난' 느낌은 바로 과거의 기억인 것입니다. 그 기억이 내 몸의 어디에서 느껴지는지 찾아봅니다. 그 후 그것을 제거하고 봅니다.

이것이 잘 되면 오감의 대상을 모두 연습합니다. 보는 사물에서, 몸에 느껴지는 느낌에서, 들리는 소리에서, 냄새를 맡으며, 맛을 보며 연습해봅시다. '이것은 알던 것'이라는 느낌이나, 조금이라도 익숙하다는 것이 느껴진다면 그것이 과거의 일종인 기억임을 확인하는 연습을 합니다. 즉, 사물을 보고 느끼면서 '과거'와 '지금'의 것이 구별되면 '지금'에 계속 남아있도록 합니다. 이것을 여러 사물을 보며, 여러 소리를 들으며, 여러 향기를 맡으며, 여러 맛을 보며, 여러 가지를 감촉하면서 해보십시오.

다음으로 감정연습을 합니다. 평소에 자주 느끼는 감정을 하나 선택한 후 그것을 느껴봅니다. 그 감정을 가장 강력히 느끼거나 최초로 느꼈던 때를 떠올려봅니다. 특히나 부정적인 경험으로 인해 충격적 감정을 불러일으키는 트라우마의 경우 대부분 과거이므로 이를 자각하는 것은 중요합니다. 이 감정이 몸에 장착된 때로 거슬러 올라가 확인하고, 평소에 잘 느끼던 그 감정이, 약간의 상황만 유사해도 되살아나와 재경험되는 과거임을 알아차립니다. 즉, 그것이 저장된 기억을 불러다 느끼고 있는 것임을 알아채도록 하십시오. 연습 대상으로는 희노애락 애오욕과 관련된 모든 것이 포함됩니다. 그런데 '분노' 이것은 아주 강한 감정이라 기억되어있던 것을 다시 불러내어 재경험하고 있음을 알아차리기가 쉽지 않습니다. 도리어 거기에 빠져 자신이 분노 속에 있다는 것조차 모를 수도 있습니다. 그러나 그것은 분명 저장된 감정입니다. 익숙하다는 것, '안다'는 느낌이 드는 것은 모두 이미 기억 속에 저장되어 있는 것입니다. 만일 분노가 별로 없고 덤덤하게 느껴진다면 '모르겠다, 덤덤하다'는 그 느낌을 대상으로 연습해 보십시오. 그것 역시 불러온 재경험이기 때문입니다. 수치심, 후회감, 지겨움, 분노, 좋고 싫음, 무언가에 대한 상실감(삶에서 어떤 것을 잃어 크게 상심한 후 또다시 그것을 느끼게 될까 두려워하는 느낌) 등 모든 느낌을 대상으로 연습해봅니다.

자, 이제 다시 주변으로 주의를 돌려 침묵을 느껴봅니다. 그리고는 감정이 기억된 것임을 살펴봅니다. 떠올리면 가장 마음을 흔드는 것을 찾아내 느끼고 구분해봅니다. 또 몸에 강력한 느낌으로 기억된 것을 바라보기를 통해 제거하고, 미세한 것도 기억임을 알아챕니다. 바라보기는 다음과 같이 합니다. 지금 내 안에서 어떤 기분 좋지 않은 감정이 올라옴을 느껴봅니다. 이것은 내면의 느낌으로 옵니다. 그것이 몸의 어느 부위에 있는 것인지 에너지적으로 느낍니다. 이것이 몸의 느낌입니다. 거기서 '알던' 것 또는 익숙한 느낌을 구분합니다. 그리고는 지금 이 순간으로 주의를 옮겨 그 느낌이 지금 상황과 큰 상관이 없음을 봅니다. 이때 자신이 느꼈던 것이 저장되어 있던 기억임을 확인합니다. 그 사실을 보기만 해도 그것은 사라지고 마음은 다시 힘을 얻게 됩니다. 왜냐하면 그것을 본다는 자체가 의식화됨을 의미하고 무의식적, 자동적으로 진행되던 과정이 백일하에 드러남으로 인해 더 이상 숨겨진 채로, 잠자는 채로 진행되는 것이 아니기 때문에 깨어나는 것입니다.

> * 주의 : 자신이 기존에 알고 있는 '느낌'이라는 단어에 대한 개념
>   을 내려놓을 것.
>   하나의 사물을 만져보고 거기서 알던 느낌(감지)과 순수한
>   느낌(감각)을 구별해보고 그렇게 구별하는 것이 가능한지
>   스스로에게 다음과 같이 질문해본다.
> · 질문 : 생각과 감지, 감각의 차이를 알겠는가?

확장하기

우리는 '나'라는 것을 육체에 한정시키고 살아갑니다. 그러나 그렇게 한정시켰기 때문에 그 속에 있다고 느낄 뿐이지 그 한계를 벗어나도록 허용하면 '나'의 한계는 무한히 커질 수도 작아질 수도 있습니다. 이제 우리는 자신을 육체와 동일시하는 데서 벗어나 무한히 확장되는 성질을 가진 '에너지'와 동일시함으로써 '나'의 확장을 맛보려 합니다. '나'라는 느낌은 그 어떤 것에도 올라타 동일시될 수 있는 특성을 지니고 있습니다. 그래서 자동차를 타고 운전할 때는 자동차와 동일시됩니다. 또 그렇기 때문에 아무런 사고도 내지 않고 자동차를 운전할 수 있습니다. 만일 자동차와 동일시되지 않는다면 다른 차와의 간격이나 속도, 도로의 미끄럼 상태, 코너링의 각도에 따른 쏠림이 어느 정도까지 안전한지 등이 느껴지지 않을 것입니다. 자동차 운전연습 과정에서 1초에 1000만개 이상의 정보와 자극을 무의식적으로 처리하는 몸의 잠재력과 동일시됨으로써 미세조정이 가능해져 자동차를 마치 내 몸처럼 운전할 수 있게 됩니다. 그렇게 자동차를 운전하는 과정과 똑같이 우리는 태어나면서부터 수많은 시행착오를 통해 '몸과 동일시'되는 연습을 하였습니다. 우리는 자동차보다 더 섬세하고 정밀한 몸을 운전하기 위해 무수한 연습을 하여 두 발로 서서 걷게 되었고, 두 손을 자유롭게 사용할 수 있게 되었으며, 혀를 미세하게 움직여 말을 할 수 있게 되었습니다. 또한 위협을 느낄 때는 두려움과 동일시되어 그 위협을 해결하려 움직이고, 분노를 통해 위협의 대상을 제거하려고도 합니다. 이 모든 것들이 가능한 이유는 내부에서 동일시 과정이 무의식적으로 행해지기 때문입니다. 그리고는 더 나아가 생각이나 의식현상과의 동일시를 터득하여 '나'라는 개념을 사용할 수 있게 됩니다. 평상시에는 내 몸과 마음에 동일시되어 있지만, 드라마를 보거나 축구를 볼 때는 그 주인공이나 공을 차는 선수와 동일시되어 드라마 내용이나 축구경기의 모든 것을 절절히 느끼고 그에 따라 희노애락을 맛보는 것입니다. 마음은 이토록 놀라운 능력을 보입니다.

그런데 문제가 생겼습니다. 동일시 현상을 필요에 따라 사용하는 것이 아니라 자신도 모르게 '동일시된다'는 것입니다. 동일시되는 순간을 알아채면 그것을 사용할 수 있지만 그것을 알아채지 못하면 당신의 생명력은 동일시 현상에 빠져 허우적거리며 많은 에너지를 낭비하게 됩니다.

그러므로 아래 연습을 통해 육체와 동일시 되어있는 생명의 힘을, 더 크고 한정없는 에너지와 동일시하여 봄으로써 육체라는 제한된 현상에 묶여있을 필요가 없음을 통찰하시기 바랍니다.

연습 11

눈을 뜬 채 정면에 보이는 하나의 점에 초점을 맞추는 것으로 시작합니다. 마치 호수 위의 동심원이 커져가듯이 점차 그 에너지 점을 크게 키워갑니다. 이때 투명한 물의 동심원이 커져 가듯이 파동적으로 느끼며 기운을 키워갑니다. 그것이 결국은 내 주변 전체를 감쌀 만큼 키웁니다.

그렇게 하여 파동의 기운이 느껴지면 이번엔 눈을 감고 왼손은 펴서 가슴에 가깝게, 오른 손은 펴서 왼손 등위에 가까이 댑니다. 의식의 초점을 자기 몸의 중심에 두고 몸을 좌우로 미세하게 흔듭니다. 이때 에너지의 흔들림이 느껴지면 그 느낌을 타고 키워나가 온몸, 방안, 우주 전체에 그 동심원이 퍼져나가 출렁이도록 해봅니다(에너지를 느끼는 사람은 손을 서로 띄운 채 가장 강하게 느껴지는 간격을 유지하고, 느끼지 못하는 사람은 오른 손바닥을 왼손 등에 닿을락 말락 하게 대고 연습 9의 '가벼움 느끼기'를 생각하며, 그 가벼움을 가슴으로 가져가 온몸에 퍼지게 한 후 몸을 좌우로 흔들며 가벼움, 기쁨의 에너지를 느끼며 확장해봅니다).

다양하게 감각하기

생각과 감지 및 감각을 구별할 수 있게 되었나요? 그렇다면 아래의 다양한 사물들을 만져보고 그 순간 떠오르는 것에 주의해봅니다. 이러한 사물들을 만질 때 무언지 '안다'는 생각과 함께 그에 대한 이름 및 이미지가 떠오르면 그것은 '생각'이며, 그 어떤 생각도 제외하고 느껴지는 '익숙하다'는 느낌이 있다면 그것은 '감지'입니다. 그리고 안다는 생각도 익숙하다는 느낌도 없는 순수한 느낌은 감각입니다. 이렇게 생각과 감지, 감각을 모두 구별한다면 이제 모든 사물을 감지로도 볼 수 있고, 감각으로도 볼 수 있게 됩니다. 이 다양한 사물들의 감각과 감지를 구별하여 느껴봅니다.

연습 12

(두 사람이 짝이 되어 서로 한번씩 교대로 안내합니다. 안내자는 상대를 위해 아래의 경험을 안내합니다. 안내받는 사람은 편안하게 두 눈을 감습니다)

- 신선한 풀숲, 또는 낙엽이 많이 덮인 풀숲에 누워 느껴본다. 거기서 안다는 생각, 익숙한 느낌을 제외하고 느껴본다.
- 눈을 감고 안내자의 안내에 따라 낯선 땅을 걸어본다. 지금 어떻

게 느껴지는가? 안다는 생각이 있는가? 감지, 즉 익숙한 느낌이 무엇을 말하는지 알겠는가? 그 둘을 뺀 느낌이 감각되는가?

- 비슷하지만 다른 두개의 이파리를 손바닥으로 만져보고, 손등으로 느껴보며 그 차이에 주의한다. 말로는 할 수 없지만 그 이파리들의 느낌의 차이를 감지할 수 있겠는가? 그리고 그 감지를 빼고 순수한 맨느낌을 감각할 수 있겠는가?

- 눈을 감고 이끼 낀 바위와 마른 바위를 만져본다. 거기서 생각, 감지, 감각을 구분한다.

- 기타 가까운 자연물이나 멀리 있는 자연물을 잠시 보고 거기서 생각, 감지, 감각을 구분한다.

- 얼굴을 부드럽게 낙엽이나 바위에 대보게 하고, 바람도 느껴보고 또한 바람이 되어본다.

- 손목 안쪽에 부드럽게 나뭇가지나 모래, 돌, 흙, 잔디 또는 거미줄을 올려놓은 상태로 느껴본다.

- 작은 사물을 본 후, 큰 사물을 본다. 그리고 거기서 그 둘의 감지의 차이를 느껴본다.

- 자신의 맥박을 느껴보고, 호흡과 온도변화를 느껴보면서 그 순간의 생각, 감지, 감각을 구분한다.

- 자신의 머리카락, 귀, 코를 느껴보고 만져본 후 그 각각의 생각, 감지, 감각을 구분한다.

낮설게 보기

낮설게 본다는 것은 이 세상에 태어나서 처음 보듯이 본다는 말입니다. 우리는 잘 아는 길을 가다가 어느 순간 그 길을 처음 와본 듯한 인상을 받을 때가 있습니다. 또 거울에 비친 자신의 얼굴을 자세히 들여다보면 어느 순간 낮설게 보일 때가 있습니다. 늘 보던 얼굴, 늘 가던 길인데 순간적으로 기억 속에서 그에 대한 정보를 찾지 못해 아주 낮설게 느껴집니다. 바로 그렇게 언제든 기억에서 빠져나와 사물을 낮설게 혹은 새롭게 볼 수 있다면 점차 감지(기억)를 넘어 감각으로 나아가는 길을 발견하게 될 것입니다.

시인들은 이 '낮설게 보기'를 시 창작의 기본이라고 말하기도 합니다. 시란 아는 세계를 넘어 신비의 문으로 들어가는 길이기 때문이지요. 그것은 미지의 세계입니다. 미지의 세계에서 감지는 멈추고 감각만이 작동합니다.

이 낮설게 보기의 과정은 생각으로 보는 사물에서 이름을 빼고, 감지로 보는 사물에서 형태와 질을 빼내며, 이후에 비로소 감각의 세계로 향하게 합니다. 따라서 낮설게 보기는 이름제거->형태제거->질(質)제거의 순으로 진행합니다.

사물을 보며 그것의 이름, 형태, 질(質)과 그것을 아는 앎을 따로 구분한다.

- 사물을 본다.
- 그것의 이름을 제거하고 본다.
- 그것의 형태를 제거하고 본다.
- 그것의 질(質)을 제거하고 본다.
- 그것을 보고 있다는 '앎' 을 제거하고 본다.

사물과 접촉하기

우리는 진정 있는 그대로의 사물과 접촉해 본적이 있는가? 어린 아이는 집을 떠나 놀이터로 가는 중에 주변의 수많은 새로운 것들을 구경하느라 1미터를 나아가는 데 한 시간이 걸리기도 합니다. 그는 바로 지금 여기에 집중하며 있는 그대로를 보기 때문입니다. 어릴 때의 동시(童詩) 한편이 생각나는군요. 엄마가 아이에게 저기 가겟집에 가서 지금 시간이 몇 시인지 알아보고 오라고 심부름을 보냈습니다. 아이는 가는 도중에 이것저것 구경하고 관심을 보이다가 드디어 가겟집에 도착해 시간을 묻습니다. '넉점 반이다'라는 주인아저씨에게 감사 인사를 하고 돌아오면서 잊어버릴까봐 '넉점 반, 넉점 반'을 외우며 돌아옵니다. 그런데 오는 도중 길가에 핀 꽃을 한 참 구경합니다. 형형색색으로 핀 꽃밭을 구경합니다. 그러다가 엄마의 심부름이 생각나 다시 일어나 걸으며 '넉점 반, 넉점 반'하고 입으로 되뇌입니다. 시간을 잊지 않기 위해서지요. 그리고는 또 오다가 한참을 개울물에 뛰노는 물고기들을 구경합니다. 그 힘차게 도약하는 물고기의 꼬리와 사방으로 번지는 물살을 봅니다. 그리고는 다시 '넉점 반, 넉점 반'을 외우며 걸음을 옮깁니다. 이번엔 하늘의 솔개를 바라봅니다. 빙빙 하늘을 돌며 지상의 먹잇감을 정찰하다 무언가를 발견한 듯 매섭게 내리 꽂는 솔개를 보고는 집에 도착해 엄마에게 말합니다. '엄마, 지금 넉점 반이래요'.

이처럼 거의 모든 아이는 시간에 상관없이 '지금 여기'에 집중하는 삶을 살고 있습니다. 그는 넉점 반에 관심이 없습니다. 그는 지금 이 순간 사물에 자신의 온 에너지를 집중해 매우 쉽게 그리고 빠르게 그것들과 하나가 됩니다. 이것이 바로 진정한 의미에서 사물과 접촉하는 자세입니다. 진정으로 사물과 접촉할 때만 우리는 내면의 '감지'에 영향 받지 않고 사물과 하나가 될 수 있습니다.

연습 14

＊주의 : 이 연습을 하면서 자신의 내면에서 '감지'들이 올라오는 것을 느낀다 해도 괜찮다. 그때는 '감지'를 파악하고 느끼며, 감지들과 하나가 되는 연습을 하라. 차이가 있다면 이전에는 자신도 모르게 '감지'와 동일시되었다면 이제는 의식적으로 '감지'를 느끼고 하나가 되었다가 다시 그로부터 떨어져 나오고, 다시 하나가 되었다가 자유롭게 벗어나는 것을 반복함으로써 '감지'를 다룰 수 있게 되도록 해야 한다.

- 이 연습은 자연에 나가 하면 더 좋다. 숲에 가서 끌리는 사물에게 다가가 '합일'이라고 되뇌이면서 그와 하나 됨을 느껴본다.
- 무언가를 '안다'는 것은 그것과 분리되어 있음을 뜻한다. 연습13에서 '앎'을 제거하고 볼 때 거기에 어떤 분리감도 없었을 것이다. 그와 같은 상태로 직접 들어가기 위해 '합일'이라는 단어를 사용한다. 이 과정은 다음과 같이 두 가지 단계를 따른다.
  1) 먼저 사물이나 식물에 다가가 그것의 이름을 제거하고 형태를 제거하고, 질을 제거하고, 마지막으로 그것을 보고 있다는 '앎'까지 제거하기.
  2) 그 상태에서 가만히 '합일'이라고 되뇌인다. 이후에는 '합일'이라는 되뇌임만으로도 즉시 합일 상태에 들어가기.

깨어있기

상대의 세계는 나와 너가 있고 보는 자와 보이는 대상이 있고 느끼는 자
와 느껴지는 대상이 있는 세계입니다. 그에 대하여 절대의 세계는 이 주
체와 객체를 모두 감싸 안아 가능하게 하는 세계로, 주체와 객체 모두와
의 동일시가 끊어진 세계입니다.

깨어있기란 무엇인가?

　'깨어있다'는 것은 무엇을 뜻할까요? 우리는 현재도 깨어있다고 말합니다. 물론 잠자는 상태와 비교하면 현재도 깨어있습니다. 그러나 좀더 상세히 들여다보면 우리가 깨어있다고 믿고 있는 지금의 상태도 일종의 잠자는 상태임을 알 수 있습니다. 즉, 잠들었을 때 주변에서 일어나는 상황에 대해 의식하거나 반응하지 못하듯이, 우리는 지금 눈앞에 보이는 책상이나 화분의 꽃에 대해 있는 그대로의 느낌에 반응하거나 의식하지 못하고 있습니다. 그렇다면 지금 보는 꽃은 무엇인가? 그것은 내면에 저장된 '과거'인 '감지(感知)'입니다. 무언가 '안다'라고 인식될 때 우리는 그 사물의 있는 그대로의 느낌에 대해 잠들어 있다고 보면 틀림없습니다. 이런 저런 경험으로 인해 감각적으로 본 '꽃'에 덧붙여진 이미지들의 축제 속에 빠져있는 것입니다. 그래서 현재 깨어있지 못하고 잠자고 있다는 말이 더 정확한 표현인 것 같습니다. 축제에 취해 즐기느라 그는 깨어날 엄두조차 내지 못하고 있습니다. 그러나 축제로 인한 소요사태로 혼란과 고통이 생겨나고 그것이 지속되면 이제 그는 벗어나기를 희망하며 장대한 탐구의 길에 들어서게 됩니다. 그리하여 애써 자신의 잠들어 있는 상태를 드디어 알아채게 되면, 이제 눈에 보이는 사물을 이중으로 볼 수 있습니다. 하나는 '감각'으로서 '보이는', 즉 있는 그대로의 사물이며, 다른 하나는 그동안 살아오면서 켜

켜이 쌓아놓은 이미지들의 네트워크인 '감지'로서 '보는' 사물입니다. 깨어있으면 자유롭게 이 두 가지 사물 사이를 왕래하면서 볼 수 있게 됩니다.

지금까지 살펴본 바와 같이 깨어있다는 말에는 여러 가지 수준과 단계가 있습니다.

첫째, 위에서 말했듯이 '감각'을 통해 사물의 있는 그대로의 모습에 깨어있기.

둘째, 한층 더 들어가 사물에 대한 그러한 감각적 느낌마저 순수의식의 장위에 펼쳐진 하나의 '현상'이라는 것에 깨어있기.

셋째, 그렇게 깨어있을 수 있는 것은 의식의 근원이 있기 때문임을 알아채고 근원으로 있기.

이 책에서 소개되는 깨어있기 연습을 통해 '감지'와 그 너머에 존재하는 '감각'을 구별하고, '있음'을 느끼게 되기를 기대합니다. 이 책에서 가장 깊이 있게 다룰 것은 감지와 감각의 차이 인식하기, 그리고 그 양자를 구별하기, 마지막으로 깨어있는 의식으로 있다는 것을 체험하고 동일시에서 벗어나기입니다. 그런데 '감지', 즉 일종의 과거 이미지나 기억에서 지금 이순간의 '감각'으로 전환하기 위해서는 사물의 '이름'뿐만 아니라 그 '형태와 질'까지 지금까지 안다고 느끼던 모든 것을 잊고 있는 그대로 보는 과정을 맛보아야 합니다. 이것을 체험하기 위해 생명력의 의식적 측면인 주의(注意)를 다양하게 살펴보고 느껴보았으며, 그를 통해 감지와 감각을 구별해보았고, 이제 최종적으로 깨어있기로 들어가게 됩니다.

깨어있기가 되면 비로소 난생처음으로 생각이 저절로 멈추는 것을 경험하게 됩니다. 이제 처음으로 이미지와 내용으로 가득한 '말'을 듣지 않고 '소리'를 듣게 됩니다. 그렇게 있는 그대로의 소리를 들으면서도 무슨 의미인지 와 닿습니다. 그는 '소리'와 '말'을 동시에 들을 수 있습니다. 이 두 차원은 결코 일반적인 한 사람에게는 일어날 수 없는 다른 차원의 현상입니다. 그러나 깨어있는 사람에게는 그것이 가능합니다. 그는 이제 '빛'을 보는 동시에 '사물'을 봅니다. 그는 이 두 가지 차원을 동시에 보는 것이 가능해졌기 때문입니다.

그런데 여기 미묘한 점이 있습니다. 깨어있다는 것은 비어있는 의식이면서 감각되는 모든 것에 열려있는 상태입니다. 그런데 잘못하면 텅 비어있는 듯한, 내용이 없는 의식의 '이미지'를 느낄 수도 있습니다. 그것은 일종의 고정된 '느낌'으로서 텅 빈 상태와는 구별됩니다. 즉, 텅 빈 상태와 '텅 빈 느낌'은 명백하게 다릅니다. 그 둘을 구별할 수 있을 때 우리는 비로소 텅 빈 깨어있는 상태로 들어갈 수 있습니다.

연습 15

• 깨어있기 기초 연습
 - 사물에 주의를 기울이고 그것의 감지를 느끼고 제거한 후 감각상태로 들어간다. 그런 후 다시 그렇게 주의를 기울이고 있는 자신의 의식을 느낀다.
 - 주의의 끌림과 밀침, 무덤덤함을 구별하고 확인한다. 그런 후 자신의 주의에 끌림과 밀침이 있다는 것을 깨어있는 상태에서 느낀다. 여기서 느낀다는 것은 중성적으로 깨어있는 것, 수동적으로

깨어있는 것을 의미한다. 주의를 끄는 것을 멈추게 하려 한다거나, 밀치는 것을 그렇지 않게 하려는 '의도'를 갖지 않고 그냥 '투명하게' 깨어서 바라본다.

- 눈앞에 보이는 사물을 감각하기로 본다.
- 사물 느끼기에서 사물의 개수를 점차 늘려간다(최초의 사물과 좌우에 있는 사물을 포함하여 세개의 사물 느끼기, 좌우 두개씩 5개 느끼기).
  - 좀 떨어진 사물 두개를 동시에 느껴본다(3분씩, 최소 5개의 사물을 가지고 연습하기, 총 15분 이상).
  - 떨어진 사물 세개를 동시에 느껴본다(3분씩, 최소 5개의 사물로 연습하기, 총 15분 이상).
  - 좌우로 떨어진 사물 네개를 동시에 느껴본다(3분씩, 최소 5개의 사물로 연습하기, 총 15분 이상).
- 최종적으로 주변 사물 전체를 동시에 느껴본다(10분간).

- 사물을 감각해본다. 보이는가? 이제 그 사물을 감각하고 있는 깨어 있는 의식을 '느낀다'. 느껴지는가? 그렇게 유지한다. 만일 연습과정에서 졸리거나 지루해지거나 의식이 약해지면 다시 사물을 본다. 그리고 그 사물을 보는 의식을 '의식'한다.

깨어있는 의식 느끼기

깨어있기 속에서는 그 어떤 균형감각이나 안정감마저도 없습니다. 왜냐하면 균형감각이나 안정감은 하나의 방향으로 에너지가 결집되는 구심력이라는 중심이 있고 그 중심에 조율될 때 느낄 수 있는 것이기 때문입니다. 즉 '나'라는 중심, 그 가상의 중심을 향해 우리 모두의 에너지는 조율되고 있으며 그 중심에 조율될 때 안정감과 균형감을 느끼는 것입니다.

그러나 깨어있기에는 그 어떤 중심도 없습니다. 오히려 모든 중심이 사라진 상태입니다. 마치 무중력의 상태와도 같습니다. 지구에서는 지구 중심을 향한 중력의 방향에 위배되거나 조율되지 않으면 불균형을 느끼고 안정감을 잃게 됩니다. 그러나 아무런 중력도 없는 우주에서는 그 어디로도 끌리거나 밀쳐내는 움직임이 없습니다. 깨어있기 상태는 그와 같습니다. '나'를 중심으로 하는 그 어떤 생각이나 감정 상황에로 끌리거나 밀쳐내는 것이 없습니다. 단지 그 모두에 열려있는 깨어있는 텅 빈 의식이 있을 뿐입니다.

그렇다면 그러한 깨어있기는 '의식한다'거나 '안다'는 상태와는 무엇이 다를까요?

무언가를 안다는 것은 간단히 말해 전체 시스템 속에 그것의 위치가 어디인지 보여주는 것입니다. 예를 들자면 우리가 지하철에서 내려 지상으로 올라갈 때 어느 출구로 가야할지 모를 때가 많습니다. 늘 다니는 길이지만 종종 '모른다' 는 느낌이 듭니다. 그것은 전체 구도 속에서 한 부분의 위치가 어디쯤 차지하는지를 알지 못하기 때문입니다. 즉, 그 출구들과 지상의 건물들, 위치들이 하나의 커다란 관계로서 우리에게 기억되고, 그 전체 그물망 중에서 내가 나가려는 출구가 위치하는 곳이 'A 이다' 라는 것을 인식할 때 '안다' 는 현상이 일어납니다.

그리고 이러한 '안다' 가 지속될 때, '의식이 있다' 고 여기며, 그렇게 의식을 한다는 것은 이것과 저것의 내적 흔적들이 연결된 경험의 그물망인 하나의 커다란 이야기 속에 있음을 의미합니다. 이야기에는 두 가지가 있습니다. 허구적 이야기와 경험을 통해 만들어진 이야기가 그것입니다. 어찌되었든 지금 이 순간 그 모든 내적인 이야기로부터 벗어날 수 있는가? 이야기 멈춤이 가능한가? 현재 자신의 의식에서 모든 이야기를 제거한 상태, 그것이 깨어있기입니다.

이러한 '전체 이야기' 가 곧 '내' 가 바라보는 세상입니다. 우리가 보고 있는 세상, 그것이 무엇인지 우리가 '안다' 고 여기는 이 '세상' 이 곧 우리 내면에 장착되어 있는 '이야기' 입니다. 따라서 현재 자신이 눈앞에서 보고 있는 사물들은 모두 과거의 흔적인 감지들이며, 자신이 보고 있는 현실은 그 감지들의 네트워크가 만들어내는 거대한 허구인 꿈입니다.

연습 16

1. 생각 멈추기 - 호흡을 멈추면 생각도 멈출 것이다. 이때 호흡은 다시 시작하되 생각은 그대로 멈춘 상태로 있어본다. 그러다가 생각들이

다시 떠오르고 일어나면 또 다시 호흡을 멈춘다. 그러면 생각이 멈출 것이다. 이때 호흡과 생각이 멈춘 그 '느낌'에 주의를 집중한다. 밖에서 들려오는 소리와 변화들이 모두 의식되지만 그런 상태에서 호흡과 생각이 멈춘 그 '느낌'에 주의를 집중한다.

2. 내면으로 의식을 향하기 - 여러 가지 생각들이 일어남을 본다. 내면의 전체 공간을 세밀하게 살펴본다. 이제 생각들이 내면의 공간 어느 위치에서 일어나는지 본다. 그것이 확인되면 의식의 눈을 내면의 공간 전체로 돌린다. 어느 한 공간에 주의를 가져가지 말고 전체공간을 의식한다.

3. 생각과 상관없이 있는 의식을 발견하기
   - 눈을 뜨고 주변 전체를 의식한다.
   - 그것을 깨어있는 의식이라 한다.
   - 일단 떠오르는 생각을 알고 그와 상관없이 존재하는 깨어있는 의식을 느낀다.
   - 자신의 몸을 느끼기, 몸의 경계를 그린 후 그것을 인식하면서 몸 느끼기를 한다(10분간).
   - 깨어있는 의식 느끼기를 한다(10분간).
     깨어있는 의식 느끼기는 우리 오감의 감각이 아니라 단지 의식 느끼기만을 하는 것이다 (이해한 후 2시간 정도 지속적으로 연습한다).
   - 안내자와 눈을 서로 바라보며 깨어있는 의식 느끼기를 한다(최소 30분간).

'깨어있기'가 일어나기 시작하면 더 많은 생각과 감정을 느끼기도 합니다. 그것은 그동안 자신에게 일어나고 있는 일을 알아채지 못하다가 점차 알아채기 시작하면서 발생하는 현상입니다. 그러니 그것을 후퇴라고 여길 필요는 없습니다. 더 섬세해졌기 때문에 그동안 못 보던 것을 보는 것이라고 여기면 됩니다. 중요한 것은 그렇게 더 많아진 내면의 '대상'이 아니라 그런 대상에 대해 깨어있는 의식에 주목해야 된다는 점입니다. 그러므로 자신의 주의를 늘 '대상을 느끼는 깨어있는 의식'에 보내도록 하십시오.

우리가 '낯설게 보기'를 하면 처음에 일반적으로 나타나는 현상들 중 하나가 사물이 내 눈 앞으로 튀어나와 보인다는 것입니다. 오직 내 눈앞에 그 사물만 있는 것처럼 보이기 시작합니다.

또 평소에 자신이 억제하거나 제거하기 힘들었던 생각이나 감정에 대해 초연해집니다. 모든 일에 관대하였는데 사회적 정의에 대해서는 도저히 울분과 정의감을 버릴 수 없던 한 수련자는 생각이 일어나는 순간을 포착하고는 그 생각들에 초연해지게 되기도 하였습니다. 생각이 일어나는 순간을 포착했다는 것은 이미 그 '생각과 하나가 되어 생각에 빠져있던' 상태를 벗어났음을 의미합니다. 그동안은 자신도 모르게 그런 생각들과 순간적으로 하나가 되고 동시에 그 생각으로 에너지가 유입되었는데, 이제는 그 생각들이 일어나는 것을 알아차리므로 그 생각과 자신이 동일하지 않다는 것을 분명하게 깨달은 것입니다. 드디어 그것들을 자신이 아니라 하나의 '대상'으로 보게 된 것이지요. 그러면서 에너지 통로가 끊어집니다.

사물과 함께 깨어있기

　이제 깨어있기가 무엇인지 맛을 보았으면 사물과 함께 깨어있기를 연습해봅시다. 보통 명상이라 하면 사물도 없고, 생각도 없고, 세상도 사라진 암흑의 세계, 오직 모든 것이 사라지고 텅 빈 무의 세계로 들어가는 것이라고 알고 있습니다. 만일 그렇다면 우리는 명상상태로는 삶을 살아갈 수 없을 것입니다. 왜냐하면 그의 의식에는 떠오르는 것이 아무것도 없으므로 일터에 갈 수도 없을 것이고, 그 어떤 일도 행할 수 없을 것이며, 다시 일을 마치고 집으로 돌아올 수도 없을 것이기 때문입니다. 그것이야말로 명상(冥想), 즉 우리의 주의가 아무것도 보이지 않는 어둠을 향하는 흐름입니다. 그러나 모든 사물들을 의식하고, 그에 대해 알고 있으면서도 그 모든 '앎'의 배후에 흔들리지 않는 거대한 평화가 자리하고 있음을 아는 것이 깨어있기입니다. 그것은 마치 모든 소리들이 '침묵'이라는 무한 배경을 기반으로 일어나고 있는 '작은 현상들'임을 아는 것과 같습니다. 깨어있기는 모든 일을 하면서, 모든 일상과의 관계 속에서 살고 있지만, 다른 한편으로는 일상과 동시에 있는 물들지 않는 순수한 의식과 함께 살아가는 것을 의미합니다.

　그것을 위해 첫 번째 연습으로 사물과 함께 깨어있기를 연습해보겠습니다.

- 사물을 보면서 깨어있는 의식을 동시에 느끼기(10분).

  <방법>

  - 사물을 느끼는 것이 곧 깨어있는 의식을 느끼는 것이 되도록 한다.

  - 사물을 보고, 느끼고, 그것을 느끼고 있는 깨어있는 의식을 느낀다.

  - 그 과정이 빠르게 진행되도록 한다. 즉, 1) 사물을 보고, 2) 이름 과 형태와 질을 빼고 3) 느끼고 4) '그것을 느끼는 의식'을 '느끼 는' 과정이 빨라지고 순식간에 일어나도록 한다(20분).

- 이후 밖에서 사물을 보면서 깨어있기가 가능한지 연습한다(10분).

생각과 함께 깨어있기

사물과 함께 깨어있기가 익숙해지면 이제 자신의 생각들과 함께 깨어있기를 연습할 차례입니다. 우리는 이미 사물이 있음을 알면서도 동시에 있는 거대한 순수의식을 알아챌 수 있었습니다. 즉, 의식의 화살이 '저 밖에' 있는 사물을 향하는 동시에 '이 안에' 있는 내면으로도 향합니다. 그렇다면 내면의 모든 생각들도 역시 일종의 '현상'이기 때문에 사물과 마찬가지로 모든 생각이라는 현상의 배경에 있는 순수한 깨어있음이 언제나 함께 한다는 것을 알아챌 준비가 된 것입니다.

생각이 아무리 많고 강렬하다 해도 이 순수한 깨어있음의 손바닥을 벗어날 수가 없습니다. 마치 거대한 숲의 침묵이 거기서 일어나는 모든 새소리, 바람소리, 잎들이 흔들리는 소리를 감싸 안고 있는 것과 같습니다.

* 주의 : 이 과정은 우선 생각을 느껴보고 그것의 '과거성'을 알게 된 후에 진행합니다. 생각의 과거성을 안다는 것은 생각을 감각적으로 느끼고 그것의 과거성, 즉 '익숙한 알던 것' 임을 깨닫는 것입니다.

연습 18

여러 가지 단어로 시작하여 문장, 단락으로 확대해 나가며 다양한 생각들을 느껴보고 탐사한다.

<절차>
- 하나의 생각을 떠올린다.
- 그 생각의 느낌이 '과거'임을 자각한다.
- 그 과거성을 내려놓는다.
- 그 과거와 함께 있어본다.

예 1) '아버지'라는 말을 되뇌이며 거기서 '알던' 느낌을 내려놓거나 제거한다. 익숙한 느낌, 안다는 느낌은 모두 과거이므로 내려놓고 '아버지'라고 할 수 있는지 살펴본다.

예 2) 미래에 일어날 일에 대한 두려움을 떠올리고 그 중에 '익숙한' 느낌을 내려놓는다. 예를 들어 '~을 해야 한다'는 생각, '~은 이래야 돼'라는 생각, '~은 이래서는 안돼'라는 생각 등에 반하는 상황은 두려움이나 분노를 일으킨다. 이때 그 느낌이 '과거'임을 자각하고 그 느낌을 내려놓는다. 또 그 과거는 과거대로 있고, 나는 그와 상관없음을 자각해본다.

예 3) 욕실 바닥에 색깔 타일 두개 중 하나가 떨어졌다. 그런데 이 둘을 볼 때, 붙어있는 것을 보면 안정적이지만 떨어진 것을 보면 뭔가 불안한 마음이 든다. 이때의 느낌이 바로 '타일이 붙어 있어야 하는데 그렇지 못하다'라는 느낌이다. 그 안에는 다양한 생각과 느낌이 복합되어 있다. '떨어지면 발이 다칠 수 있는데, 뭔가 불편하게 느껴진다, 저것은 붙어있어야 정상인데, 저것은 욕실 타일이야' 등등. 그 모든 것이 복합되어 느껴지고 있는데 그 느낌 자체도 이전에 느꼈던 익숙한 느낌일 수 있다. 그중 익숙한 느낌만 찾아 구별하여 내려놓고 이 순간 새롭게 느껴지는 것만 느껴본다.

예 4) 물건을 불안한 위치에 놓고 바라본 다음 어떻게 느껴지는지 알아채고 그중 익숙하게 느껴지는 것을 구별한다. 물건을 불안한 위치에 놓으면 그것이 있어야할 안정된 자리에 있지 않은 어떤 '느낌'이 느껴진다. 그것을 확인한다. 그리고 그 불안함을 주는 '느낌'을 구별한다. 마지막으로 마음에서 익숙하게 느껴지는 것들을 내려놓은 후 깨어 있기로 새로운 것만 느낀다.

• 각자가 가지고 있는 '이래야 해!'라는 생각이 있다면 가장 강하게 느껴지는 것을 골라 그렇지 않은 상황을 생각하며 연습해본다.
  예) 좋고 싫음에 대한 느낌, 사회적 대의에 대한 느낌 등.

• 여러 가지 밀려오는 생각들을 허용하라(잘 안될 경우엔 눈을 뜨고 한다).

• 하나의 생각을 떠올리고, 그것의 과거성을 느끼고, 그와 상관없이 존재하는 깨어있는 의식을 느낀다(5분).

• 생각이 있다는 것 자체가 깨어있는 의식 느끼기임을 알고 그렇게 되도록 연습한다(10분).

• 이후에도 깨어있는 의식 느끼기를 지속한다. 이때 생각이 떠오르면 위의 과정을 실시한다.

• 그 생각들을 의식하면서 동시에 그 생각들에 물들지 않는 의식 느끼기를 한다.

  - 편안한 과거의 사건들을 회상한 후 그것을 의식 하면서 동시에 그에 물들지 않는 의식 느끼기를 한다.

  - 마음에 불편한 사건들을 떠올리고 그에 대해 생각하면서 동시에 그에 영향을 받지 않는 의식 느끼기를 한다.

감정과 함께 깨어있기

빠져나오기 힘든 감정에서 벗어나기

어떤 감정에 빠졌습니다. 예를 들어 깨어있기나 명상수련을 하는 이들은 자신도 모르게 화를 내어 깨어있지 못한 자신을 발견하면 '그래서는 안되었는데' 라며 후회를 하기도 합니다. 이때 그 후회의 느낌을 그대로 느끼면서 그것을 의식하는 '깨어있는' 의식을 느낍니다. 자, 이 두 가지를 동시에 느끼든 하나씩 순차로 느끼든(사실 동시란 아주 빠른 순차일 뿐입니다. 정말 동시에 느낀다면 그것은 두 가지가 아니겠지요) 두 가지 느낌이 있다는 것은 그 두 가지 사이에 공간적 또는 시간적 틈이 있어 구분이 된다는 말입니다. 잘 느껴보십시오. 후회의 느낌과 그것을 의식하는 깨어있는 의식이 동시에 있다는 것은 그 둘이 서로 구별된다는 의미이고, 구별된다는 것은 그 둘 사이가 분리되어 있다는 것을 의미합니다. 이 둘을 분리시키는 것이 무엇인지에 주목하십시오. 그리고 다음에는 깨어있는 의식 쪽으로 주의를 옮깁니다. 그것이 잘 되면 이제 주의의 화살을 깨어있는 의식에 70%, 그것을 가능하게 하는 배경에 30% 보내봅니다. 즉, 주의의 화살을 '깨어있는 의식' 이라는 대상과 그것을 가능하게 하는 '알지 못할' 배경에 동시에 보내는 것입니다. 이 것을 외부와 내부로 동시에 쏘아지는 화살이라고 합니다. 그러면 이때 생각은 멈추고 우리는 점차 근원 쪽으로 옮겨가게 됩니다. 왜냐하면 마음은 두 가지를 동시에 할 수 없기 때문입니다. 또 이 과정에서 우리는 자연스럽게 감정에서 벗어나 감정의 배경이 되는 근원의식으로 옮겨가게 됩니다. 중요한 것은 근원을 보거나 느낀다는 것이 아니라 '그것으로 있다'는 것을 알아채는 것입니다. 거기서 당신이 할 수 있는 것은 근원의 입장에서 감정을 경험하기일 뿐, 근원을 보거나 '아는' 것이 아님을 말씀해 드립니다.

이러한 근원의식으로 남아있기는 아무런 내용물 없이 의식하고 있는 깨어있는 상태의 토대이며 곧 깨어있기에서 얻고자 하는 상태이기도 합니다. 사실 얻는다는 말은 정확한 표현이 아닙니다. 우리는 깨어있는 의식을 얻는 것이 아닙니다. 도리어 깨어있는 근본 의식을 통해 다른 모든 감정이나 생각들이 가능하다는 것을 자각하는 것입니다.

그것은 마치 우리의 관심을 감정이나 생각과 같이 모양이 커다란 파도에서 그보다 깊은, 관찰하는 의식인 잔잔한 파도로, 다시 그 아래 층으로 점차 옮겨가며 느끼는 것과 같습니다. 그러다 어느 순간 의식의 근원 자체, 그 모두를 느끼는 물로 도약하는 것입니다. 물로 도약한 이후에는 아무리 거친 파도와 같은 생각도 물의 침묵 속에서 느껴지고 있음을 늘 자각하게 됩니다. 따라서 깨어있기에서는 그러한 생각과 감정을 피할 필요가 없습니다. 그것 자체가 물로 빚어진 거친 파도일 뿐, 아무리 거칠어도 '물'이라는 세계를 벗어날 수 없음을 자각하는 것입니다.

그래서 이제는 그 감정의 흔적을 느끼면서도 동시에 거대한 깨어있음, 그 모든 감정을 감싸 안고 있는 거대한 깨어있음으로 존재하도록 합시다.

감정과 함께 깨어있기

- 자신에게 분노를 일으키는 민감한 사안을 떠올린 후 그 분노를 느끼면서 동시에 그 분노를 '알고' 있지만 거기에 물들지 않는 깨어있는 의식 느끼기를 한다.
  - 작고 가벼운 분노에서 시작한다.
  - 크고 강한 분노를 일으키는 사건을 대상으로 한다.

※ 만일 분노에 빠져들어 헤어 나오지 못하게 되면 사물 느끼기로 돌아가 사물과 함께 깨어있기, 주변 전체를 의식하면서 깨어있기, 몸을 의식하면서 깨어있기, 깨어있는 의식을 느끼기의 순서를 밟는다.

- 자신에게 기쁨을 주는 사건을 떠올려 행복과 기쁨을 느껴본다. 동시에 그에 물들지 않는 깨어있는 의식 느끼기를 한다.
  - 작고 가벼운 행복이나 기쁨에서 시작한다.
  - 크게 압도하는 행복감을 대상으로 이 연습을 행한다.

※ 행복감에 빠져들고 싶어지면 다시 사물 느끼기로 돌아와 사물, 주변, 몸, 그것을 의식하는 의식과 함께 깨어있기의 순서를 밟는다.

* 불안함이 있다면 그것과 동시에 있는 깨어있는 의식 느끼기를 한다.

** 자신을 괴롭히는 내적인 갈등에서 벗어나는 간단한 방법

　진심을 다해 아래의 말들을 우주의 근본, 나의 근본에게 되뇌인다.

　　· 진리를 따르겠습니다.

　　· 선(善)을 행하겠습니다.

　　· 아름다움을 보겠습니다.

진리, 그것은 우리를 벅차게 합니다. 이 우주는 시간과 공간을 초월하여 모든 것에 예외없이 효력을 발휘하는 진리의 법칙을 따라 움직이며, 그것은 만물과 우리의 내면에 모두 적용됩니다. 도도한 자연의 법칙을 따르는 것, 그때 우리의 마음은 깊은 평화 속에서 진정한 숨을 쉴 수 있습니다. 당신이 진리의 맛을 보았다 여길 때를 떠올려 그때의 진리의 '느낌'을 마음속에 가득 채웁니다.

선함, 그것은 마음을 따뜻하게 하고 감동하게 합니다. 우리는 두려움을 느낄 때 거칠고 파괴적이 됩니다. 반면 안전함을 느끼면 이완되고 편안해지며 여유가 생깁니다. 그러므로 두려움을 내려놓고 모두를 포용하며, 나 자신과 이웃에 내가 할 수 있는 최선의 선을 행하리라고 조용하면서도 굳세게 말합니다. 이때 당신이 경험한 선함을 떠올려 그 느낌으로 마음과 몸을 가득 채운 후 그 말을 합니다.

아름다움, 그것은 우리를 전율케 합니다. 이 우주의 장대한 아름다움, 자연의 세밀한 아름다움, 인간의 황홀한 아름다움을 모두 포괄하여 그 '느낌'을 떠올립니다. 그리고 자신의 온 존재를 아름다움으로 물들입니다. 그런 후 눈에 보이는 모든 것에서 아름다움을 찾아봅니다.

오감과 함께 깨어있기

한번 어떤 어려움을 넘어가본 사람은 '자기'를 넘어가본 사람입니다. 자기가 자기라고 믿던 '자기정의(self-identification)'를 넘어가본 것입니다. 이것은 '자기기억'을 넘어간 것이며 따라서 지금까지 '나'라고 믿어왔던 것이 내가 아니구나 하는 깨우침이 이미 무의식중에 일어났음을 의미합니다. 그러므로 '어떠한 어려움'이라도 한번 '할 수 없다'고 느꼈던 것을 해낸 사람은 자기기억을 바라볼 수 있는 토대가 된 사람이라고 할 수 있겠습니다. 다만 그것들이 대부분 무의식중에 행해지기 때문에 모든 것에 적용시키지 못할 뿐입니다.

이렇게 어려움을 넘어간 사람과 수행자가 다른 것은, 그것을 의식적으로 깨어서 하느냐 아니냐의 차이입니다. 깨어있는 사람은 '자기기억'이 일종의 한계이며 그 한계는 또한 언제든 넘어갈 수 있다는 사실을 압니다. 모든 기억은 유용하게 쓰일 수 있습니다. 기억이 문제가 되는 것은 그것에 묶일 때입니다. 그 기억을 '나'와 동일시하는 데에 거의 모든 문제가 있습니다.

저 밖의 나뭇잎을 봅니다. 그러나 사실 저기에 나뭇잎이 있는 것은 아닙니다. 나뭇잎이라고 보는 것은 나무와 녹색, 성장, 햇빛, 광합성 등의 '의미기억'들로 연결된 '기억'을 불러내어 보고 있는 것입니다. 실제 나뭇잎을 보면 1차 감각적인 그 색깔과 1차 감각적인 감촉을 느낄 수 있을 뿐입니다. 그 외는 모두 기억이지요. 물론 1차적인 감각들도 일부 유전적인 기억을 포함하고 있긴 합니다.

연습 20

이번에는 통증연습을 합니다. 몸에서 자주 느끼는 통증(사라졌다 나타났다 하는 것)으로 연습을 해보겠습니다. 그 통증 중에서 이전에 알던 것, 익숙한 통증의 느낌을 빼버리고 나머지만 느껴보십시오. 이전에 알던 모든 것은 현재 실재하지 않으며 과거의 기억으로부터 불러온 것이므로 사라지게 할 수 있습니다. 잘 되지 않으면 '익숙한 과거의 느낌'을 바라보며 그것의 핵심으로 들어가 느껴봅니다. 그 느낌의 핵심으로 들어갈수록 실체없는 텅 비어있음이 느껴질 것입니다.

- 통증을 느껴본다. 단, 기억이 아닌 실제 통증을 느끼도록 한다. 아령을 들거나 팔굽혀펴기를 보통 자신이 견딜 수 있을 만큼 최대로 시도한다. 그리고 그 회수를 기록한다. 잠시 휴식 후 이번에는 깨어있기 상태로 똑같은 운동을 시도한다. 운동을 하는 도중에 통증이 오면, 즉시 그 통증에서 '알던' 과거의 느낌을 인식하고 기억 속의 통증을 버린 후 지금 실제 느껴지는 부분에만 깨어있도록 한다. 그리고 몇 회가 가능한지 기록한 후 이전 연습과 어떻게 달라지는지 알아챈다.

• 허리를 바로 세우고 앉기, 기마자세와 같이 불편한 동작, 그러나 바른 동작을 한 가지 행한다. 그럴 때 느껴지는 불편함에 영향 받지 않는 깨어있는 의식 느끼기를 한다.

- 향기 느끼기를 한다.
  - 부드럽고 은은한 향기를 느끼면서 동시에 그에 물들지 않는 의식 느끼기를 한다(향기에 빠지지 말고, 향을 맡으면서 동시에 그에 물들지 않는 의식 느끼기)
  - 강하고 자극적인 향기를 느끼면서 동시에 그에 물들지 않는 의식 느끼기를 한다.
- 소리 느끼기를 하면서 동시에 의식 느끼기를 한다.
  - 은은하고 좋아하는 음악을 틀어놓고 음악소리를 느끼며 동시에 의식 느끼기를 한다.
  - 강하고 자극적인 소리를 틀어놓고 그 소리를 느끼면서 동시에 그에 영향 받지 않는 의식 느끼기를 한다.
- 맛 느끼기를 하면서 동시에 의식 느끼기를 한다.
  - 은은하고 좋아하는 음식을 맛보며 동시에 의식 느끼기를 한다.
  - 강하고 자극적인 맛을 보며 동시에 그에 영향 받지 않는 의식 느끼기를 한다.
- 시각적 감각을 느끼기 하면서 동시에 의식 느끼기를 한다.
  - 아름다운 풍경이나 편안한 느낌을 주는 그림을 보고 느끼면서 동시에 그에 물들지 않는 의식 느끼기를 한다.

'내가 있음' 느끼기

의식은 명료한데 대상이 점차 희미해진다는 것, 또는 점점 더 어떤 것도 의식되지 않으면서도 깨어있다는 것은 근본에 가까워지고 있다는 증거입니다. 예를 들어 사물들이 분명히 보이고, 생각이 일어남을 우리는 명확히 압니다. 따라서 보이고 느껴지는 사물과 생각이 있다면 지금 자신은 사물과 생각에 빠져있으며 근원에서 멀다고 보면 틀림없습니다. 왜냐하면 분별되고 나누어진 가상의 '세계'를 투사하여 보고 있기 때문입니다. 생명의 힘을 그 가상의 세계에 쏟아 붓고 있는 것입니다.

그 다음으로 '나' 라는 느낌은 그것보다는 덜하지만 역시 하나의 대상으로서 분명히 느껴집니다. 즉 대상에 빠져있는 것입니다. 그러므로 역시 근원에서 멀리 있습니다. 다음으로 '내가 있다' 는 느낌은 그보다 좀더 약하게 느껴지거나 잘 느껴지지 않습니다. 사물로 비유하자면 색깔있는 대상이 아니라 투명한 대상이 되어간다는 말입니다. 이제 한발 더 나아가 '있음' 의 느낌은 더욱 투명하여 더 잘 느껴지지 않습니다. 따라서 '있음' 의 느낌이 가장 근원에 가까운 '대상' 입니다. '있음' 을 계속 느끼고 있으면 내가 '있음' 을 느끼고 있는지 '있음' 이 '나' 인지 모르는 상태가 됩니다. 오직 명료한 깨어있는 의식만이 있습니다. 그때 우리는 그것을 회광반조(廻光返照)라고 합니다. 즉, '의식' 의 빛으로 의식의 '있음' 을 보는 것을 일컫습니다. 외부의 빛을 비추던 빛이 되돌아와 빛의 근원인 빛을 비춘다는 의미입니다.

연습 21

1) 내적인 관심을 지금 떠오르는 생각들로 옮긴다. 생각들과 느낌들에 관심을 둔다.
2) 관심을 '내가 있다' 는 느낌에 보낸다. 먼저 '내가 있다' 는 느낌을 찾는다.
3) 관심을 '있음' 에 둔다. 처음에 '내가 있음' 을 찾아 느끼게 되면 점차 그보다 아래에 있는 더 근본적인 '있음' 으로 저절로 옮겨져 간다.
4) '있음' 이 느껴지면 초점을, '있음' 의 느낌을 가능하게 하는 '근본' 으로 옮겨 '그것' 으로 인해 '있음' 이 느껴지고 있음을 알아챈다.
5) 그것이 알아채지면 이제 생각도 '그것' 으로 인해 느껴짐을 알아챈다. 또 '내가 있음' 이나 '나' 도 그것에 의해 느껴지고 있음을 느껴 본다.

이 모든 과정이 가능하기 위해서는 '내가 있음' 이라는 것이 느껴져야 한다.

'내가 있음' 느끼기

- 목적 : 비언어적인 '내가 있음' 의 느낌을 느끼기
  (말과 생각, 이미지가 아니라 '내가 있다' 는 '느낌' 을 알아챈다)
  - 숲을 걷는다.

- 걷는 동안 걷고 있는 자신이 있음을 느끼라.

- 자기 존재의 느낌을 느끼라.

- 나무를 느낀다.

- 나뭇잎을 흔드는 산들바람을 느낀다.

- 태양이 모두를 비추는 이 상황을 느끼라.

- 그때 '자신의 있음'을 느낄 뿐 말로는 표현하지 말라.

  ∴ 어떤 이름이 아닌 존재의 느낌을 발견하라.

  ∴ 그 '있음'은 아버지도, 남자도, 여자도, 어머니도, 아내도, 남편도, 자식도 아닌 그냥 '있음'이다.

- 자신의 '있음'을 각성하라.

• 오류수정 : (안내자가 참가자의 손을 만진다) 그 느낌을 말로 표현하지 말고 느끼게 한다. 단지 그 손길을 느끼라.

  ∴ 구르지예프와 우스펜스키의 자기기억 실험 이야기 ; 30명이 자기기억 실험을 시작하였다. 1주일 후 27명이 도망갔다. 3명만 남았는데 그중 하나가 우스펜스키였다. 한달 후 우스펜스키는 '내가 있음'을 일별(一瞥)한다. 그 후 '있음'을 맛보고, 2개월 후 드디어 그 '있음'마저 녹아 없어진다.

** 주의 : '나는 알았다'라는 생각 또는 확신은 또다시 생각 속에 빠진 것이다. 그 어떤 믿음이나 확신, 앎도 '빠져있음'이다.

• 내가 나라고 여겨지는 느낌이나 생각이 있습니까?

• 그것을 내려놓을 수 있습니까?

• 만일 그것을 내려놓을 수 없다면 스스로에게 물어보십시오. 무엇 때

문에 내려놓을 수 없는가? 어떤 애착이 그것을 내려놓지 못하게 하는가?

애착 또는 끌림은 인간의 특성중 하나입니다. 무엇이든 자주보고 오래보면 그것에 동조되고 끌립니다. 인간의 의식은 무언가에 정착하려 합니다. 내 아이, 내 옷, 내 집, 내가 아끼는 물건 등등… 수많은 것들에 인간의 의식은 애착하는 경향이 있습니다. 그런데 그것들은 사실 우리가 비난할 것들이 아닙니다. 그 사실을 사용하는 자유로운 마음이 필요할 뿐입니다. 사실 의식이라는 기능 자체가 '애착'을 통해 작용하고 있다는 것을 알면 좀더 마음이 편해지지 않을까요? 무엇이든 아주 오래도록 보고 관계하고 더 깊이 들어가면 '재미'가 느껴집니다. 이 재미와 흥미라는 감각이 우리의 의식에 의식적 애착을 지속하게 하는 것입니다. 뭔가를 '안다'고 하기 위해서는 깊이 들여다보고 다른 것들과의 관계망을 파악하며 보이지 않는 부분의 세밀한 부분까지도 전체로서 연결되어 있다는 것을 파악해야 합니다. 그런데 그것에 흥미를 느끼지 못한다면 어떻게 그것이 가능하겠습니까? 모든 위인들, 탁월한 일을 성취한 사람들은 자신이 관심 가는 곳에 깊은 흥미와 세밀한 감각을 발달시킨 이들입니다. 그들은 그 주제가 자신의 관심을 끌고 더욱더 관심을 가질수록 애착이 가며 그로 인해 그 분야의 대가가 된 것입니다. '대가'라는 것은 한 분야의 심오한 부분에 이르렀고 더 나아가서는 그것이 다른 분야까지 연결되는 고리를 발견한 사람들입니다. 레오나르도 다빈치가 그림에서 시작하여 과학기구에까지 관심을 '기울인' 것이 아니라 그의 관심이 그를 '이끌어' 그 넓은 영역으로 나아가도록 해준 것이지요. 그것은 흥미와 애착을 통해서였습니다. 이렇게 무언가를 '안다'는 의식적 활동은 애착을 통해서 이루어집니다.

거듭 말하지만 문제가 되는 것은 그 애착하는 것에 묶여있을 때입니다. 그때 그것은 구속이 되고, 짐이 되며 우리 삶을 힘들게 하는 원인이 됩니다. 이토록 '관심과 애착'은 양날의 칼과 같아서 깊은 관심을 애착을 낳고 집착으로 향하게 하는 경향이 있지만 무관심은 무지로 이끄는 독이 되기도 합니다. 그러므로 중요한 것은 어디에도 물들지 않는 투명한 관심으로 심오한 깊이까지 내려가는 것입니다. 그때 우리는 어깨에 아무런 짐도 느껴지지 않는 즐거움, 마음에 어떤 고통도 느껴지지 않는 기쁨, 이 둘이 합하여져 나타나는 높은 환희심을 얻을 수 있게 됩니다. 환희란 몸의 즐거움과 마음의 기쁨이 충족될 때 일어나는 느낌입니다. 이 환희에서 '나'의 즐거움과 '나'의 기쁨을 떠나 단순히 '즐거움과 기쁨'만이 남아 깊어질 대로 깊어지고 고양될 대로 고양되면 황홀경에 이르게 되지요.

그러므로 애착에 사용되지 마시고 '애착'을 사용하십시오. 사용한다는 것은 언제든 내려놓을 수 있다는 의미입니다. 피하거나 비난하거나 두려워하지 마시고 '애착'을 사용하세요.

인간의 의식은 무엇이든 사용할 수 있습니다. 그는 언제든 날아오를 자유로울 수 있습니다.

동일시

알려는 '의도'가 없으면 결코 '알 수 없습니다.' 의도가 있으면 '주의'를
보내 비로소 그것이 무엇인지 살피며, 전체 그물망에서 그것의 위치가 드
러납니다. 전체 속에서의 위치파악, 그것이 '안다'는 느낌을 만들어냅니
다. 그리고 거기엔 이미 동일시가 일어난 상태입니다.

기억으로서의 나를 넘어가기

인생에서 가장 커다란 짐이 있다면 그것은 '나' 라는 느낌입니다. 그런데 그것을 내려놓기는 참으로 쉽습니다. 그것이 상황에 따라 나타나는 하나의 느낌이며 그것도 오래된 기억의 일종이라는 것을 알아채기만 하면 됩니다. 지금까지 해온 연습을 통해 우리는 감지(感知)에 대해 그것이 과거의 경험에 의한 흔적임을 알아챘습니다. '안다' 거나 '익숙하다' 고 느껴지는 모든 것은 감지입니다. 따라서 가장 익숙하게 느껴지는 '나' 라는 느낌도 일종의 감지인 것입니다.

우리는 지나간 기억들을 쉽게 내려놓을 수 있습니다. 기억이 아닌 1차적인 감각은 항상 이 순간에 일어나는 태생적 반응입니다. 거기에는 유전적 생물학적 기억만이 있습니다. 그것은 좋습니다. 사용하십시오. 그러나 그 외의 2차적 감지인 기억은 모두 언제든 내려놓을 수 있어야 합니다. 거기에는 최종적으로 '나' 라는 기억도 포함됩니다.

구르지예프는 항상 자신을 의식해보라고 했습니다. 그것을 자기의식(self-remembering)이라 했지요. 우리는 기계와 같아서 늘 비슷한 반응을 한다는 것을 보이기 위해 '내가 있다' 는 느낌을 잊지 말도록 연습해보아야 합니다. 그러나 그것은 쉽지 않습니다. 마치 스위치를 누르면 전등이 켜지듯 그렇게 분노와 기쁨, 슬픔의 스위치가 내장되어 있어 자동반응 한다는 것이지요. 여기에 대해 그는 '"내가 있음"을 의식하는 연습'을 통해 이 자동반응의 고리를 깨보려고 했습니다. 이것이 자기의 식을 통한 훈련법입니다. 그러나 이 방법은 일상생활을 하면서 실행하기에는 비효율적입니다. '내가 있음'을 의식하려는 '노력'으로 인해 일상의 다른 일에 집중하기가 어렵기 때문입니다. 단지 훈련을 위해 따로 시간을 낼 때만 효율적인 방법입니다.

생활하는 중에 수련이 될 수 있는 방법은 바로 자신이 보는 '모든 것이 과거인 감지(感知)임'을 알아채는 연습입니다. 우리는 지나간 기억을 쉽게 내려놓을 수 있습니다. 물론 아주 깊은 상처가 된 위협적인 경험은 몸과 마음에 각인되어 일생동안 자신에게 영향을 주기도 합니다 다만 대부분은 쉽게 사라지거나 내려놓을 수 있습니다.

그런데 어떤 기억들은 잘 내려놓아지지 않습니다. '기억을 내려놓기'를 난이도로 표현한다면 처음에는 아무런 의미가 없는 사람과 스쳐 지나간 기억이 있을 것이고 가장 어려운 것은 '나'라는 기억일 것입니다. 그러나 모든 기억은 덧붙여진 것이므로 누구나 내려놓을 수 있습니다. 단, 그것이 기억이라는 것을 자각한다면 말입니다.

그 과정은 모두 같으므로, 쉽게 내려놓을 수 있는 기억에 대해 그것이 어떻게 내려놓아지는지를 의식적으로 들여다볼 수 있게 되면, '나'라는 것도 그와 마찬가지로 내려놓을 수 있음을 경험하게 됩니다. 왜냐하면 그것 역시 하나의 기억이기 때문입니다.

예를 들어 현재 부도의 상황을 맞았다고 해봅시다. 여기서 기억을 내려놓으라는 것은 그 상황을 잊고 내려놓으라는 것이 아닙니다. '그것으로 인해 닥쳐올 불행'이라고 자신이 '해석한 것'에 대한 '두려움'이 바로 그 순간의 '나'이며, 그것은 하나의 기억에 불과하다는 것을 알아차리라는 것입니다. 그러면 그 두려움에 유입되던 에너지는 자연스럽게 사라져갑니다. 왜 그 두려움이 기억일까요? 만일 그것이 기억이 아니라면 여러분은 그것이 '두려움'이라는 것을 '알지 못할 것'이기 때문입니다. 그것이 두려움임을 '알 수 있다'는 사실이 바로 그것이 '과거의 경험으로 인해 생성된 하나의 기억'이라는 것을 증명합니다.

- '나'라는 느낌을 느낀 후 그것이 익숙한 것임을 자각하기
  - 모든 감지(感知:느껴서 아는 것)가 기억이라면 '나'라는 것도 감지되므로 일종의 기억입니다. 기억이라는 말이 갖는 의미는 변함이 없다는 점에서입니다. 사실 '나'라는 감각(感覺)은 매일 매일 미세하게 변화합니다. 그러나 너무 미세하고 작게 변화하기 때문에 알아채지 못하고 그저 변함없는 '나'가 있다고 여기며 과거의 기억을 감지(感知)하는 것입니다. 마치 60조개 인체의 세포 중 소수만이 죽고 다시 태어나기에 매일 몸의 변화가 일어나지만 그것을 모르고 '변함없는 몸'이라 여기는 것과 같습니다.
- 참고 : 깨어있기 모드로 갈 때 졸린다면 그것도 하나의 '기억', 즉 '알던 것' 속에 머무른다고 보면 됩니다. 몸이 피곤하지도 않은데 졸린다는 것은 변화가 없을 때 생기는 현상입니다. 생각의 속도도 빠르면 졸리지 않지만 늦거나 한 가지만 생각하면 졸립니다. 마찬가지로 깨어있다고 여기지만 '깨어있다'는 고정된 느낌인 '기억'을 만들어 거기에 빠져있으면, 고정적인 이미지는 변화가 없으므로 졸리는 것입니다. 즉, 자신이 '깨어있다는 이미지' 속에 있다면 깨어있다 여기면서도 졸릴 것입니다. 이때는 계속해서 똑같이 느껴지는 그 '무엇'이 감지(感知)되고 있음을 '자각'하면 졸림이 사라집니다.

연습 22

〈절차 1〉

- 이제 '나' 라는 느낌을 느껴보고 그것 역시 일종의 기억임을 자각한다.

- '나' 라는 느낌이 몸의 어느 부위에서 느껴지는지 찾아본다(이때 '나' 가 몸에서 느껴진다면 지금 당신은 내면의 '몸' 을 보고 있는 것이다).

- '나' 라는 느낌을 구별하고 잡아내는 것은 매우 중요하다. 그 느낌을 찾았으면 그것 역시 일종의 기억이며 지금 불러내어 재경험하고 있음을 자각한다. 그 감지된 '나' 와 순수한 감각인 '있음' 을 구별해 본다.

    1. 사물을 보고 '감지' 모드에 있을 때 '나' 는 어디서 '감지' 되는가?

    2. 눈을 감고 내 몸을 체감각적으로 '감지' 하며 '나' 가 어디 있는지 느껴본다.

    3. 눈을 감고 머리를 체감각적으로 '감지' 하며 '나' 가 어디 있는지 확인한다.

    4. '나' 란 누군가에 의해 주목을 받을 때 더 뚜렷하게 감지된다.

〈절차 2〉

- 그 감지된 기억인 '나' 를 놓아버린다.

- 지금 이 고요한 순간에 그 기억이 있어야할 필요가 없기 때문이다.

- 감각 상태 : 감각은 되지만 구분이 안된다. 감각적 자극으로 존재하는 것, 구분 안되는 있는 그대로, 대상들의 구별성이 없다.

- 감지 상태 : 모든 것들이 구분되고 서로가 고유한 것으로 구별된다. 감각과 감지 사이의 경계는 모호할 수 있다. 항상 서로 섞여 있기 때문이다. 그러나 감지에 주목하면 그것만 남아 확연히 구분되고, 감지 상태로 남아있을 수 있다.
- 감정 상태 : 감지들 간의 관계가 서로 밀고 당기는 과정에서 발생하는 제3의 느낌들을 일컫는다.

** 감지를 구분하지 못할 경우
- 하나의 사물을 투명한 감각하기로 보다가 '좋다, 싫다' 가 느껴지는 감정으로 내려오는 과정을 반복하라.
- '아는' 물체가 출현할 때를 주목하라.
- 감각에서 생각으로 넘어가기 위해서는 감지의 과정이 있어야 한다. 감지라는 것이 있다는 것이 인정되면 찾게 되고 발견하게 된다.

모든 기억을 내려놓기, 이것이 바로 우리가 하려는 것입니다. 그러나 내려놓으라고 해서 기억이 없는 백지상태로 가라는 것은 아닙니다. 그 기억을 사용하라는 의미입니다. 우리가 기억 속에서 살아가고 있다는 것을 알지 못할 때는 기억에 붙잡혀 있습니다. 그러나 한번 그것을 내려놓을 수 있게 되면 자유로이 그것을 사용할 수 있습니다.

여러분이 어떤 동일시 속에 있는가를 알아보는 것은 생각보다 어렵지 않습니다. 가장 기본적으로 자신이 어떤 감정상태에 있다면 그것은 그 감정을 일으키는 어떤 생각과 동일시되어 있다고 말할 수 있습니다. 예를 들어 자신이 원하는 대로 이루어지지 않아 우울증에 빠진 사람이 있다고 가정해봅시다. 현대의 우울증은 매우 심각합니다. 한 통계에 의하면 전 지구인의 20분의 1에 해당하는 3억 명 정도가 우울증에 시달리고 있다고 합니다. 이렇게 심각한 우울증이 특히나 현대화하고 풍족하게 살고 있는 선진국에서 더 많다는 것은 아이러니가 아닐 수 없습니다. 그렇다면 이 우울증은 어디서 오는 것일까요? 대부분이 '재미없는' 삶, 더 이상 강한 자극을 얻을 수 없는 삶이라는 '생각'과의 무의식적 동일시에서 옵니다. 인간의 마음은 끊임없는 재미를 추구합니다. 대부분의 인간은 자극추구에 애착을 보입니다. 그것은 우리의 혀가 나이들수록 더 강력한 자극을 추구하는 것과 같습니다. 인간경험의 속성은 더 강한 자극을 받아야 '느낄' 수 있다는 함정이 있습니다. 그는 너 강한 자극, 더 강한 재미와 흥미를 느끼지 못하면 끝없이 추락하는 것 같은 느낌을 스스로 만들어내어 그 속에 빠져듭니다.

그렇다면 우울은 어디서 오는 것일까요? 앞서 재미없는 삶의 이유는 개인마다 다양할 것입니다. 부유함을 추구하던 사람은 자신에게 부가 올 것 같지 않고, 끊임없이 지금과 같은 궁핍한 일상을 지속해야 한다는 '생각' 때문에 우울함에 빠집니다. 또는 그 반대로 자신이 추구하던 부가 이루어진 사람은 더 이상 얻을 것이 없다는 허전함과 동일시되어 우울함에 빠질 수도 있겠지요. 또 인생의 커다란 지혜와 깨달음을 추구하는 사람은 자신이 추구하는 그것이 이루어지지 않고 있으며 계속해서 이 지루하고 변함없는 일상, 희망이 보이지 않는 하루하루를 살아가야 한다는 '생각'에 급속히 우울함 속으로 빠져듭니다. 그들은 이 생각들에 동일시되어 있는 것입니다.

이때 스스로에게 물어보십시오. '나는 이 우울함 속에서 벗어나고 싶은가?' 그리고 그 우울함에서 벗어나기 위해 '부유함을 추구하는 마음' 또는 '깨달음을 추구하는 마음'을 '내려놓을 수 있는가?'라고 말입니다. 내적으로 잘 느끼며 질문을 잘 하면, 그 질문 자체가 자신을 해방시키며 자유로움을 느끼게 해줍니다. 진정으로 물어보십시오.

사실 부유함이나 깨달음을 '추구하는 행동'과 그것을 '추구하는 마음'은 다른 것입니다. 당신의 원함이 절실하다면 그것을 원하는 '마음' 속에 빠져 있지 않고 그것을 이루기 위해 '행동'할 것입니다. 물론 여기서의 '행동'이란 외적인 행동과 내적인 행동을 모두 포함합니다. 즉 '부산을 어떻게 하면 갈 수 있을까? 왜 나는 부산에 갈 수 없는 거야, 부산을 간다는 것이 왜 이리 어려운 거야'라며 불만족 속에 있지 않고 부산을 향해 실제 발걸음을 떼며 방법을 생각하고, 열정을 일으키는 것을 말합니다.

우리는 앞에서 인간의식을 이루고 있는 기본공식인 '나-너' 관계, 또는 '나-대상' 관계를 살펴보았습니다. 다시 한번 말하자면 우리가 '안다'고 느끼는 모든 것은 그 의식 속에 '주체-객체' 관계가 형성되어 있을 때 일어나는 현상입니다. 즉, 저 밖에 있는 냉장고를 보고는 '저것이 냉장고라는 것을 안다'는 생각이나 느낌이 있다는 것은 무엇을 의미할까요? 내 안에 과거 경험으로 채색된 냉장고에 대한 '감지'가 주체와 동일시되어 있어 그것이 '나'의 역할을 맡고, 지금 눈앞에 있는 사물이 객체가 되어 그에 대한 정보와 이 '감지'가 비교되며 '안다'거나 '모른다'는 느낌을 불러일으킵니다.

이와 같이 지금 자신의 내면에서 우울함이 느껴진다면, 그것을 '우울함'이라고 '안다'는 의미에서 그것은 '과거'인 것입니다. 모든 안다고 느껴지는(感知) 것은 과거입니다. 그러므로 그것이 과거라는 것을 알아챘다면, 이제 거기서 벗어나는 것은 쉽습니다. 왜냐하면 그것이 지금 현재 일어나고 있는 일이 아니고 자기 안에서 만들어져있는 느낌일 뿐이기 때문입니다. 공포영화를 보다가 두려움에 빠집니다. 그러나 그것이 과거 이미지의 연속에 의한 만들어진 과거의 느낌이라는 것을 아는 순간 거기서 언제든 빠져나올 수 있는 것과 같습니다. 현재 느끼는 우울함에서 과거의 익숙한 느낌을 내려놓아 보십시오. 내가 '아는' 우울함을 모두 내려놓았을 때 남아있는 느낌이 현재 일어나고 있는 실재 느낌입니다. 그러므로 이제는 과거에서 자신있게 걸어 나오세요. 아름다운 현재가 두 팔을 활짝 펴고 미소 지으며 당신을 환영하고 있습니다. 굳이 과거의 느낌에 사로잡혀 현재의 삶을 낭비하고 있을 필요는 없지 않습니까?

동일시 끊기 1

그렇다면 우리는 왜 동일시하기 시작하였을까요? 자연은 우리에게 왜 '동일시'란 작용을 주어 삶을 괴롭게 하는 것일까요? 동일시란 사실 인간에게 내려진 거대한 자연의 축복입니다.

우리에게 만일 동일시 현상이 없다면 '안다'는 느낌이나 무언가를 효율적으로 구분하고 느끼는 일이 불가능할 것입니다. 일례로 도로에 무수히 달리는 자동차를 봅시다. 그냥 무심히 자동차들을 볼 때는 별다른 느낌이나 긴장감, 차간거리에 대한 명확한 '앎'이 없습니다. 그런데 그 중 차 한대를 자신의 차라고 생각하고 다시 한번 보십시오. 실제 운전할 때와 같이 그 동일시가 강력할수록 그 차와 다른 차의 거리감, 그로 인한 다른 모든 차들의 질서, 속도, 빠르게 움직이는 차들 간의 관계가 '느껴지고', '알게 되기' 시작할 것입니다. 바로 이와 같이 동일시란 우리의 의식이 무언가를 '알고', '느끼기' 위해 필수적인 과정입니다. 즉, '나'라는 것은, 생명의 에너지가 전체의 구도를 파악하기 위해 우리 내외면의 수많은 분리된 느낌들과 동일시됨으로써 그것에 쏟아부어져 느껴지는 일종의 '일시적인 에너지 중심'입니다. 그러나 이 중심이 집착과 애착, 고통을 일으키는 주 원인이기도 합니다. 이 사실을 알고 나면 이제는 필요에 따라 동일시에서 벗어나는 일이 가능해집니다. 그런데 문제는 이 동일시에서 벗어나기가 쉽지 않다는 데에 있습니다. 우리의 모든 문제는 바로 이 동일시에서 벗어나지 못하는 데에 있습니다. 동일시를 자유롭게 사용하기도 하고 멈추기도 할 수 있다면 이것은 우리가 삶을 경험하는 데 꼭 필요한 귀중한 도구가 될 것입니다. 또 그렇게 동일시를 자유롭게 사용하는 것은 우리 인류가 걸어가야 할 미래의 주요한 임무이기도 합니다. '자아'라는 것은 동일시를 위해 꼭 필요한 가상의 형태였습니다. '앎'을 위해 필요한 하나의 과정이었습니다. 그러나 이제 거기에서 언제든 걸어 나올 수 있어야 합니다.

예를 들어 처음 운전 배울 때를 생각해 보세요. 자신이 운전을 하지 않고 옆 좌석에만 앉아 무덤덤하게 느낄 때와는 달리 이제 운전을 직접 하며 차와 동일시되기 시작하면, 다른 차가 '나(내 차)'에게 너무 가까이 다가오면 몸에 소름이 돋으며 위협을 느끼게 됩니다. 이렇게 자신이 직접 운전을 하며 차와 동일시되었을 때는 차간거리에 대한 치밀한 '앎'이 생겨나고, 그와 동시에 과도한 밀착에 대해 두려움과 위협을 느끼거나 불안함이라는 감정을 경험하게 됩니다. 그런데 이 불안을 느끼게 하는 그러한 동일시가 안전한 운전을 보장하는 것입니다. 그렇지 않으면 사고가 나거나 도로는 무질서로 가득하게 되겠지요. 이와 같이 동일시되지 않았을 때는 알지 못하던 것을 동일시되면 '알게 되고', '느끼게 되는' 것입니다.

그런데 동일시를 할 때 어떤 대상을 '나'라고 느끼게 하는 정도를 단순한 한 가지로 규정할 수 있을까요? 그렇지 않은 것 같습니다. 왜냐하면 '나'라고 믿는 그 정도의 차이가 천차만별이기 때문입니다. 그를 위해 우리가 '나'라고 믿고 있는 자신의 생각, 개념, 감정, 물질, 사회적 지위 등에는 동일시 지수를 측정하여 볼 수 있습니다. 이를테면 자신이 몸담고 있는 회사를 자신과 얼마나 동일시하는가를 보고 그가 그 회사의 주인인가 아닌가를 알 수 있습니다. 일반 직원과 회사 사장을 비교할 때 이 동일시 지수는 차이가 클 것입니다. 동일시 지수는 편의상 정서적 동일시 지수와 정신적 동일시 지수로 나누어볼 수 있습니다.

정서적 동일시 지수는 회사가 어려움에 처했을 때 그 어려움을 정서적으로 얼마나 느끼느냐로 측정할 수 있습니다. 회사 사장의 정서적 동일시 지수는 최고수치인 10에 해당하기 때문에 회사가 부도가 나면 자신이 죽을 것 같은 느낌이 들고, 자살까지 생각하며, 괴로움이 극에 달합니다. 그러나 일반 사원은 그렇지 않을 것입니다. 그의 동일시 지수는 1에서 9까지 다양하겠지만 아마도 완전한 동일시인 10에 이르지는 않을 것입니다.

정신적(精神的) 동일시 지수는 그의 일상생활 에너지를 얼마나 투입하느냐로 볼 수 있습니다. 사장은 그의 정신 에너지 대부분을 회사를 위해 사용합니다. 그러므로 그의 정신적 동일시 지수는 최고수치인 10에 해당한다고 볼 수 있습니다. 그래서 모든 그의 에너지는 회사를 잘 되게 하는 데에 있습니다. 그러나 부장은 자신의 부서와 동일시되어 있으므로 10개의 부서가 있다면 1/10의 동일시가 되어 있고, 평사원 100명이 있다면 한 사람의 평사원은 1/100의 동일시 지수를 가지고 있다고 편의상 생각할 수 있습니다. 물론 자신을 회사의 주인으로 생각하고 일하는 평사원에게는 회사와의 동일시가 9일 경우도 있겠지요. 어찌되었든 동일시 지수는 회사를 더 잘 '알고 느낄 수 있게' 해주며, 그럴수록 더욱 동일시 되게 됩니다. 이러한 동일시가 일어나지 않으면 그는 열심히 일은 하더라도 무엇이 진정 회사를 위한 것인지 명확하게 알 수는 없을 것입니다.

그것은 또한 드라마나 영화를 볼 때 확연히 드러납니다. 드라마를 볼 때 주인공과 동일시가 일어나지 않으면 흥미를 느끼지 못합니다. 왜냐하면 등장인물들 사이의 미묘한 관계와 에너지 배치관계를 '알거나 느낄' 수 없기 때문입니다. 특히 남자들은 섬세한 드라마에 잘 빠져들지 못한다고 합니다. 이는 정서적 동일시가 약하여 그 미묘한 감정적 밀고 당김의 관계를 잘 알지 못하기 때문입니다. 남자들 또는 정서적 동일시를 잘 하지 못하는 사람은 드라마의 재미를 알 수 없습니다. 반면 지성적 또는 논리적으로 이기고 지는 관계에 동일시를 잘 하지 못하는 여성들은 게임이나 스포츠에 흥미를 느끼지 못합니다. 이와 같이 무언가를 '알거나 느끼기' 위해서는 동일시가 필수적인 과정입니다.

인간이라면 누구에게나 기본적으로 일어나는 동일시는 바로 '나' 라는 개념입니다. 그 '나' 에는 정서적, 정신적 측면이 모두 있습니다. 아주 흥미롭고 다이나믹한 느낌을 느낄 수 있는 것이 바로 '나' 와 '너' 라는 동일시 게임입니다. 그래서 '나' 와의 동일시는 인간의 삶을 다이나믹하게 해주며, 아주 흥미롭고 절실한 느낌으로 다가오게 해줍니다.

그런데 문제는 이 정서적, 정신적 동일시로 인해 흥미 뿐만 아니라 고통도 함께 느끼게 된다는 데에 있습니다. 드라마의 주인공이 슬프거나 괴로운 상황에 처할 때 자신도 슬퍼하고 괴로워졌던 경험을 생각해 보면 알 수 있습니다. 이와 같이 모든 괴로움은 바로 이 '동일시' 에서 오는 것입니다. 그러므로 동일시는 우리가 넘어가야할 최후의 관문입니다. 그때 비로소 '동일시' 를 자유롭게 사용할 수 있게 됩니다. 다시 말해 동일시를 통해 세상을 '알고 느끼게' 되지만, 그와 동시에 동일시로 인해 그 앎과 느낌에 '속박' 되기도 합니다. 이렇게 동일시란 양날의 칼과 같습니다. 세상을 향해 사용하면 세밀한 '앎' 과 다이나믹한 '정서적 느낌'을 얻을 수 있지만, 거기에 묶이면 괴로움과 고통에 빠지게 되는 것입니다.

그래서 이러한 부작용 없이 유용하게 '동일시를 사용'하고자 하는 것이 '깨어있기'를 하는 목적입니다. 무조건 동일시에서 벗어나고자 하는 것이 아니라 필요에 따라 이 동일시를 자유롭게 사용하기, 그것이 바로 창조적인 존재의 탁월함입니다. 세상과 사람을 알고 느끼는 데에 이 동일시를 사용하고, 필요 없을 때는 자유로이 동일시에서 벗어나기, 이것이 '깨어있기'의 궁극적인 목표입니다.

그렇다면 동일시가 어떤 과정을 통해 일어나는지 살펴보겠습니다.

먼저 동일시가 일어나기 위해서는 '나'와 '나 아닌 것'으로 나누기, 즉 '분리'가 필요합니다. 모든 것이 하나인 곳에서는 동일시가 일어날 수 없습니다. 세상 만물을 구별하지 못하는 '어린 아이'에게 '나'라는 개념이 확립되어 있지 않은 이유가 그것입니다. 그러므로 분별이 없는 곳에 동일시는 있을 수 없습니다. 그래서 분별심은 필요하지만 언제든 내려놓을 수 있어야 자유로워진다고 말하는 것입니다. 다시 말해 동일시가 일어나기 위해서는 먼저 분별이 필요합니다. 그렇다면 분별은 어떻게 일어날까요? 우리가 처음 태어나 사물을 보고 '감각(感覺)'하기 시작하면 감각적 구별이 자연스레 일어납니다. 우리의 뇌 안에는 원추세포와 간상세포가 있어서 사물의 색채와 명암의 차이가 구별됨과 동시에 우리 내면 의식의 스크린에 기록되기 시작합니다. 그 기록은 처음부터 명확히 기록되는 것이 아니고 생존에 필요한 경험들이 반복되면서 중요하다고 여겨지는 것들이 먼저 깊은 흔적들을 남기게 됩니다. 이 흔적들을 '깨어있기'에서는 '감지(感知)'라고 부릅니다. 느껴서 '안다'는 것입니다. 불교에서는 이 감지(感知)와 이것에 이름을 붙인 이미지와 생각들을 상(相)이라고 합니다. 정신적 느낌이나 이미지라고 할 수 있습니다. 중요한 점은 이 '상(相)'은 항상 고정되고 변함없는 과거라는 점입니다. 만일 이 상이 늘 변화하여 일정하지 않다면 우리는 그것을 떠올릴 수 없을 것입니다. 그것을 생각의 도구나 재료로 사용할 수 있는 것은 그것이 고정된 느낌이나 인상이기 때문입니다. 깨어있기에서는 그 상(相)을 좀더 세밀히 구분하기 위하여 1차 감지와 2차 감지로 분류하였습니다. 1차 감지는 감각기관에 의해 감각된 것이 미약하게 흔적을 남기고 또 다시 같은 감각을 만나게 되면 '익숙하다'는 느낌을 동반하게 되는 1차적인 흔적입니다. 그러다가 오래도록 같은 감각을 반복해 만나게 되면 이제 '안다'는 분명한 느낌을 만들어냅니다. 이것이 2차적으로 확고하게 남는 흔적인 2차 감지입니다. '안다'는 느낌을 주는 2차 감지들이 내면에 많이 쌓이게 되면 쌓여있는 그 변함없는 '무엇'들과 순간순간 동일시를 이루어, 변화하는 다른 것들과 대비하여 '나'라고 느끼게 됩니다.

현재 인간이 살아간다는 것은 이렇게 만들어진 '내면의 세상' 속의 한부분과 스스로 동일시하여 산다는 의미입니다. 그리고 우리는 '내면의 세상', 또는 지금 '내 눈에 보이는 세상'이 근원의식 위에 떠오른 과거의 흔적들임을 알아채고 그중 일부와의 동일시를 필요에 따라 사용하고 자유로이 내려놓으며 살아가고자 합니다.

연습 23-1

- 무언가 반응이 일어났다는 것은 이미 미세한 동일시가 일어났다는 의미이다.

- 먼저 어떤 생각에 동일시 되어있는지 살핀다.
- 그 동일시된 생각과 다른 어떤 생각이 반응을 만들어내는지 본다.
- 당신이 지금 세상을 보고 있다는 사실 자체가 곧 무언가에 동일시 되어 있음을 나타낸다. 그렇지 않다면 어떤 '세상'도 보지 못할 것이다. 단지 있다면 감각적으로 '보이는' 나누어지지 않은 전체 가 있을 뿐이다.

뭔가를 보려는 의도를 가질 때 주체와 대상이 생겨납니다. 예를 들어 눈을 뜨고 있지만 멍해 있을 때, 이때는 눈을 뜨고 있지만 의식적으로 보는 것이 없습니다. "저게 뭐지?"라고 보려는 의도를 가질 때 그 사물을 보게 됩니다. 그와 마찬가지로 내면에서 '이 생각을 보는 자는 누구이지?' 라는 의문을 가질 때, 그 생각을 보고 있는 '나'라는 느낌이 생겨납니다. 즉, 보려는 의도가 '보는 자'와 '보이는 대상'을 만들어내는 것입니다.

주의의 힘

영국의 생물학자 루퍼트 쉘드레이크는 우리가 무언가를 응시하면 그 응시의 힘이 무언가를 건드려 반응하게 한다고 주장합니다. 그것을 실험하기 위해 그는 뒤돌아있는 사람을 응시하여 그를 돌아보게 하는 실험을 하였습니다.

이 말이 황당하게 들릴 수도 있으나 그는 이 실험을 통해 통계적 유의미함을 증명할 수 있었습니다. 즉, 실험자가 피실험자를 쳐다볼 때 피실험자가 '누군가 나를 보고 있다' 는 느낌이 있는지 없는지 말하게 하여 옳게 대답한 경우를 취합하여 통계내어 보았더니 그것이 우연치를 넘었다고 합니다.

이것은 사실 우리가 일상생활에서도 쉽게 경험할 수 있는 일입니다. 주의 또는 의식의 힘이 실재한다는 것을 경험하기 위해서는 거울 하나면 충분합니다.

연습 24-1

준비물 : 얼굴이 보이는 작은 거울 또는 전신거울 1개

방법 1 : 거울을 보며 거울에 비친 자신의 얼굴을 들여다본다. 이때는 거울 속 얼굴이 대상이 된다. 이번에는 자신이 거울 속에서 거울 밖의 자신을 바라보고 있다고 생각하고 주의를 거울로부터 자신에게 향해보라. 어떤 경험을 하는가?

이번엔 다른 연습을 해보겠습니다. 그 전에 먼저 2000년 일본에서 있었던 실험을 언급하고자 합니다. 야마모토 박사는 외기공에 대한 과학적 실험을 행하고 있었습니다. 그는 흔히 우리가 장풍이라 부르는 기운의 방사가 실제 일어나는지 알고 싶었습니다. 그것을 밖으로 발사되는 기운의 공력이라 해서 외기공(外氣功)이라 부릅니다. 기운을 방사하는 사람은 2층에, 기운을 받는 사람은 1층에 있게 하고 실험을 하였는데, 어떨 때는 기공사가 발사하면 기수신자가 받아 뒤로 넘어지는 일이 일어났습니다. 그런데 그것이 일어날 때도 있고 일어나지 않을 때도 있었습니다. 흥미로운 점은 그렇게 기운을 주고받는 일이 일어날 때는 두 사람의 뇌파나 심전도가 동조되어 있는 때였습니다. 즉, 우리는 늘 우주적 에너지인 기운과 의식을 주고받지만 두 존재가 동조되거나 공명할 때는 에너지를 강하게 주고받을 수 있다는 것을 발견하였습니다..

이제 밖으로 나가 식물에 다가가 그들과 에너지, 혹은 미세의식을 주고받는 연습을 해보십시오. 무엇보다 중요한 것은 먼저 당신과 식물 간에 동조가 일어나도록 환경을 조성해야 합니다. 그를 위해 '동의의 절차'를 지키도록 하십시오..

연습 24-2

이제 자연으로 나가 끌리는 식물에 다가간다. 먼저 그 끌리는 식물의 부분을 바라본다. 그 청량한 에너지를 바라본다. 이번에는 그 식물이 되어 자신을 바라보도록 해본다. 여기에는 두 가지 동조의 장치가 설치된다. 첫째 '동의를 구하라'는 것이고, 둘째 '상대가 되어 자신을 바라보라'는 것이다. 그때 당신은 어떤 체험을 하게 되는가?

동일시 끊기 2

깨어있기를 하거나, 거울보기를 통해 무의 체험이나 의식의 무한 확장을 경험할 수도 있습니다. 그런데 당신이 깊은 무를 체험하였다 해도 마지막으로 남게 되는 것이 동일시입니다. '그러한 체험을 했다는 것'과 동일시 되어있는 것이지요. 그 동일시에서 빠져나와야 합니다. 당신은 깊은 무의 체험을 하였지만 모든 체험은 '대상'에 중심을 둔 것이지 그 체험을 하고 있는 그 자체, 즉 '근원'을 통찰한 것이 아닙니다. 그러므로 다시 '나는 무를 체험했다'는 생각과의 동일시에 빠지는 것입니다. 아무리 텅 빈 무의 체험이라 하더라도 어떤 '한 체험과의 동일시'는 대상과의 동일시이며, 자신을 대상과 하나로 여기는 것입니다. 그리고 그것은 곧 다른 동일시를 불러일으킵니다. 왜냐하면 자신이 동일시 속에 있음을 알지 못하기 때문에 그 패턴이 재발하는 것입니다. 그러므로 동일시 자체를 통찰해야 합니다. 그 어떤 체험도 영속되지 않습니다. 모든 체험은 '대상'에 주의가 가있는 것일 뿐입니다. 모든 놀라운 체험과 황홀한 체험, 무의 체험도 단지 '체험'일 뿐입니다. 모든 체험은 필연적으로 지나가게 되어있는, 즉 끊임없이 오고가는 대상일 뿐입니다. 그 대상을 가능하게 하는 것은 무엇입니까? 그것에 초점을 맞추어야 합니다.

그렇다면 동일시는 어떻게 일어날까요? 당신이 강렬한 분노의 감각에 빠져있을 때 거기 '나' 는 없습니다. 오직 분노만이 있기 때문에 자신이 분노하고 있다는 것을 '알지' 못합니다. 오직 분노만 거기에 있습니다. 일원적(一元的)입니다. 그것은 동물적이며 자아가 형성되기 이전 아이의 체험과 같습니다. 그러나 이제 분노를 느끼고 알기 시작한다면 당신은 '분노의 느낌' 과 분노를 아는 '나라는 느낌' 으로 나뉩니다. 이때부터 분열된 자아가 생성되며 이원적(二元的)인 상황이 벌어집니다. 이렇게 분노가 자신의 근원이 아님을 '알기' 위해서는 이원적인 분리가 필요하며, 내면이 둘로 나뉘는 과정을 통과해야 합니다. 그 후에야 진정 수련이 가능한 시기가 옵니다. 그러면 어떻게 분노를 즉시 느낄 수 있을까요?

첫째, 분노로 가득 차 있을 때 그 분노를 내적으로 느끼기 위해서는 분노와 분리되어 있고 그것을 느낄 수 있는 '나' 가 필요합니다. 먼저 분노와 시간적으로 분리되거나 공간적으로 분리될 필요가 있습니다. 즉, 분노가 지나간 후 그것의 흔적을 느껴 알 수 있는 '나' 가 형성될 시간적 틈이 필요합니다. 둘째, 내면이 둘로 분열되어 '나' 라는 느낌과 '분노' 가 동시에 있을 때도 분노를 즉시 알아챌 수 있습니다. 그때 '나' 는 분노를 억누르거나 분석하려는 느낌입니다. 결국 무언가를 느낀다는 것은 내면이 여러 느낌으로 나뉘어 있을 때입니다. 즉 분열되어 있을 때인 것입니다.

잠도 그와 유사합니다. 잠자는 동안 거기엔 미세한 잠의 상태로만 가득 차있어 잠이 있는지 '알지' 못합니다. 당신은 '잠' 에 몰입되어 있는 것입니다. 그 잠의 상태에서 벗어나 '나' 의 느낌이 조금 생겨났을 때 거기 잠이 있었음을 '기억' 합니다. 또는 '안다' 고 합니다. 따라서 잠으로 가득 찼거나 분노로 가득 차있는 것은 같은 상태이며 그 순간에는 그것이 있음을 알 '나' 가 없는 것입니다.

분노하고 있음을 아는 '나' 가 있거나, 잠을 자고 있음을 아는 '나' 가 있다는 것은 그 순간 분노와 '나', 잠과 '나' 로 분열되어 있기 때문입니다. 그러므로 잠 속에서 자신이 잠자고 있음을 안다거나, 꿈꾸면서 자신이 꿈꾸고 있음을 아는 것은 모두 일종의 미세한 형태로 분열되어 있음을 의미합니다. 그리고 그 모든 과정에서 당신은 분열된 어떤 하나와 동일시되어 있을 뿐입니다.

그런데 중요한 것은 그러한 모든 동일시에서 벗어나는 것입니다.

연습 25-1

- 어떤 느낌이 있다. 그것이 느껴지는 과정은 분열을 향한 과정임을 안다.
- 'A' 로 가득 차 있을 때는 다른 것이 느껴지지 않는다. 거기에 'B' 가 생겨날 때 비로소 어떤 '느낌' 이 있게 된다. 즉, 이원적으로 분열되어 있을 때만 '알거나' '느끼거나' 할 수 있다
- '아버지' 또는 '어머니' 하면 느껴지는 느낌이 있음을 확인한다. 이에 대해 끌림과 밀침이 느껴진다면 그 아래 그에 반응하는 '내' 가 있다는 것이다. 그런데 그렇게 느껴지는 것을 어떻게 아는가? '안다' 는 것도 일종의 감각임을 알아야 한다. 그것은 촉각이 느껴지는 것과 같다. 그렇기에 이성(理性)도 하나의 감각이라고 할 수 있다. 불교에서 안이비설신의(眼耳鼻舌身意)라는 감각기관이 색성향미촉법(色聲香味觸法)이라는 감각대상을 느낀다고 할 때 색깔이라는 대상은 눈이라는 감각기관이, 소리는 귀가, 향기는 코가, 맛은 혀가,

촉감은 몸이 느끼며, 마지막으로 법(法)이나 생각은 의식(意)이라는 기관이 느낀다고 말하는 것과 같다.

'나'를 느끼고 내려놓는 연습 : '나'를 느낄 수 있어야 내려놓을 수 있다.

- 어떤 느낌이 있다거나 그것을 의식한다는 것은 이미 무언가와 동일시되어 있다는 것을 의미한다. 그리하여 그것과 갈등관계든 애착관계든 분리된 둘 사이에 있는 생각이 와서 그에 대한 반응이 느낌으로 나타난다.
- 중도란 동일시되어 어느 한쪽에 서지 말라, 입장을 갖지 말라는 의미이다.
- '나'를 나타내보이려는 이 끊임없는 경향, '나'라는 이 경향성도 하나의 존재현상이기에 스스로를 유지하려는 우주적 힘을 가지고 있다. 동일시가 일어나는 과정을 지켜볼 수 있다면 그로부터 벗어날 수 있다.

파도는 끊임없이 움직입니다. 그러나 물이라는 특질은 변하지 않습니다. 이 변함없는 특성에 주의를 옮기도록 하십시오. 의식은 끊임없이 움직이며 다양한 드라마를 연출합니다. 그러나 의식의 질, 무언가를 아는, 비추는 그 질은 변함이 없음을 알아채도록 하십시오.

번뇌가 보리라는 말은 무엇일까요? 그것은 의식의 모양이 아니라 의식의 질에 초점을 맞추라는 말입니다. 모든 의식의 내용은 모양에서 온 것입니다. 그러니 모양을 떠나 그 질에 주목해보십시오. 의식의 내용을 파도, 그 질(質)을 물이라 여기고 질에 주의를 기울여보십시오.

모든 동일시는 모양에 에너지가 집착된 것입니다. 모양은 분별이 있고 구분이 되므로 나와 너로 분리되고 자연스레 희노애락이 생깁니다. 모양을 떠나 질에 초점을 맞추면 변함없는 것을 눈치 채게 됩니다.

그러나 우리가 잊지 말아야할 것은 이 분리와 분류가 사물의 본성에 있는 것이 아니고 의식의 기능으로 인해 편의상 나누어진 것이라는 점입니다. 사물은 애초에 분리가 없건만 인간의식이 앎이라는 경험을 하기 위하여 사물에 덧칠한 사족(蛇足)이 '분리'의 경험입니다. 만일 그렇지 않고 근본적으로 분리된 것이라면 전체 자연과 우주는 서로 간에 연결성을 보이지 않을 것이며 모두가 독자적으로 존재했을 것이고 '이것이 있음으로 해서 저것이 있다'는 인연법은 세상에 나타나지 않았을 것입니다. 우주는 애초에 나누어진 적이 없으나 인간의식이 공연히 이름을 붙여 나누어놓고, 다시 이 나누어진 것들 간에는 연결성이 있다고 떠드는 형국입니다.

마치 수박 한 덩이를 껍질과 속, 씨 등으로 나누어 놓고는 이 셋 사이에는 끊을 수 없는 필연의 관계가 있다고 하는 것과 같습니다. 수박은 애초에 나누어진 적이 없으며 따라서 그들 간에 불가분의 관계가 있는 것이 아니라, 수박은 애초부터 하나였던 것입니다.

동일시의 과정은 이토록 우스운 과정입니다. 순전히 우리 의식이 경험하고자 만들어낸 가상의 장치입니다.

결국 '나'라는 느낌 없이 사물을 보고 듣는다면 곧 대상도 없어지는 것이므로 그것이 바로 감각하는 것이요, 끌림과 밀침이 없이 보는 것이며 있는 그대로 보는 것입니다.

종교에는 수직적인 관계가 있고, 수평적인 관계가 동시에 내재합니다. 나를 위해 그들을 사용하려는 것이 수직적인 것이고, 나와 그들이 어떻게 움직이는지 통찰하는 것이 수평적인 것입니다. 앞으로의 종교는 세밀한 움직임도 통찰할 수 있는 수평적인 길로 가야할 것입니다.

허무함에서 떠나기

감지를 구별하게 되면 '내'가 이미지들 속에 있었다는 것과 '내'가 보는 세상이 전부 이미지들의 관계망, 즉 꿈이었음을 알게 됩니다. 어떤 생각이 일어납니다. 그것은 꿈과 같은 허구입니다. 그와 같이 내가 보고 있는 이 모든 세계도 하나의 커다란 생각 또는 꿈임을 알겠습니까? 그것을 스토리라고 합니다.

깨어있기를 오래도록 하게 되면 이제 이미지와 생각의 세계, 꿈과 같은 스토리의 세계에서 벗어난다는 것이 무엇인지 알게 됩니다. 그런데 그 이후부터 무언가 알 수 없는 심심함, 재미없음, 흥미를 잃음, 허무함 등을 느끼기도 합니다. 그는 어떤 스토리에도 영향을 받지 않기 때문입니다. 그러나 이것은 그가 깨어있는 상태가 아니라 스토리의 최종적인 상태, 즉 아무것도 없는, 아무 소용도 없다, 의미없다는 등의 텅 빈 '스토리'에 빠져있기 때문입니다.

그것 역시 스토리임을 알아채야 합니다. 모든 감정적 허무감이나 심심함, 재미없음은 스토리 속에서 일어나는 일입니다. 깨어있는 상태에서는 그 어떤 스토리로 인한, 일종의 이야기 속에서 일어나는 일인, 관계성에 의한 감정은 존재하지 않습니다.

모든 감정은 이야기 속에서 일어나는 일입니다. 스토리에서 벗어나 보라. 순간 무언가 명료한 상태를 맛볼 뿐, 이것과 저것으로 나누어진 것들 간의 관계에서 주고받는 에너지 현상인 감정은 어디서도 찾아볼 수 없습니다.

무언가를 체험했을 때는 체험했다는 그 자체가 그 속에 이미 '나'라는 느낌을 포함하고 있다고 보면 틀림없습니다. 아주 미세하지만 무언가가 '있다'는 느낌도 역시 '나'가 포함되어 있습니다. 그런데 아주 깊은 무의 체험, '무' 자체의 체험도 가능합니다. 단지 그것이 일어난 후 그것이 무의 체험임을 의식한다는 것이 다를 뿐입니다.

그것은 마치 파도와 같습니다. 파도는 골과 산으로 이루어집니다. 즉, 산이 있다는 것은 곧 골이 있다는 증거입니다. 당신이 아무리 '나 없음'을 체험했다 해도 '체험했다'는 그 자체가 곧 '나'가 있었다는 의미입니다. 모든 체험은 '나'라는 골과 '대상'이라는 산이 한 쌍으로 존재하는 파도입니다. 파도에서 골과 산은 서로 떼어낼 수 없는 하나입니다. 골이 있다는 것은 즉, 산이 있다는 증거입니다. 즉, 그것은 나·너 체험, '나'가 '나 아닌 것'을 체험했다는 의미입니다. 그런데 나·너 체험이 아닌 것이 있으니 깊은 바다로 들어갈수록 파도의 크기는 줄어들고, 심해에서는 파도가 없듯이 의식의 심층에서도 '나·너'라는 흔들림이 없습니다. 거기서 도약이 일어납니다. 흔들림과 잔잔함이라는 개념을 떠나 '물'로의 질적인 도약입니다. 거긴 그저 '물'만 있을 뿐입니다. 이제 질적인 도약이 일어나면 일상으로 돌아와 파도 역시 초월적 '물'임을 알게 됩니다. 아무리 높은 파도라 해도 그것은 결국 '물'일 뿐입니다.

그럼에도 불구하고 허무함에서 빠져나오지 못한다면 '나'와 '너'가 있는 표면의 아래 '미세감각' 단계에 머물도록 합니다. 그곳은 '나'와 '대상'이 없기에 미세한 기쁨의 전율이 늘 있는 곳입니다. 즉 자신이 현실이라 느끼는 바로 아래 단계로 내려가는 것입니다. 인체에 비유하면 그것은 마치 초점을 이 기관과 저 기관이 분명히 구별되는 장기(臟器)들의 수준에 두다가 그 모든 장기들을 이루고 있는 세포로 주의의 초점을 옮기는 것과 같습니다.

허무함을 느끼는 것은 습관적으로 표면의 분리 상태에 머물기 때문입니다. 분리를 보고 그 아래에 있는 분리 없음으로 내려올 수 있다면 굳이 느낌을 일으키는 분리의 세계에 머물 필요가 없습니다. 다만 필요할 때만 분리의 문을 열고 나갔다가 필요가 끝나면 다시 분리 없음으로 돌아오도록 하십시오. 거기서 느낄 수 있는 유일한 느낌은 잔잔한 기쁨의 전율 뿐입니다.

각성연습

우리는 이제 다른 차원으로 넘어갈 준비가 되었습니다. 바로 생각의 차원을 넘어가 우리가 생각보다 더 큰 존재라는 것을 깨우치는 것입니다. 지금 많은 이들이 우리는 생각 이상의 존재임을 설파하고 있습니다. 그 말은 우리가 현재 생각 차원에 있음을 뜻합니다. 생각과 상상이 물리적 현실을 이루어내듯이 우리는 지금 생각을 넘어선 더 근원적인 존재감이 생각이라는 물리적 현실을 만들어내는 세계로 진입하고 있습니다. 어린 아이가 비틀거리며 처음 걸음을 떼듯이 조금 서툴겠지만, 이제 곧 불안한 초보걸음을 넘어 익숙하게 생각을 다루고 사용하는 차원으로 넘어갈 것입니다.

단순히 고요함을 경험하고, 명상상태에 들어가며, 우주적 충만함을 느낄 수 있는 상태에 안주하지 말고 그 너머로 넘어가도록 시도할 것입니다. 다시 말해 그 모두를 경험하고 있는 존재가 자신이며, 그 자신은 경험되지 않는 투명한 '있음'임을 깨우치고 더 나아가 그 모두가 일어나고 있는 근본임을 깨달아 자신에게 경험되는 모든 것을 '사용'하며 누릴 줄 알게 되는 것이 바로 우리가 앞으로 이루어야할 목표입니다. 그때는 그 어떤 생각에도 집착함이 없으므로 생각들을 구경할 수 있으며, 그 어떤 분리된 모임에도 속할 필요가 없을 것입니다.

각성연습

　각성은 근원에 머무르는 것을 의미합니다. 근원은 무시간성이고, 절대적 '존재없음'이라는 것을 이미 말했습니다. 근원은 또한 분리된 '존재'가 없기에 결코 경험될 수 없다는 것도 명확하게 이해하였을 것입니다.

　의식의 본성은 생각과 생각 사이의 배경으로서 늘 그 모두를 안고 있으나 스스로는 드러나지 않는 근원입니다. 그러므로 결코 '누군가' 에게 '알려질' 수도, '느껴질' 수도 없는 그 자리이며 거기에서 다른 모든 것들이 일어나도록 하는 그야말로 근원입니다. 어떤 이들은 생각과 생각 사이를 보라고 말합니다. 그 근원을 맛보라고 말합니다. 그러나 만일 그것을 맛볼 수 있다면 그것은 근원이 아닙니다. 그것을 볼 수 있다면 그것은 근원이 아닙니다. 당신이 근원이 되어 다른 모든 생각과 느낌을 가능하게 할 수는 있어도 근원을 경험할 수는 없습니다. 근원을 찾아가는 여정에서 좌절을 경험한다면 그 원인은 바로 이 알 수 없고, 느낄 수 없는 근원을 알려고 애쓴다는 데에 있습니다. 눈은 눈을 볼 수 없으며, 가위는 자신을 자를 수 없듯이, 우리는 우리의 근원을 결코 알 수도 볼 수도 없습니다. 그럼에도 불구하고 확인할 수 있는 방법은 있습니다. 물론 이 새로운 앎의 방법은 지금까지 우리가 무언가를 알아온 방식과는 완전히 다릅니다. 그렇기 때문에 근원을 아는 것이 그렇게 힘들다고 한 것 같습니다. 사실을 말씀드리자면 우리 의식의 근원은 늘 다른 무언가를 아는 데 '사용되고' 있습니다. 그것이 없으면 우리는 결코 무언가를 알 수도, 보고 들을 수도 없습니다. 이것은 너무도 확연하여 한번 눈치 채면 결코 모른다고 말할 수 없게 됩니다. 그것을 모른다거나, 알 수 없다고 말하는 것이 얼마나 우스운 일인지 알아채도록 하십시오.

다시 말해 근원은 존재하는 무언가가 아닙니다. 그러므로 경험할 수 없습니다. 존재한다는 것은 이미 분리되어 있음을 의미합니다. 분리되지 않은 것을 어찌 존재한다고 하겠습니까? 예를 들어 바다를 보면 파도가 일어나기 전에는 바다만 있습니다. 그런데 바람이 불어 파도 한 무리가 바다에서 떨어져 나왔을 때 파도가 비로소 존재하게 됩니다. 그 파도는 그때서야 바다에 의해 보여 지고 알려지고 경험될 수 있습니다. 그와 같이 뭔가 존재한다는 것은 분리되어 있음을 의미합니다. 그때 그것을 인식할 수 있습니다.

그 모든 것을 가능하게 하는 근원은 그 어디로부터도 분리되지 않았으므로 '존재한다' 라고 할 부분이 없습니다. 따라서 존재하지 않는 것을 어떻게 인식할 수 있겠습니까? 우리가 경험하고 인식할 수 있는 것은 존재하는 것에 한합니다. 그러나 경험과 인식의 대상이 될 수 없는 것은 존재할 수 없습니다. 따라서 근원은 존재한다고 '의식' 할 수 없습니다. 그렇다고 없는 것도 아닙니다. 있는 것도 아니고 없는 것도 아니지요. 그러한 개념 자체를 떠나 있습니다. 다만 순수의식을 포함한 모든 의식의 존재근거가 되어줄 뿐입니다. 그러므로 그것을 말로 하자면 무극이라 하는 것입니다. 의식의 근원, 즉 무극은 '존재' 하지 않지만 다른 모든 의식이 존재할 수 있게 해주는 바탕입니다. 최초의 '존재', 그것은 태극입니다. 무언가 경험되기 위해서는 극성(極性)이 필요합니다. 드러나지는 않았지만 뭔가 극성이 있는 것, 순수의식 역시 미묘한 극성을 가지고 있습니다. 이러한 이유 때문에 '나는 순수의식을 경험했다'라고 말하는 이들이 생깁니다. 내용물이 없는 의식, 그러나 체험 가능한 의식, 그것을 우리는 태극(太極)의식이라 하겠습니다. 우리가 깨어있기를 통해 체험할 수 있는 것은 바로 이 태극의식입니다. 여기에는 아직 드러나지는 않았지만 미묘한 극성이 있습니다. 경험할 수 있다는 말입니다. 이것은 정확하게 말로 표현되어질 수 없습니다만, 굳이 표현하자면 '있지만 없는 극성'이라 할 수 있습니다. 그래서 깨어있기 2단계에서 '자아의 흔적을 통해 나없음을 경험하기'라는 표현을 한 것입니다. 즉, 있는 듯 보이지만 사실은 없는 '흔적'을 통해서 무언가를 경험하는 것입니다. 그때 깊은 태극의식을 경험함으로써 이제 그것을 통해 간접적으로 근원인 무극을 알아챌 기반이 되는 것입니다.

의식의 본질을 자각하기

깨어있기가 된 후 지혜가 솟아올라 간간히 동일시가 끊어짐을 느끼게 됩니다. 그러나 여전히 존재의 중심은 생각의 한점에 있으며 그것 자체가 하나의 대상임을 깨닫지 못하고 있습니다. 그것은 보여 지는 모든 것이 대상임을 경험하고 있지만 너무도 오래 그렇게 '경험되고 있는 것'과 동일시되어 살아왔기에 한번의 알아챔이 아직 일어나지 않은 것입니다.

여기서 한번의 알아챔이란 만져지고, 느껴지고, 알려지는 그 어떤 것도 모두 '대상'임을 알아채는 것입니다. 그런 후에 남는 것은 과연 무엇일까? 그때 참나, 진아라고 불리는 의식의 본질이 드러납니다.

· 대상이 없는 빛나는 상태로 돌아가기

이것은 제자리로 돌아가기와 같습니다. 최후의 경험인 태극의 '있음'을 경험한 후에는 어떤 대상을 경험하고 즉시 이 '제자리'로 돌아가는 연습을 합니다. '제자리'는 아무런 내용도 없으며, 투명한 맛조차도 없고, 아무런 색깔이 없고, 아무런 촉감이 없습니다. 당연히 냄새도 향기도 없습니다. 아무런 생각과 감정, 느낌도 없습니다. 그 모든 것을 뺀 후에 남는 그저 '있음'만이 느껴지는 상태, 그것이 바로 '제자리'에서 느껴지는 가장 근접한 느낌인 태극의식입니다. 마치 키보드의 비유에서 말했듯이 대상인 그 어떤 자판에도 닿아있지 않은 상태, 그러나 인제든 어떤 자판에도 다가갈 수 있는 상태, 그리고 어딘가 갔다가도 다시 제자리로 돌아오는데 아무런 애착이나 집착도 없는 상태입니다. 그는 모든 것을 경험할 수 있으며, 그것도 아무런 생각이나 감정의 장애 없이 분명하고 명확하게 경험할 수 있습니다. 그렇게 경험한 후에는 즉시 제자리로 돌아올 수 있습니다. 돌아오고 난 뒤에는 아무런 집착이나 애착, 흔적을 그 자판에 남기지 않습니다.

이 제자리는 투명한 빛이며, 무한하고, 아무런 제한이 없는 마음입니다. 거기엔 '나'라는 생각도, '나'라는 느낌도 없고 그러므로 '나'에 의한 그 어떤 한계도 없습니다.

체험담

이 책의 연습들을 글로서 읽을 때와 실제 자연에 나가 연습한 후의 경험
은 큰 차이가 납니다. 다음의 글을 읽고 스스로 '연습'을 실행해보시길…

생각과 느낌의 경계

| 천강 / 사업, 홀로스 발기인 |

이 글은 지난 11월 30일부터 며칠간 진행된 깨어있기 프로그램의 1단계 체험담입니다. 그동안 지속적으로 만남을 가져온 일부 홀로스 발기인인 목요모임 회원들에게 천강 님이 자신의 체험을 그대로 전달하기 위해 발표한 내용입니다.

제가 얼마 전 목요모임 여러분들께 메일을 보내면서 몇 번을 고쳐 썼습니다. 처음에 썼던 메일은 이런 거였어요. '아! 내가 20년 동안 찾아 헤매던 결과물이 이거였다'. 그런데 가만히 읽어보니 너무 비약하는 것 같기도 해서 다시 썼는데, 그만큼 제가 전달하고자 하는 결과물에 대해 포인트를 맞춰봤지만, 설명은 그냥 글자로만 보이고 그 체험에 대한 것이 와 닿지 않았던 것이지요. 이번에 하게 된 체험이 분명 그동안의 것과 차이가 있는데 이게 무슨 차이일까? 그것을 설명할 방법이 없었던 것입니다. 그래서 정확한 전달을 위해서는 여러분들을 체험시키는 것 외에는 방법이 없다라고 생각했어요.

지난 11월 월인 님이 안내하는 프로그램 체험을 위해, 통나무집에 들어간 지 6일째 되는 날, 순간적으로 무언가를 봤어요. 그것은 그냥 탁~ 들어가 보게 된 것입니다. 거기에 들어가 보니 내가 밖에 있었던 때가 생각이 잘 안나요. 일단 들어가긴 했는데 문을 못 찾겠는 거예요. 다시 나와서 어느 문으로 들어갔는지 찾아보았는데 계속 찾지를 못하겠더군요. 그냥 저절로 들어가질 뿐인 겁니다.

그러면 나한테 어떤 현상이 일어났고 무엇이 바뀌었느냐? 대부분의 경우 어떤 수련을 갔다 오게 되면 저는 광분(?)을 하게 됩니다. 뭐라고 표현해야 하나, 목소리가 달라진다는 게 맞을 것 같네요. 목소리가 달라지고 제스처가 나오고 내 경험의 흥분이 상대방에게 전달 됐는지 안됐는지 보다가, 상대방이 흥분이 안됐다면 억지로라도 흥분을 시켜야만 되는 것이 나의 패턴이었습니다. 그런데 이번에 갔다 와서는 몇 사람과 얘기하면서 느끼는데 그런 식이 안되는 거예요. 왜 안될까? 그동안은 말로 설명할 수 있었고 여러분들에게 어떻게 하면 되니까 가보라고 할 수 있었어요. 그런데 이것은 체험이라기보다는 봤다라고 하는 게 나을 것 같아요. 어떤 상태를 봤다. 보고 나니까 과거로, 보지 않았던 때로 돌아갈 수가 없는 것이지요.

그동안 의식훈련이라는 것을 쭉 하면서 목표로 잡았던 것은 평상심이었습니다. 평상심이 도이고, 일상의 도라는 것이 나와야 된다는 거지요. 아무리 깊은 체험이 있다 해도 일상에 돌아왔을 때 유지되지 않는다면 의미 없다는 것입니다. 그것은 어느 날 바지를 입는데 입고 나서 왼발을 먼저 넣었어? 오른발을 먼저 넣었어? 라고 자문해보면 기억을 못하는 것과 같지요. 그런데 이제는 생각하려고 하지도 않았는데 문득 보인다는 거였어요. 바지를 입는데 어느 쪽 다리가 먼저 들어가는구나 하는 게 보이더라는 거지요. 그리고 문을 열고 들어가려는데 '아! 내 왼발이 먼저 들어가는구나' 하는 게 보이는 겁니다. 행동과 사건과 내

218

생각의 흐름이 동시에 느껴진다고 표현할 수 있을 것 같아요.

그러면 그러한 것들이 이 현실에서 어떤 도움을 줄까요? 예를 들면, 말을 할 때 지금 제가 얘기하는 제 목소리를 듣는 거예요. 전에는 의식을 해야만 들렸거든요. 이제는 무언가를 인식하고 듣는 게 아주 포괄적이 된 것입니다. 지금 시야가 넓어져 여러분들의 표정도 다 보이면서 또 내 목소리도 들려요. 동시에 여기 이 프로젝터에서 나오는 기계음도 같이 들립니다. 지금 말하고 있는데 내 목소리가 탁탁~ 튄다는 것도 같이 느껴져요. 그러면서도 이야기하는 스토리를 잃지 않아요. 왜 그러냐면, 생각을 따라 말을 하는 게 아니라 말이 떠오르는 것이기 때문입니다. 생각이 끌고 가는 게 아니라는 거예요.

이것을 경험한 후 내가 깨달은 것은 공감, 경청이라는 것은 노력해서 되는 것이 아니라는 것입니다. 그것은 되어져야 하는 것이지요. 지금은 내가 노력하지 않아도 한 사람을 보면 그 사람에게 붙여져 있는 의식적 이름표가 떨어져 있어요.

이러고 나서 2~3일 뒤에 아들한테서 연락이 왔어요. 요즘 우리 애가 서울예전에 합격을 했기 때문에 굉장히 기쁨에 차있습니다. 자기 실력에 전혀 갈 수 없다고 생각했던 곳에 붙었으니 자다가도 웃고 '이게 꿈이야!' 라고 얘기도 한다고 합니다. 이번에 졸업공연을 했는데, 서울예전에 들어가고 난 후 자신감이 생겨서 한 고등학교 졸업 공연이에요. 그런데 그 공연을 본 후 사람들이 다들 놀라는 거예요. 애가 진짜 배우구나. 나이 드신 부인들이 와서 사인을 받아가지, 거기에 참가했던 외국 여자가 "지금 그리스(Grease)를 공연했는데, 나도 미국에서 배우로 무대에 서봤지만 당신이 연기하는 것을 보니 내가 그리스(Grease)를 잘못 해석했었구나. 당신한테 배워야겠다." 그렇게 얘기를 했다는 겁니다. 자기가 들을 수 없었던 찬사를 다 들은 거죠. 그 얘기를 엄마한테 하니까 엄마는 더 기뻐서 너무 좋아 웃으며 저에게 이야기하는 거예요. 그런데 그 순간 집사람 얼굴을 보면서 저는 이렇게 느껴지는 거예요. 땅 색깔의 동그란 모양에 구멍이 뚫려 있는데 검은 부분과 흰 부분이 있어요. 거기 옆에 있는 것들이 막 왔다 갔다 하고 밑에 길게 입이 벌어져 보여요. 그런 모습이 '웃는다'라고 전달되는 것이 아니라 그냥 분별 없이 있는 그대로 보이는 거예요. 그래서 생각을 해봤죠. 이 상태가 무슨 상태일까? 어린 아이가 태어나서 부모를 보든, 다른 사람을 보든, 보는 시각이 그렇지 않을까 싶어요. 판단 분별이 떨어졌다는 얘기는 내가 무슨 사물을 볼 때 그 사물과 연결되어 있는 스토리나 이름이 떠오르는 것이 아니라 그냥 있는 그대로를 느낀다는 것을 말합니다.

그래서 그때 '아내가 기쁘고 자식이 기뻐하는 상황에서 네 마음은 춤추지 않니?'라고 자문하면서 내 마음을 보는데 순간 내 마음이 없어졌어요. 아! 마음이 내 것이 아니구나. 그렇다면 마음이 없어졌으면 나는 감동이 없나? 야! 좋다~ 이러면 감정이 섞인 거예요. 그런데 이제는 그렇게 얘기하는 게 쑥스러워요. 자연스럽지가 않더라는 거죠. 그래서 이것과 연관되어 제 뇌리에 떠오른 게 창조였습니다. 성경을 보면 처음에는 혼돈의 상태입니다. 혼돈이 그치면서 하늘과 땅이 나타나고 사물이 나타나죠. 동물도 짓고, 식물도 짓고, 사람도 나타나죠. 그리고 하느님이 뭐라고 하셨냐 하면 '보기에 참 좋았다'라고 해요. 제가 느끼는 '보기에 참 좋았다'란 것은 Beautiful이란 뜻이 아니라 '그냥 그것'입니다. 만들어 놓은 그대로야! 이런 느낌이 들었어요. 거기에는 판단과 분별이 없다는 거죠. 그럼, 창조는 누가 하는 것이냐, 하느님이 창조하시는 게 아니고 인간이 한다는 거예요. 아담에게 하느님께서 뭐라고 하셨어요? 거기다 이름을 붙이라 그러셨지요. 이름을 붙인다는 게 창조라는 거죠.

이런 과정을 겪으면서 제가 시계를 봅니다. 벽에 걸려있던 시계의 종류가 여러 개인데, 시계! 하고 부르면서 보면 벽에 붙어 있던 그것이 '어! 나 시계 아냐.' 그러는 겁니다. '어, 쟤도 시계? 쟤랑 나랑 모양도 다르고 다 달라.' 그러는데, 아! 이름이라는 것은 커뮤니케이션을 위해 필요해서 붙인 것이고, 내가 붙일 이름이 필요하구나 하는 것을 알게 되었어요. 그게 인디언들이 했던 방식이거든요.

이런 일이 일어나고 난 다음 일요일에 Y 사장을 만났습니다. Y 사장이 제일 먼저 걱정했던 것이 뭐냐면 '어휴! 저 사람이 월인 님과 가서 도를 닦다가 넘어가나보다. 앞으로 사업은 어쩌고, 난 어떻게 혼자 놀지' 라는 것이었답니다. 그리고는 만나자마자 '그래! 알아듣겠는데 그게 사업하고 무슨 상관이 있어' 이렇게 단도직입적으로 묻는 거예요. 제가 이와 똑같은 질문을 수련 6일째 되는 날 스스로에게 했어요. 그날 이게 딱 왔는데, 그것을 표현하자면 의식이 확장되었다는 표현이 맞는 것 같아요. '의식이 확장된 것과 현상계에서 살아가는 것이 어떤 관계가 있나?' 저 자신한테 물어봤어요. '특히 사업하는 현장에서는 무엇이 도움이 될 것 같아?' 야~ 그런데 이게 도움이 되는 거예요. 그때 떠올랐던 것이 관계에 있어서 경청과 공감이라는 것이었습니다. 경청과 공감이란 온갖 신경을 다 쓰고 뭘 한다고 되는 게 아닙니다. 공감과 경청이라는 단어 때문에 미내사에서 하는 72시간 '각성 인텐시브' 라는 프로그램에도 들어갔었습니다. 72시간 동안 아무것도 하지 않고 온 몸과 마음을 들어서 상대방의 눈을 보고 얘기하고 듣는 것이거든요. 지금까지와는 다른 진짜 경청을 해봤어요. 그래도 그건 노력해야 해요. 내가 의식하는 거예요. 그런데 지금은 내가 의식하지 않고 저절로 일어나는 현상입니다. 그게 왜 가능하냐면 내 행위에 마음이 따라다니질 않기 때문이지요. 생각이 일어나질 않아요. 왜냐, 마음이 없어졌으니까. 마음이란 것은 내가 필요하면 갖다 쓰는 것이지, 나한테 속한 것이 아니라는 거예요. 생각이란 내가 머리 쓰는 데 필요한 도구지, 내 안에 있는 게 아니라는 거죠. 이건 말로 설명될 수 있는 게 아니라서 체험하게 해 드리려고 몇 가지 준비를 했어요.

그런데 준비하면서 다른 사람들에게도 시험을 해봤는데 잘 안되는 거예요. 내가 지난 4일간 줄곧 떠들었던 게 무엇이냐면 '자신 있다. 그 것은 참 쉽다'였는데 잘 안되었지요. 그러면서 느끼는 것은 이 길을 간 사람에게 이것은 너무 순간적으로 일어나기 때문에 그 문을 다시 찾아 다른 사람이 들어가게 하기는 좀 어렵다는 거예요. 여기 회원 중 어떤 프로그램에 갔다 온 사람이 무언가를 봤다고 얘기를 해요. 그동안 나도 여러 프로그램을 돌리고 경험해 봤으니까, 그 말이 가능성 있다고 보여 집니다. 그런데 그것을 누군가에게 쉽게 체험시키기 위해서, 또는 전달 하기 위해서는 그렇게 봤다고 하는 시점, 그 상태에서 딱 멈춰 세워야 된다는 거예요. 그리고 '다시 해봐요. rewind 또 rewind' 하며 그 부 분이 어느 지점이라는 것을 분명하게 인식을 해야 한다는 거지요. 그래 야 나중에 문고리를 찾아 쉽게 전달을 할 수가 있어요. 예를 들어 거대 한 놀이동산에 누가 데려다줬어요. 그런데 나중에 그 입구를 찾아 나오 려고 하니까 안보이는 거예요. 아무리 뒤져봐도 못 찾는 거예요. 운전 도 내가 운전 안하면 못 찾는 거와 마찬가지인 거죠.

여태껏 내 삶은 내가 직접 운전했던 게 아니라 내 생각이 운전을 했 던 거예요. 생각이 나의 주인이었지 내가 나의 주인이 되어 본적이 없기 때문에 그 부분을 못 찾는 거예요. 그러니까 딱 그 시점에 들어가면 Stop, 나머지는 이것이 익숙해져서 들락날락할 수 있는 단계까지 훈련이라는 게 필요하다는 겁니다. 그리고 이것을 어떻게 하면 다른 사람들에게 아주 쉽고 빠른 시간 안에 보게끔 하느냐가 저의 목표였어요. 프로그램을 안내했던 월인 님도 안내해보니 어떤 사람은 되고, 어떤 사람은 안된다고 해요. 그 이유는 상대가 문고리를 못 찾아서 그렇다는 겁니다. 제가 '문고리를 잡았다' 라고 표현했어요. 그런데 이 문고리는 거의 바닥에 와 있는 문고리라서 희미하게 짐작을 해요. '아! 이거겠다' 라고 짐작을 하죠. 앞으로 '노력이 필요 없는 단계', '깨어있음과 잠자는 것이 같음을 보는 단계'의 두 단계가 더 남았다고 해요. 제가 경험한 것을 통해서 간다고. 그렇다면 우선 지금 내가 경험한 것만이라도 여기 있는 우리 모임 회원들에게 그것을 체험하게 해서 일상생활에 그것이 자연스럽게 일어나도록, 깨어있음의 상태가 되도록 훈련을 먼저 하자고 제의했지요. 제가 일단 멈춤을 한 이유는 바로 그것입니다.

제가 여기까지 오면서 느꼈던 것은 '야! 20년 동안 이것을 체험하려고 왔구나' 였어요. 저를 제일 괴롭게 했던 것은 생각이 나를 끌고 간다는 거였죠. 생각과 상황에 좌지우지되거나 현상에 좌우된다는 거였어요. 민감해지면 민감해질수록… 그런데 이제 좌지우지되지 않는 이유는 의식의 초점이 생각 속에 머물지 않고 생각이 일어나는 밑바탕에 가있기 때문이에요. 그래서 오늘 여러분들에게 체험시켜 드리고 싶은 것은 '생각 밑에는 뭐가 있는가' 입니다.

......

그것은 느낌입니다. 감정이나 정서로 채색된 느낌이 아니라, 그런 채색이 일어나기 전, 순수한 감각 또는 순수한 느낌의 세계인 것입니다. 창조는 생각에서 나오는 게 아니고 느낌에서 나옵니다. 느낌과 생각은 연결되어 있어요. 내가 느낌의 차원에 가 있으면 거기에는 생각이 임의적으로 접근하지 못해요. 그래서 어떻게 하면 느낌의 세계로 들어갈 수 있을까?에 포인트를 맞춰야 되는 거죠. 의식의 초점이 생각이나 현상에 끌려가는 게 아니라 우선적으로 일어나는 느낌에 맞춰져야 하는 겁니다. 그 느낌은 어디서부터 훈련하면 될 수 있을까요? 오감을 깨우면 됩니다. 감각이에요. 촉각, 미각, 시각… 보세요. 시(視)는 본다는 거예요. 각(覺)은 깨운다는 거죠. 마찬가지로 미각, 촉각도 맛과 촉감을 통해 각(覺)에 들어설 수 있음을 상징합니다. 이렇게 해서 깨어날 수 있다는 거지요. 지금까지는 여러 가지 수련이나 성경공부, 또는 명상을 통해서 깨어날 수 있다고 생각했는데 그렇지 못했던 것은 대부분이 초점을 못 맞춰서 나타났던 오류라고 나는 느꼈습니다. 이것은 오감 훈련을 통해서 나타날 수 있다는 것이죠. 제가 이것을 딱 본 다음에 '야! 예술가들은 바로 직전에 가있구나' 라는 생각을 했어요. 여러분 생각해보세요. 고흐나 르느와르, 이런 인상파들이 그림을 그릴 때 눈에 보이지도 않는데, 어떻게 소나무 하나를 불타듯이 그릴 수 있겠어요. 한번 시도해보세요. 생각으로 빠지지 않고 나무를 한두 시간 동안 계속 볼 수 있나. 그 사람들은 한두 시간이 아니라 열흘도 봤을 거예요. 소나무는 없어지고 그것만 남는 거죠. 그것을 말로 표현할 때 느낌이죠. 그것을 색으로 표현할 때는 와 닿지 않아서 이렇게 했다 저렇게 했다 하다가 자기가 봤던 것이 표현될 때까지 그리는 거죠. 이것은 무슨 얘기냐? 본 자만 그릴 수 있고 창조할 수 있다는 것입니다.

듣는 얘기를 해볼까요? 제가 차에서 항상 클래식 음악을 듣습니다. 내가 아는 노래만 귀에 들리고 나머지는 딴 생각을 할 때가 많죠. 그러다가 아주 익숙했던 노래, 젊었을 때 자주 듣던 아바의 댄싱 퀸 같은 노래가 들려오면 딴 짓을 하다가도 그 순간 우리는 어디로 갑니까? 뇌로 간다는 거죠. 뇌는 기억을 되살리고 그때 느꼈던 감정까지 같이 올라오죠. 그래서 순간 내 몸에 반응이 나타납니다. 그런데 지금은 소리로 들려요. 그 소리에 계속 민감해질수록 신선하고 흥미롭지요. 멜로디로 안 들어오고 소리로 들어온다는 거예요. 북소리라면 큰북, 작은북이 다르듯이 각 소리가 다르게 들립니다. 나아가 아나운서 목소리도 내용이 없이 그냥 소리로 들려요. 갓 태어난 아이가 듣는 거라고 생각하면 됩니다. 우리가 해외로 가면 머리가 깨끗해지는 이유가 뭘까요? 외국인들 얘기하는 걸 못 알아들으니까 그럴 거예요. 소리는 들려오는데 나의 의식이 거기에 끌려가지 않는다는 거죠. 소리로 듣는 것은 바로 그와 유사합니다. 바이올린 소리니 첼로 소리니 이런 걸로 구분하는 게 아니라, 음~ 표현이 잘 안되는데 굳이 말하자면 언어 직전의 세계라는 게 맞는 것 같아요. 소리를 선으로 표시하는 경우가 있죠. 예를 든다면 어린애들이 말귀를 알아들을 때 표현하라고 하면 바이올린 소리는 얇은 선을 긋고 첼로는 굵은 걸로 쭉 그을 것 같아요.

흥겨운 음악이 나오면 몸이 흔들리고 춤을 춘다, 이것은 저절로 일어나는 것이 아니고 학습 효과라는 거죠. 아무리 내가 알고 있던 흥겨운 노래가 나온다고 해도 깨어있는 상태로 가면 나의 감정을 흔들지 못해요. 그냥 흘러서 나를 통과해 가는 거예요. 또 한 가지 희한한 것은 바로 지나간 것은 생각이 안난다는 겁니다. 미래의 다가올 것도 생각나지 않고.그때서야 '지금여기' 라는 표현을 알게 되었어요. 이해라는 표현은 걸맞지 않지요. 상상이 가십니까?

제가 얘기하려는 것이 무엇이냐면 내 의식의 초점, 나의 의식적 주의가 어디에 가 있는가가 열쇠입니다. 지금 한번 시험을 해볼게요. 눈을 감고 앞에 있는 무엇이든지 손으로 한번 만져보세요. 책상이건, 볼펜이건, 종이컵이건. 손바닥으로 만지신 분들은 이제 손끝으로 한번 만져보세요. 집게손가락 끝으로 아까 만졌던 물건에 다시 한 번 대보시고 물체와 손끝이 만나는 지점에 의식을 집중해보세요. 이제 눈 뜨시고, 아까 손바닥으로 댔을 때와 손끝으로 댔을 때의 차이가 있죠? 다시 한번 해보실래요. 사물을 한번 쥐어도 보고, 바닥도 만져보고 볼펜도 쥐어보세요. 우리가 의식적으로 볼펜을 알지만 그게 아니라 눈을 감고 손가락으로 대보고 만져보세요. 모르는 물건이든 아는 물건이든 빈삼한 상태에서 내 손바닥과 손가락에 닿는 그 물체의 느낌에 초점을 맞춰보세요. 손을 움직여도 좋고 어쨌든 그 느낌을 한번 찾아보세요. 어디서부터 어디까지가 생각이고 어디까지가 느낌인지 한번 구분을 지어보실래요? 이게 실마리를 찾는 첫 번째 통로입니다.

 - 질기다. 그러면서 거추장스럽게 느껴졌었는데 손끝으로 하니까 심플한 그런 느낌이 들었어요. 그런 차이가 있네요.

지금 얘기하신 가운데 질기고 거추장스럽다 얘기하셨는데 이것이 느낌일까요?

 - 거추장스러운 건 느낌 같고 질기다는 것은 생각인 것 같아요.

손가락 끝으로 만지니까 심플하다고 하셨는데, 이 세 가지 단어 가운데 느낌에 가장 근접한 단어를 찾는다면 어떤 것일까요?

- 거추장스럽다. 음~ 그것도 느낌보다는 생각 쪽에 더 많이 가 있는
  것 같아요.

그렇죠. 지금 여러분들이 답을 찾아가고 있네요. 사실 거추장스럽
다, 질기다와 같은 느낌들은 전반적으로 다 생각 쪽에 가 있죠. 그렇다
면 그 물체가 거추장스럽거나 질긴 것이 아니라 우리 생각이 그렇다는
거겠죠. 여러분들이 인식하셔야 할 것은 생각이라는 것은 감정이 들어
가 있는 겁니다. 판단도 들어가 있고, 우리의 모든 것을 생각이라고 보
시면 돼요.

그리고 그 모든 생각들 바로 밑에 느낌이 있습니다. 그것을 찾아야
만 느낌의 세계로 가게 됩니다. 느낌의 세계는 뭘까요? 언어 이전의
세계란 말이죠. 제가 이 훈련을 하면서 처음 나타났던 현상은 계속 졸
렸다는 거예요. 이런 것을 느껴보라고 하면 생각으로 들어가 졸다가 고
개가 팍 꺾어져요. 저는 여태껏 어떤 교육을 받으면서 졸아본 적이 없
어요. 졸 수가 없죠. 생각이 끊임없이 돌아가는데 어떻게 졸겠어요. 그
런데 이번 체험에서는 초기에 무척 졸았다는 겁니다. 그때 떠오른 사람
이 누구냐면 Y 사장(목요모임 멤버)이예요. 그때서야 Y 사장님이 평상
시 조는 게 너무 이해가 되는 거예요. 졸음은 어디서 오느냐. 생각과 느
낌이 접점을 못 찾으면 오는 것 같아요. 저는 생각은 많은데 느낌은 아
무것도 없는 거예요. 느낌이란 단어가 명확하지를 않았던 거죠. Y 사
장님 같은 경우는 느낌은 많은데 그 느낌을 표현할 단어가 부족하니까
찾다가 테트리스 마냥 왔다 갔다 하면서 퉁 떨어져 졸 수 밖에 없는 거
죠. 그래서 존경스러워 보이더라고요. 안에 느낌의 언어가 풍부하게 차
있는데, 그 풍부하게 차 있는 걸 자꾸 생각으로 정리하라고 하니 얼마

나 힘들었겠어요. 이것은 현대 교육이나 커뮤니케이션이 가지고 있는 한계이면서 범죄다, 창조를 일어나지 못하게 하는 범죄라는 생각이 들었어요. 이런 사람들한테는 그림으로 그리든지, 조각으로 표현해보라고 한다면 인생이 달라질 거예요. 그랬다면 아마 사업 안하고 설치미술을 했다든지 백남준 씨처럼 됐겠죠(웃음). 생각과 느낌의 구분에 대해 잠시 말씀드렸는데 어디까지가 생각이고 느낌인지 감이 오는 분이 계시면 한번 말씀해 주실래요? J 사장님은 옆에서 말한 것에 대해 생각 몇 퍼센트, 느낌 몇 퍼센트라고 봅니까?

- 언어로 표현되어지는 순간에 생각이 되어버리는 것 같아요.

점점 근접해가고 있군요. 여러분들은 지금 우리 두 사람이 얘기하는 것을 통해 감을 잡아가고 있는 거예요. 제가 목욕탕에서 시험을 해봤는데 찬물, 뜨거운 물을 두고 손바닥과 손가락 끝으로 느껴봤어요. 손가락 끝이 닿을락말락하는 순간에는 깨어있는 상태로 가지 않는 한 차이를 못 느껴요. 그리고는 의식으로 넘어갑니다. 차다? 누가 가르쳐 줬지? 차다고… 차다는 단어는 어디서 나온 거지? 물이라는 것도 마찬가지에요. 누가 물이라고 가르쳐줬지? 한번 각자 돌아가서 시도해보세요. 자기가 찾아가는 거예요. 이것은 완전히 문고리 잡는 거예요. 여러분들이 지금까지 해봤던 것은 촉각에 대한 겁니다. 이젠 시각에 대해 한번 해볼게요. (물건을 하나 보이며)이게 뭐 같아요? 처음 본 사람 손들어보세요. 다 처음이죠? 뭐라고 생각하세요?

......

지금 누군가 이걸 보고 나서 다른 사람을 둘러보며 '뭐 같아' 라고 했어요. 시각이 동원된 거예요. 여기서 '뭐 같아'는 생각일까요, 느낌일까요? 지금 힌트를 드리는 겁니다. 다시 보여드릴게요. 이걸 한 번 보세요. (물건을 보여주며) 허공에 뭔가 하나 툭~ 나타났어요. '이게 뭐지'라고 규정하려고 머리가 휙 돌아가는데 무엇인지는 아무래도 알 수 없죠. 이건 지구상에 처음 태어난 거니까. 이걸 어떻게 알겠어요. 순간 내가 원시인이 되고, 외계인이 된 듯하죠. 그것이 느낌의 첫 단계라는 것입니다. 우리는 살면서 이런 현상을 수없이 만나거든요. 이 얘기의 핵심이 뭐냐면 느낌이란 생각이 작동하기 바로 전의 그곳을 말한다는 거죠. J 코치가 '말로 설명할 수 없다'고 표현했어요. 그렇지요. 말로 설명할 수 없다는 얘기는 각자 다 다르다는 거죠. 누군가 진짜로 느낌의 세계가 무엇인지 와 닿았을 때, 그에게 뭔가 조금만 쳐주면 갑자기 확 열리는 경험을 하게 될 것입니다. 그 경험을 제가 했어요.

촉각을 통한 것은 목욕탕에 가서도 해봤어요. 목욕을 하면서 피부를 한번 만져봤는데, 그냥 샤워를 하면서 만지고, 비누칠을 하고나서 만졌는데, 느낌이 완전히 다른 거예요. 이렇게 물 맞는 것에서부터 시작해서 하나하나 모든 것 자체를 느껴보면 새로운 세상이 열려요. 생각의 세계는 유추함으로 해서 판단하고 지루한 지도(地圖)의 세계로 들어감으로 해서 흥미를 잃을 수 있는데 느낌의 세계는 무궁무진하고 끝이 안나는 세계인 거예요.

그 다음은 음식을 먹으면서 한번 느껴봤어요. 제가 낙지볶음밥을 먹었는데 얼마 전까지 제일 잘 먹고 좋아하던 음식에서 갑자기 통증이 느껴져요. '아! 매운 것은 맛이 아니고 통증이구나'. 다른 콩나물이나 밥을 먹는 데는 분별이 없으니까 구별이 안돼요. 뭔가 맛을 느끼기 위해 눈을 감은 것이 아니라 눈을 뜨고 먹었어요. 굳이 표현하자면 밋밋

하다고나 할까? 예를 하나 들어볼게요. 오늘 아침 떡하고 두부를 2개씩 나눠 먹었어요. 배하고 3개를 먹었는데, 두부는 아무 맛이 없어요. 물론 우리가 흔히 말하는 맛을 말합니다. 고소하다? 아냐, 그런 맛 자체가 없는 거예요. 요즘 제가 헬스를 하니까 먹으면서 순간, 단백질이구나 라고 저절로 해석이 됐을 뿐이에요. 그 다음 떡을 먹는데 떡은 간이 있어요. 짜고 달고 소금하고 설탕을 넣은 모양이에요. 전에는 총체적으로 맛을 판단할 때 맛이 있다. 즉 나한테 익숙하다 익숙하지 않다의 기준이 있었는데 그게 아니라 그 기준이 없어지면서 원자재가 가지고 있는 고유의 그것을 분별한다고 할까, 미세한 차이점을 알아차린다고 할까, 아무튼 그렇게 되더라고요. 음식을 먹는데 맛있다라는 것이 같이 안와요. 맛있다라는 것은 사실 해석된 감정이지 있는 그대로의 느낌이 아니라는 거죠. 맛은 길들여지고 배우는 것이라는 것을 분명히 보여주는 사례가 있어요. 요즘 와인이 유행되니 와인을 먹어보면 알 겁니다. 고급, 저급 와인을 떠나서 와인을 설명해놓은 것을 보면 돼요. 『신의 물방울』이라는 만화에서 와인 설명한 것을 보면 이건 완전히 한 폭의 그림이에요. 난 아무리 먹어도 그 맛이 안나요. 저자가 말하는 그 맛이 뭔지를 모르겠어요. 무슨 말이냐면, 미각도 우리가 원래 가지고 있는 것에 계속 덧씌워져 있다는 거예요. 그러니 거기서 무슨 창조가 일어나겠어요. 여기 지금 있는 사람들이 사업을 하건 하지 않건 간에 앞으로 다가올 미래의 세계가 창조력이 중요한 세계라고 할 때 일깨울 게 뭐냐면 감각을 느끼는 거예요. 감각 가운데서 오감… 흔히 와인을 다루는 소믈리에(와인 전문가)들에게는 얼마나 민감해지냐는 것이 중요하다고 하는데, 제가 느꼈던 건 그러지 않아도 된다는 것입니다. 맛을 분별하는 코드로 딱 들어가면 여전히 낙지볶음은 맛있어요. 그러나 깨어

있는 상태로 들어가면 일반적인 맛이 없어요. 무미(無味)라는 겁니다. 미세한 차이를 느끼며 그냥 와 닿는 거지요. 그러면서 이런 생각이 들었어요. 내가 이것을 무슨 맛으로 먹었지? 조금 난해합니다. 어떻습니까? 알듯 모를 듯한 거죠.

지금 내가 이 물건을 딱 봤어요. 세상에서 처음 보는 물건을 봤어요. 이걸 보는 순간 내 머리가 복잡했어요. 왜일까요? 규정하려고 했기 때문이죠. 구태여 말하자면 그 규정하려는 활동 바로 전까지가 느낌이라고 할 수 있어요. 딱~ 봤는데 뭔가 확 와 닿았어요. 의식에 뭔가 꽂혔어요. 그런데 이어서 "야! 초콜릿 같구나" 한다면 이미 생각으로 넘어간 거죠. 이해가 돼요? 이렇게 있다가 툭! 나타났어요. 그런데 우리의 의식, 사고, 생각의 수준이 아이들과 같다면 머릿속에 입력된 것이 없으니까 어떨까요?

......

그런데 우리는 '음~음~' 하면서 뭘 찾아요? 그동안 입력되어 있던 나와 관계된 것을 저절로 찾으러 갔겠죠. 거기로 가면 '자기'와 가까우니까, 거기에 왜 갈까요? 그것이 나한테 스토리를 기억나게 만들어주는 것이거든요. 그런데 '지금여기'는 스토리가 없으니까 그냥 지나가는 거예요. 깨어난다는 게 뭐냐면 스토리가 있든 없든 관계없이 모든 것을 스토리 없이 볼 수 있고, 필요에 의해서는 스토리 있게 볼 수도 있고, 내가 이름을 붙일 수도 있고 뗄 수도 있다는 뜻입니다.

깨어있음을 체험하고 나니 좋고 싫음의 분별이 없기 때문에 누가 뭘 하자, 해야 된다라고 할 때 감정이 안 올라오더군요. 보기 싫은 사람을 만나 부탁하거나 빌어야 된다고 할 때 내가 지금껏 가지고 있었던 경험에 의하면 '야~ 창피하고 하기 싫은데 내가 이 나이에 이거하랴, 이거해서 돈 몇 푼 더 번다고' 등등…. 이런 복잡한 스토리가 쫙 끓어올라와야 하는데 이젠 가야 된다 하면 그냥 가는 거예요. 내가 배경 판이에요. 아무것도 없는 원판. 예를 들면, 윈도우가 된 거죠. 윈도우 위에 무슨 프로그램을 얹어야 돌아갈 거 아녜요. 그래서 이제는 가라고 하니 그냥 움직이는 거죠. 생각이 떠올라 나를 잡지 않고 그냥 가는 거예요. 아무튼 저에게 제일 귀했던 것은 생각이란 내가 아니란 것이었습니다. 사실 그것은 우리가 수없는 훈련을 통해서 의식적으로는 알았어요. 그러나 생각의 정체는 엄마, 아버지가 있어야 튀어나오는 것이구나를 아는 단계를 지나, 그 밑에 들어가 보니 생각이 떠오르지 않는 세계가 있더라고요. 생각이 안 떠오르는 세계, 그런 것을 보고 체험했다는 것을 말씀드리는 것입니다

1단계는 그거예요. 생각이 일어나기 전이 무엇이다라고 알아채게 되면 오셔서 얘기를 해달라는 거죠. 그러면 개인에 맞춰서 다음 훈련법을 알려드리려고 합니다.

지금부터는 그림을 7장정도 보여드릴 건데 본인이 의식을 하고 보는 거예요. 생각과 느낌의 경계가 있는데, 그림을 보면서 그 경계가 어딘지를 한번 찾아보세요. (그림을 한 장씩 본다) 이 그림이 뭔지 아세요? 속리산 정일품 소나무죠. 보는 순간 이것을 잘 아는 분들은 속리산 정일품 소나무라는 생각으로 그냥 들어가 버리잖아요. 의식하지도 못한 순간 생각으로 확 들어가 버리죠. 느끼기도 전에… 이 사진(한옥)도 느끼기 전에 확 지나가버려요. 느낌을 건너뛰어 버린다는 거죠. 그런데 이것을 있는 그대로 볼 수 있으면 어떤 현상이 생기는가? 글을 읽었는데 글의 내용이 나하고 붙어있지 않는 것과 같지요. 예를 들면, '불조심' 하고 읽었어요. 그런데 그 불조심이 "아~ 조심하라" 그런 뜻

이 아니라 단지 글자에요. 깨어있으면 이렇게 볼 수 있는 거예요. 저건 글자고 이건 벽돌이지. 더 나아가 글자라고 하기 전에 검은 먹선이고, 또 더 나아가 흠, 뭔가 차이 나는 것이고. 좀더 가면 그냥 있는 그대로 이지요. 여기서 한옥이다, 뭐다 이런 게 안 떠오르는 상태가 깨어있음의 상태고 이걸 느낄 때는 그냥 있는 거예요. 자, 그런데 이 다른 그림(뭐라고 규정하기 힘든 그림)을 봤을 때는 아무리 봐도 모르겠어요. 그러니까 자꾸 내 머릿속의 온갖 것을 동원해 저것을 규정하고 싶어 해요. 그런데 찾다 찾다가 생각이 스스로 힘을 잃어서 툭 떨어져요. 그리고 흥미가 안 생기죠. 모르니까. 이럴 때 느낌은 어디까지냐? 한번 생각해보세요. 이 사진이 제일 어려운 것 같군요. 자, 이번엔 이 그림을 보세요. 이것을 깨어있는 상태로 보면 탱크라든가 타보고 싶다라는 것으로 그냥 넘어가질 않는 거예요. 느낌은 거기서부터예요. 나한테 뭔가 왔을 때 '야!' '아!' 그 다음에 뭔가 돌아가요. 이제 마지막 장면을 보면서 여러분들의 느낌과 생각이 어디까지인지를 한번 보죠. (스크린에 무언가 나타난다) 여기 얼룩말이 있고, 여기는 흰 스크린이 있어요. 이 둘의 차이는 없는 겁니다. 판단, 분별, 스토리가 없어진다는 것은 그리로 들어가는 문이 있다는 겁니다.

지금 제가 여러분들에게 드릴 수 있는 것은 문고리인데, 문고리가 수없이 많아요. 제대로 된, 나에게 맞는 문고리는 촉각에 의해서 이루어질지, 시각을 통해 이루어질지 모릅니다. 그래서 어느 선생님께서 강의를 하실 때 계속 말씀했던 게 뭐냐면 눈이 뚫려야 되고, 코가 뚫려야 되고, 귀가 뚫려야 된다는 거였지요. 그런데 그 말을 못 알아듣겠는 거예요. 일반적인 비유라고 생각한 거지요. 그런데 진짜 귀가 뚫리니까 그것이 무슨 말인지 알겠어요. 정말 소리가 들리는 겁니다. 예전 같으면 생각도 못할 일이에요. 지금 계속 말하면서도 이 프로젝터의 팬 돌아가는 소리를 듣는 거예요. 우리는 보통 어딘가에 집중하면 주변이 안들리지요. 저는 지금 말하면서 듣는다는 거지요.

깨어있음은 너와 나의 구분이 없어지는 거예요. 그러니까 분별이 없죠. 우리가 신앙생활과 영성생활을 하면서 최종적으로 도달해야 하는 길에 대해서 수없이 의지적으로 쳐서 복종시키려고 합니다. 그러나 그렇게 할 일은 아니라는 거예요. 그건 너무 먼 길이라는 거죠. 그렇기 때문에 자기한테 그런 경험이 왔음에도 불구하고 아니라고, 예수가 왔음에도 불구하고 아니라고 부인하는 것과 똑같은 거예요. 인류 역사상 계속 일어나는 현상이에요.

마지막으로 한번씩 보며 어떤 것이 느낌이고 어떤 것이 생각인지를 한번 구별하면서 마무리를 지을게요. 이 그림을 한번 보세요. 복잡해지죠? 여기에 느낌과 생각이 같이 공존합니다. 다시 처음부터 시간을 뒤서 천천히 한번 봅시다…

(텅 빈 스크린)

여러분들의 생각을 이렇게 비워야 되는 거예요. '내'가 그 단계 밑으로 내려앉으면 돼요. 정확한 비유는 아니지만 예를 들어 여기서(책상 윗면)는 여러분들의 얼굴이 다 보이거든요. 이 사람 보면 이 생각이 나고 저 사람 보면 저 생각이 나며 복잡한데, 내려가서(책상 아랫면으로 고개를 낮추면) 수면 위로 올라가지만 않으면 아무 생각이 안 나죠. 보이지를 않는데… 내 시선이 어디 있냐는 거죠. 이때 위는 생각이고 밑은 느낌이에요. 내 시선이 생각과 느낌의 경계선에 딱 맞춰져있는 상태에서 보다가 느낌으로 내려가면 보여요. 눈은 떠있어요. 눈을 감을 필요도 없지요. (얼룩말 그림을 보며)막 태어난 아이들은 이것이 얼룩말인지 몰라요. 그런데 어른은 보면 얼룩말이야 라고 하지요. 그런데 깨어있으면 얼룩말이라는 단어는 생각 안나고 그냥 와 닿는 거예요. 얼룩말로 넘어가지 않고, 탱크로 넘어가지 않고, 생각으로 올라가지 않고 이 상태에 그냥 Stay, 멈춰 있는 거예요. 감사합니다.(박수)

생각이 떠오르는
바로 그 순간을 잡아채다

| 화동 / SK 사회사 상무, 홀로스 빌기인 |

이 글은 깨어있기 체험담으로, 생각을 느낌으로 경험하는 순간 그로부터 자유로워지고 모든 체험은 우리를 체험으로부터 떨어져 있게 해줌을 잘 보여 줍니다.

지난 1월에 시작된 홀로스 목요모임의 깨어있기 프로그램에 참가하여 3회차에 이르기까지 계속 참가할 수 있는 행운을 거머쥐었으나 천생이 우둔하여 항상 늦게 트이는 모습을 면치 못하고 있는 저의 모습을 만천하에 드러내는 것은 부끄러운 일이기는 하나, 깨어있기 프로그램에 대한 궁금증을 가지고 계실 수 있는 다른 분들에게 조금이나마 도움이 될 수 있지 않을까 싶어 용기를 내어 그 동안의 경험과 소회를 감히 적어 봅니다.

지난해 초겨울 월인 님과 천강 님이 어디에선가 무엇(?)을 하고 난 후 뜻밖의 선언을 하는 것을 듣게 되었습니다. 보통 사람도 누구나 깨달음으로 갈 수 있는 방법이 있을 것 같고, 드디어 그 방법을 찾게 된 듯하다는…

저는 길지 않은 삶이지만 살아오면서 '깨달음 또는 깨우침은 특별한 인연이 있는 준비된 사람만이 얻을 수 있는 먼 나라의 이야기'로 치부하고 저에게는 언감생심 꿈도 꿀 수 없는 일이라 생각하고 있었습니다. 그저 '보통사람은 성실한 자세로 열심히 노력하면서 살면, 그것이 최선의 삶이다'라는 믿음으로 살아 온 것이지요. 그런데 천강 님께서 보통사람도 누구나 깨달음을 경험 할 수 있을 것 같다는 확신에 찬 자신의 체험담을 들으면서 설레임 반, 의구심 반으로 지내다 드디어 금년 1월에 월인 님이 진행하는 깨어있기 프로그램에 참가할 기회를 갖게 되었습니다.

그러나 당초에 걱정한 대로 천생이 우둔하여서인지, 같이 참가한 다른 도반은 무엇인가 얻은 것이 분명해 보이는데 저는 별로 달라진 것이 없는 상태로 수련시간이 지나가고 있었습니다. 한편으로는 속이 상하기도 하고, 또 다른 한편으로는 초조하기도 하고…

그러면서 하루, 이틀이 지나가고 어느덧 하산(실제 수련 장소가 산마루 근처에 있는 통나무집이어서 말 그대로 하산을 하여야 하는 장소입니다)을 하여야 하는 시간이 되었음에도 저는 뚜렷한 무엇을 얻지 못한 상태였습니다.

첫 번째 수련은 약간의 좌절감을 안고 귀가를 할 수 밖에 없어, 스스로 위축되면서 한편으로는 '왜 나는 안 되는 것이야?'라는 반발심과 오기가 생기기도 하였습니다. 그리하여 1차 수련 후 집에 와서 새벽시간을 이용하여 집 근처에 있는 대학교 교정에 가서 깨어있기 수련 시간에 얻지 못한 느낌을 찾는 과정을 혼자서 하였습니다.

첫째 날에는 별 소득이 없이 시간이 흘러가고, 출근을 하여야 하니 어쩔 수 없이 멈추고 내일을 기약하였습니다. 다음날에도 어제와 같이 새벽 동이 틀 무렵 학교 교정으로 나가서 길가에 줄지어 늘어서 있는 화단의 조경석과 그 조경석 사이에 심어져 있는 관목들을 상대로 경계 연습을 계속하던 중, 어느 순간부터 그 대상의 의미가 흐릿하여지는 현상을 경험하게 되었습니다.

"아! 나도 드디어 무엇인가 되기 시작하는구나!!!"

갑자기 즐거워진 마음에 계속 연습을 하고 싶었지만 일터로 가야할 시간이 되었기에 서둘러 집으로 돌아와서 출근 준비를 하고 회사로 향하면서 미처 하지 못한 여러 수련을 출근길에도 계속하여 보았습니다. 이렇게 출근길이든 어디든 장소를 불문하고 눈에 띄는 것들을 대상으로 바라보기를 계속하던 중 슬그머니 자신감이 생기기 시작하였습니다. 하여, '이제는 물체를 넘어서 글자를 해보자!' 는 생각이 들었습니다. 즉, 길가의 간판을 쳐다보는 연습을 시작하였던 것이지요. 그런데 이 글자를 바라보는 연습은 대단히 어려웠습니다. 그러나 이것도 시간이 지나면서 점점 글자의 의미를 떠올리지 않고도 글자를 바라볼 수 있는 단계로 발전해 가는 것을 스스로 느낄 수 있었습니다.

이렇게 혼자 연습을 계속하던 중 한달이 지나서 2차 깨어있기 수련회가 준비되어 다시 참가를 하게 되었습니다. 그런데 어찌 된 것인지 여기서도 저는 천강 님이 느꼈던 것 같은 강렬한 감각의 변화는 느끼질 못하고 그저 흐리멍텅하게 뭔가 된 것 같기도 하고, 아닌 것 같기도 한 상태로 다시 하산하게 되었습니다.

그러나 두 번씩이나 수련회에 참가했는데 아무것도 얻은 것이 없다고 이야기하면 남들이 우습게(?) 생각할지도 모르니 대내외적인 사정을 고려하여 뭔가 되어 가는 것처럼 행세를 하지 않으면 안 될 처지가 되어버렸습니다. 하여 자의 반 타의 반으로 집에 와서 숙제를 열심히 하지 않을 수 없게 되었는데…

저는 지난 삶의 과정이 남의 잘못을 지적하고 꼬집어야 하는 일을 오래 해온 때문인지 너무 독선적이고 배타적이며 화를 잘 내었습니다. 그리고 남을 잘 인정하지 않으려 하는 못된 습성이 있음을 잘 알면서도 이를 고치기 위하여 많은 노력을 하였으나 잘 되지 않아 답답해하고 있었습니다. 그런데 깨어있기 수련을 한 후 가장 크게 달라진 것은 나의 마음을 들여다보는 능력이 생기게 된 점입니다. 매주 토요일 아침이면 집사람과 등산을 하는데, 산을 오를 때에는 보통 서로 대화를 하지 않고 열심히 올라가는 일에만 열중을 하게 됩니다. 이때 다리는 열심히 운동을 하지만 머리는 별로 할 일이 없으니 머리 스스로 일거리를 만들어 무엇인가를 생각하곤 하는데, 깨어있기 수련을 한 후 첫 주말 등산을 하면서 강렬하고 신기한 체험을 하였습니다. 머리가 만들어낸 생각이 떠오르는 순간을 잡아채는 경험을 한 것이지요. 마치 비온 뒤 대나무 밭에서 죽순이 올라오는 것을 보는 것 같은 느낌이었지요. 생각이 올라오는 느낌이… 저로서는 처음 경험해보는 신기하고 놀라운 체험이 아닐 수 없었기에, 그 주 목요모임에서 자랑스럽게 경험담을 이야기 하니 선험자들께서 박수로 축하를 해주었습니다.

이렇게 촌스러운 과정을 거쳐 가면서 조금씩 마음을 들여다보는 것이 익숙해짐에 따라, 마음에 거슬리는 일이 생길 때마다 그 거슬리는 마음을 들여다보는 연습을 하게 되었습니다. 이렇게 마음을 들여다보니 어느 순간에 느낌은 가슴과 장(腸)에서 느껴지는 것이고, 생각은 머리에서 이루어지는 작용이라는 것을 알게 되더군요(저만의 착각인지는 아직도 잘 모르겠습니다만).

목요 모임에서 그동안의 변화에 대하여 월인 님의 주기적인 점검 때마다 이러한 경험담을 이야기하고, 또 다른 분들의 변화와 진행에 대하여 이야기를 들으면서 저 또한 조금씩 느리게나마 진도를 나가게 되었습니다.

마음 들여다보기를 계속하면서 '이것이 너무 몸의 변화에 매달리는 것이 아닌가?'라는 의심이 들어 월인 님에게 질문을 하니 단순히 몸의 느낌에 초점을 맞추는 것이 아니라 느낌을 아는 존재를 느끼는 것은 괜찮다는 답변이어서 조금은 석연찮은 마음이지만 그런 상태로 시간이 흘러갔습니다.

그런데 신기하게도 그런 대화를 한 후 저절로 몸에 매달리는 것 같은 스스로의 증상이 슬그머니 사라지는 것을 느끼게 됩니다(이러한 현상은 그 후로도 몇 차례 더 일어나게 되는데, 이런 현상이 반복되면서 저는 마치 보이지 않는 어떤 손이 수련의 진행을 도와주는 것 아닌가라는 착각이 들기도 했습니다).

그러면서 분노하는 마음, 미워하는 마음, 안타까운 마음 등… 느낌의 주체가 무엇인지를 살피는 과정을 계속하던 중, 어느 목요일(미내사에서 매주 목요일 저녁에 홀로스 발기인 정기 모임이 있음) '나'를 언제 가장 잘 느낄 수 있는가?'라는 주제의 토론이 있었습니다. 그날 토론을 하면서 ''나'라는 것은 마음의 작용일 수밖에 없는 것 아닌가?'라는 생각을 하게 되었는데, 그날 이후 '나'라는 것이 무엇인지를 열심히 찾아보게 되었습니다. 그런데 아무리 찾아보아도 나는 마음일 수밖에 없다는 결론에서 한치도 더 나가지 못하게 되고 '나'는 '마음'이라는 것의 이름표이고 '마음'은 '나'라는 놈의 본체임을 확신하게 됩니다.

그러니까 지금까지 살아오면서 쌓아온 생각의 줄거리들이 '나'라는 가공의 개념을 만들어 내어 주인노릇을 하고 있었다는 자각이 생긴 것입니다. 아직 진짜 주인을 체험으로서 경험하지는 못하였지만, 마음이 근본적인 나가 아니라는 것은 이제 확실히 알게 되었습니다. 이러한 변화를 통하여 얻게 되는 좋은 점은, 마음이 만들어내는 여러 가지 느낌들, 즉 분노, 미움, 옳고 그름에 대한 판단들로부터 벗어나기 쉬워졌다는 것입니다. 그러니 자연 마음의 작용에 휘둘리는 일이 줄어들게 되고, 보다 사물을 객관적으로 바라볼 수 있는 힘이 생긴 것이지요.

이러한 것이 분명해지면서 마음을 바라보는 것이 보다 분명해지고, 지금까지 나라고 생각해온 것이 결국은 '마음'이라는 놈의 작용에 불과하다는 것을 인식하게 되니, 선인들이 말씀하시는 몸과 마음의 동일시에서 벗어나라는 말의 의미를 실감하게 되었습니다. 이러한 과정을 통하여 확연히 달라진 것은 그동안 마음을 괴롭히던 여러 가지 심리적인 불편함이 현저히 줄어들게 된 점입니다. 예를 들면, 운전을 할 때 느닷없이 끼어드는 앞차 운전자에 대한 미움 또는 분노, 그동안 나에게 섭섭하게 했던 사람들에 대한 원망스러운 마음이나 미움 등이 저절로 점점 약해지고, 언제부터인가는 거의 느끼지 못할 정도로 그 분노나 미움이 없어지는 변화를 겪게 되었습니다.

뿐만 아니라 삶을 바라보는 자세에도 변화가 많이 생기게 되었는데, 그 중 가장 큰 변화는 삶을 대하는 태도가 아닐까 싶습니다. 즉, 전보다 훨씬 더 인간의 불완전함을 자연스럽게 받아들이게 되고, 이러한 바탕에서 상대의 실수에 대한 관용적인 수용이 점점 더 쉽게 가능해지는 자신을 발견하게 되었습니다. 또한, 삶의 궁극적인 목표는 사랑을 체험하기 위한 것이라는 자각이 들기도 하고요.

이러던 중 3차 깨어있기 수련회가 열리게 되고 시간이 가능하면 기 수료자들도 참가하는 것이 좋겠다는 월인 님의 제안에 따라(사실은 不敢請일지언정 固所願이었습니다만) 기꺼운 마음으로 참가를 하였습니다.

3차 모임에서 또 다시 마음에 걸리는 부분이 해소되는 느낌을 받았는데, 그것은 앞에서 잠깐 언급하였던 보이지 않는 손의 작용 같은 현상을 경험하게 됩니다. 그동안은 개인적인 미움이나 분노는 거의 해소된 것처럼 느껴졌으나 사회적인 대의나 성의에 반하는 것들에 대하여서는 그것이 나라는 마음이 만들어낸 가공(架空)의 기준에 의하여 생기는 분노나 미움이라는 것을 알고 있음에도 쉽게 없어지지 않고 있음을 대화시간(이것도 수련의 한 과정임)에 수련 파트너인 우심 님에게 토로하게 되었는데, 신기하게도 대화 이후 그 부분(사회적 大義와 정의에 어긋난다고 생각되어 생기었던 분노나 미움)이 현저히 약화되어 감을 느낄 수 있게 되었습니다. 이러니 보이지 않는 손이 있음을 다시 한번 생각하지 않을 수 없게 됩니다. 하여, 이를 월인 님에게 말씀드리니, '그것은 의식이 그러한 마음을 정면으로 바라봄으로써, 에너지가 그 분노나 미움으로 가지 않고, 또 생각의 본성자체가 뿌리없는 것이기에 생기는 지극히 자연스러운 현상' 이라는 설명을 듣게 됩니다.

아하! 그것이 그래서 그렇구나!!!

이렇게 하루하루 달라져가는 스스로의 모습이 대견하기도 하고, 나이 50이 넘어서 이제야 철이 드는 것 같아 신기하기도 하고, 아무튼 인생 후반을 보다 의미 있고 가치 있게 살아 갈 수 있는 좋은 기회를 얻은 행운을 감사해 하지 않을 수 없습니다. 고맙습니다.

순수한 느낌이 깨어나다

| 황비홍 / 요가원장 |

장애로 느껴지는 여러 감정들과의 사이에 '공간모드'를 적용하여 맛보는 여유에 대해 흥미롭게 이야기합니다.

수련회 가기 전

지난 주말 2박 3일의 일정으로 홀로스에서 주관하는 "깨어있기 수련회"에 다녀왔습니다.

처음 일정을 소개받고는 많은 기대를 하고 기다렸습니다. 그 이유는 앞서 이 수련을 비밀리에(!) 이수하신 천강 님의 나눔 설명을 듣고부터입니다. 분명 그 자리에서 나눔을 하시는 천강 님은 전과는 많이 다른 분위기를 갖고 계셨기 때문입니다. 목소리도 조용하고 행동도 조심스러워 보였습니다. 또한 겉으로 달라진 모습 뿐만 아니라 지난 20여 년간 세계 곳곳, 국내 각종 수련을 총망라하며 스스로의 궁금함과 갈증의 해소를 찾아 다니셨는데 한마디로 이번에 체험한 "깨어있기"를 알게 되어 "이것을 알고자 지난 20여 년간을 찾아 다녔구나!"하는 말씀에 더욱 그 체험이 궁금했습니다.

두 시간에 걸친 나눔을 들었습니다. 그런데 기대와는 달리 쉽게 이해할 수가 없었습니다. 무엇인가 깨달은 것 같긴 한데 아무리 열심히 들어도 확실하게 다가오고 정리되는 것이 없었습니다. 끝나고 겨우 기억에 남은 것은 마지막에 어떤 잘 모르는 물건 하나를 잠시 앞으로 내밀었다가 다시 감추고는 "어떻습니까?" 하는 것 뿐입니다. 여럿이서 같이 들었는데 아마 다른 분들도 나와 같은 느낌일 거라 여겨졌습니다.

그런 나눔이 있고 나서 2주 만에 천강 님과 그때 안내를 하셨던 월인 님이 진행하기로 하고 나를 포함 4명이 2박 3일에 걸쳐 경치 좋은 산중턱의 통나무집에서 "깨어있기 수련"을 받게 되었습니다.

도착 첫째 날

드디어 수련회가 시작되는 날, 하늘에서 축복을 주는지 눈이 엄청 왔습니다. 아니 이번 겨울 들어 처음으로 가장 많은 눈입니다. 걱정이 조금 되었습니다. 장소가 산속이라는데 눈이 와서 못 올라가면 어쩌나 하고. 그래도 그쯤이야 이 기대에 비한다면 걸어서라도 갈 수 있다는 각오로 부지런히 목요모임의 총장님(별칭 머슴 님)을 찾아가 일찍부터 준비하였습니다.

눈이 왔어도 어렵지 않게 산 아래에 도착했고 그곳 주인이신 천강 님의 최신 전투카(지프차) 덕분으로 산 중턱의 수련장소 통나무집에 도착하였습니다.

첫날은 늦은 시간에 도착한 관계로 일찍 충분히 쉬자는 의견이 있었지만 그래도 수련의 성과를 위해 간단하게 이번 수련에 대한 안내와 기본적인 방법에 대해 연습하기로 했습니다. 월인 님의 지도로 첫 수련에 대한 안내를 받았는데 다행히 그 연습방법은 내게는 전에 경험이 있었던 것이라 어렵지 않게 익숙해질 수 있었습니다.

그런 연습을 하고나서 밤에 잠을 자는데 참으로 신기한 꿈을 꾸었습니다. 사실 이제껏 살아오며 얼마나 많은 꿈을 꾸었겠는가! 그런데 이번의 꿈은 꿈꾸는 모습을 바라보는 또 다른 느낌이 너무도 선명하게 느껴졌습니다. 마치 "꿈꾸는 나를 보는 또 다른 나" 같은 느낌이라고 할까. 그런 상태가 새벽까지 지속되었습니다. 새벽 5시라고 알리는 시계음을 정확히 들은 것을 보면 분명 그때까지도 깨어있었습니다. 신기해하며 그래도 하루를 위해 잠을 자 두어야겠다는 생각에 그로부터 2시간 정도 잤습니다. 물론 다음날 잠을 못자 피곤한 것은 없었습니다.

둘째 날

그렇게 신기한 밤을 보내고 아래층으로 내려와 보니 부지런하신 바람 님과 화동 님이 벌써 아침을 맞고 있었습니다. 오전까지는 시간이 좀 있으니 이런 좋은 산중과 아름다운 아침을 만끽하기 위해 밖으로 나가 어제 어둠 속에 보았던 제일 높다는 곳과 산책로를 찾아 나만의 보법으로 달려보았습니다. 눈 위를 밟는 느낌과 인적 없는 산중이라 소리가 꽤나 명쾌하게 들렸습니다. 절로 신이 났고 꼭 강아지가 된 것 같았습니다. 그래서 눈 위에서 뒹굴어도 보았습니다. 좋았습니다.

오전 수련을 받으며 간밤의 현상이 무엇인지 약간 알 것도 같았습니다. 사물과의 경계를 인식하고 안내에 따라 실내와 실외를 오가며 의식에 집중하는데 과거 경험도 있어서 인지 내가 무엇을 느껴야 하는지 알아가고 있었습니다. 한 가지 특이한 점은 육체적으로는 많이 움직이지 않아서 소화는 늦어지고 있었지만 왠지 계속 허기가 졌습니다. 의식에 계속 집중한다는 것이 아직까지는 분명 피곤하게 다가 왔습니다.

둘째 날 수련 중 좋았던 것은 주변의 대형마트에 간 것이었습니다. 난 평소 이동하는 것을 즐기는가 봅니다. 마치 군대에서 외박 나온 것처럼 주변이 신기했고 마트에서 물건들과의 수련은 참 재미있었습니다. 그리고 왜 그렇게 맛있어 보이는 것이 많던지… 사실 부지런히 시식도 하고 다녔지만 먹지 않고 보고만 있어도 충만(!)해 지는 느낌이 분명 있었습니다. 그리고 왠지 끌림이 있는 사물은 어느새 내 뱃속에 즐거이 들어와 있었습니다.

밤에 다시 통나무집으로 들어와 수련을 안내 받고 잠자리에 드는데 특성상 서로 말들을 많이 하지 말라는 주문이 있었습니다. 난방이 잘 되어서인지 저녁을 잘 먹어 영양이 좋아서인지 간편한 복장으로 즐겨하는 동작들을 해보는데 훨씬 흥미가 있었습니다. 그 날은 왠지 내 몸이 낯설게 보이고 움직임이 신기했고 힘든 동작들을 평소보다 더 오래 지속할 수 있었습니다.

수련 셋째 날

첫날 밤 같은 꿈은 없었지만 개운하게 깨어나서 역시 밖으로 아침 순찰(!)을 다녀왔습니다.

밖은 전날보다 훨씬 쌀쌀했고 그 차가운 공기가 살갗에 닿은 느낌과 뛸 때 호흡과 함께 입김이 서리는 모습이 낯설었습니다. 이어서 마지막 날 수련을 안내 받았습니다.

이날 수련도 아주 재미있었습니다. 아니 사실 진행은 좀 지루했는데 내 의식의 변화에 대해 조금씩 느낌이 오니까 그것이 재미있었습니다. 그런데 재미는 재미이지만 전날 같지 않게 계속 졸음이 왔습니다. 안내 후에 각자 느끼는 시간이 있을 때는 2층으로 올라갔는데 창가를 바라보고 의자에 몸을 앉혀 햇살을 받고 있으니 얼마나 인생이 즐겁던지… 오전이라 정면에서 햇볕이 들어오는데 다른 시간에는 만끽할 수 없는 기쁨이었습니다. 정말 언제 이런 행복을 경험할 수 있을까 하고 마음껏 누렸습니다. 겨울 햇살이 나를 너무도 포근히 감싸 안아주는 것 같았습니다. 너무 행복했습니다.

셋째 날의 핵심은 "느낌과 생각 사이의 거리와 공간"에 대해서 알아차리는 것이었습니다. 이번 수련의 특징은 어떤 기계공정의 방식으로 진행된 것이 아니라 개인에게 맞추어 진행한 것이라 참가자들 각자의 느낌이 다 다르고 얻어가는 것도 다 다르다는 것을 알았습니다.

수련 이후의 변화-1

이렇게 2박 3일간의 경험이 있은 후에 1주일이 지나는 동안 생활 속에서 몇 가지들의 변화가 있었습니다. 문득문득 "느낌 모드"라고 해야 할지 그런 상태를 경험하게 되었습니다.

제일 먼저 일어난 변화는 심심한 상태가 사라졌다는 것입니다. 사실 심심하다고 느끼는 것이 최근 내게 있어 가장 큰 장애였습니다. 뭐 재미있는 일이 없는 것 같고 자꾸 심심해서 옛날의 즐거웠던 기억이나 되새기는 그런 무기력 상태가 있어서 스스로도 답답해하고 있었습니다. 그럴 때 괴로운 시간이 서울에서의 긴 이동거리를 움직이는 지하철 속이었습니다.

전에는 시간과 교통체증에 구애받지 않는 교통수단(할리 오토바이)으로 지상을 누비고 다녔지만, 요즘은 BMW(버스, 지하철, 워킹)로 다니다 보니 꽤 많은 시간을 그 막막한(!) 지하철 속에서 시간을 보낼 때가 많습니다. 그 무료함을 달래기 위해 음악을 듣기도 하고 책을 보기도 했는데 이젠 그런 인위적인 노력을 기울이지 않아도 재미있는 일이 많이 생기고 있습니다.

전에는 이렇게 음악이나 책을 보아도 사실 주변의 말소리나 냄새, 또 지하철의 구조상 서로 모르는 사람끼리 몇 걸음 사이에 두고 마주보고 앉아야 하니 그러다가 눈이라도 마주치면 서로 어색할 때가 있습니다. 그런데 지금은 자리에 앉아서 가만히 앞을 보면 마주하는 사람들의 모습이 마치 인형극을 소리 없이 관람하고 있는 듯한 조용한(!)느낌입니다. 사람들 사이의 경계가 눈에 들어오고 옷이나 주변사물의 경계선이 선명하게 보이니 보면서도 신기해 합니다.

그러다 보니 아주 편리한 것이 있습니다. 아직까지도 지하철 등 공공장소임에도 불구하고 자신만의 편리한(!) 행동을 하는 사람들의 경우가 종종 있습니다. 특히 늦은 퇴근 시간쯤 되면 술에 취해 비틀거리기도 하고 온갖 냄새를 풍기기도 하고 전화 통화는 주변 사람들이야 어떻든 개의치 않고 안방에서 통화하듯 목청을 높이는 사람들이 있습니다. 그럴 때 잠시 수련의 경험을 떠올려 "거리 공간 모드"를 작동하면 그런 장애들과 느끼는 나 사이의 여유가 생겨 감정적인 영향을 받지 않습니다. 하지만 뭐 아직까지는 지속적으로 유지하는 것이 그리 길지 못해 다시 생각의 공간으로 넘어가기도 하지만 그럴 때 약간의 노력을 기울이면 다시 생각의 아래 공간, 느낌에 머무를 수 있음을 알고 있습니다.

그리고 다른 하나는 위와 같이 어떤 대상이 없더라도 눈을 감고 있는 것입니다. 그러면 전에는 생각 속에 허우적거리는 것 같은 상태에 있다가 깨어나서 고개를 흔들고 난 후 생각 속에 있었구나 하고 알아차렸는데, 지금은 가만히 그런 생각을 지켜보고 있으면 물방울 기포가 올라오듯 생각들이 떠오르는 것이 보이는 듯합니다. 그리고 좀더 그것을 보고 있으면 사라지고 그래서 더욱 물끄러미 바라보면 생각이 올라오는 그 경계 아래가 느껴집니다. 이야기하다 보니 무슨 특별한 체험들을 하는 것 같지만 생각과 느낌을 가지고 놀 거리가 생겼다고나 할까…

아! 또 한 가지 이것은 아주 효과적인 측면의 일입니다. 요즘 의지를 가지고 새로 공부해야 하는 분야가 생겼는데 기본이 여러 장의 내용을 암기해야 하는 것입니다. 난 원래도 외우는 것을 잘 하지는 못했고 또 그렇게 해본 지도 꽤나 오래 되었습니다. 더구나 이번의 내용들은 내겐 너무도 생소하고 메마르고 딱딱한 용어들입니다. 깨어있기 수련회에 가기 전부터 시도를 했지만 첫 장을 넘기지 못하고 있어 아주 애를 먹고 있었습니다. 급기야 놀라운 암기력을 갖고 있는 머슴 님을 찾아가서 조언을 부탁했습니다. 그러고 나서 그렇게 며칠 동안 밀쳐내던 그 첫 장을 지하철 속에서 15분 만에 외울 수 있었습니다. 머슴 님의 지도도 분명 큰 영향을 주었지만 전에는 첫 장만 보면 벌써 마음이 밀쳐 내고 부담스러워 했다는 것을 나중에 알았고, 그런 감정이나 생각을 깨어있기를 통해 알아차릴 수 있으니 부담 없이 끌어 당겨 나와 내용이 합해지지 않았나 싶습니다. 그런 경험이 있으니 그 이후의 더 많은 내용도 분명 쉽지는 않지만 전과 같이 밀치고 거부하는 마음이 없어져서 마음껏 끌어당길 때까지 할 수 있을 것 같습니다. 현실에 직접적으로 도움이 되었습니다.

변화-2

며칠 전 여러 사람이 모여서 서로 축하해주고 인사를 나누는 행사가 있었습니다. 그 행사에 축하공연을 시연하기로 되어 있었습니다. 내용은 장의 울림을 대금소리로 표현하고 이어서 대금을 들고 장선무를 추

는 것으로 정하였습니다. 내 순서를 기다리며 행사장 뒤에 서있는데 그
때까지 전체 분위기가 아주 건조(!)해서 뭔가 조여 오는 느낌이 있었습
니다. 어쩌면 긴장과도 비슷할 수 있었으나 나는 분명 이것은 감정이
아니라 그 공간의 사람들에게서 나오는 파동을 같이 공명하는 것임을
알았습니다. 그 이유는 이번 깨어있기 수련회에서 몸 확장하는 내용이
있었는데 기다리는 동안 잠시 그 수련을 다시 연상해보니 그런 느낌이
들었기 때문입니다. 그래서 순간적으로 나의 공연내용을 약간 변경하
여 소개 인사를 할 때 박수도 유도하고 크게 웃어보게 했는데 분위기가
유연해지는 느낌으로의 변화가 감지되었습니다.

제가 원래 시력이 좋지 않아 공연 바로 전까지 안경을 쓰고 있다가
공연을 하게 되면 특별히 다른 조치를 하지 않고 그냥 벗고 무대에 오
릅니다. 물론 사물이나 그 밖의 대응은 그냥 감으로 합니다. 그렇게 안
경을 쓰지 않은 상태로 앞에 서서 여러 사람을 보는데 시력으로 보이지
않는 사람들의 경계가 느껴졌습니다. 사람들이 즐거워하고 머리도 움
직이는 모습을 여유 있게 바라보는 내 모습이 느껴졌습니다.

드디어 본 시연에 들어가서 대금을 불고 있는데 전 같으면 곡에 감
정을 이입해 푹 빠져 불어야 하는데 내 손가락의 움직임도 느껴지고 입
김이 대나무에 들어가는 바람소리, 그 바람이 대나무 구멍사이로 흘러
나와 어떤 음을 내는 소리, 그리고 내가 서 있는 모습까지 한꺼번에 느
껴졌습니다. 또한 그런 것을 느끼고 있으니 "어! 좀 더 소리가 좋아야
하는데" 하는 생각도 느껴졌습니다. 아무튼 이어서 "장선무(장의 울림
과 기운의 움직임을 몸으로 연결하여 추는 춤)"를 추는데 이것 또한 원
래는 무슨 무아의 상태로 자신을 유도하고 빠져 들어가 깊은 내면의 세
계에서 음악은 음악대로 들리고 나의 어깨부터 이어지는 팔선이 움직

이는 것과 다음은 어떻게 몸이 진행되어야 한다는 생각, 앞에서 바라보는 사람들의 집중도, 그리고 그 사람들과의 거리감, 내 동작에 대한 속도, 대금과 몸이 짝 붙어 하나로 보여지는가 하는 생각, 한마디로 전에 비해 아주 복잡해졌습니다. 그런데 이런 복잡한 상황임에도 불구하고 별로 부담되지 않는 편안한 느낌… 그리고 거기에 복잡함에 끌려 다니지 않는 단순함도 느껴졌습니다.

2주째에 접어들어

아무튼 위와 같이, 지난 1주일 동안에는 잦은 변화를 경험하며 계속해서 수련회 때 얻은 것을 더욱 연마하고 싶다는 생각을 했습니다. 지금은 인위적인 노력을 줄이는 연습을 하고 있습니다. 그냥 "되어지게"의 단계가 무엇인지는 알고 있는 듯하니 계속 느껴 볼 것입니다.

이번 "깨어있기" 수련이 좋았던 점은 수련회 이후에도 일상에서 활용할 수 있다는 것입니다. 대부분의 수련들은 그때에는 좋았다가 그 이후 스르르 사라지는데, 마치 좋은 영화 한편 본 것처럼… 이 깨어있기는 일상에서 수시로 끄집어내어, 또 때로는 저절로 나타나, 나를 바라보고 생각하는 의식들을 정리하게 해줍니다.

그리고 무엇보다 새로운 일이나 해야 할 일, 하고 싶은 일 등에 대한 미리 밀쳐내듯 꺼리는 그런 감정들을 골라낼 수 있고 "있는 그대로"를 실현할 수 있는 좋은 도구라고 생각합니다.

끝으로 이번 수련회를 준비하고 안내해주신 월인 님과 천강 님, 두 분께 감사드리고 함께 공명을 일으키며 의식 확장에 힘을 더해 주신 바람 님, 화동 님, 머슴총장 님, 그리고 나…에게도 기분 좋은 일들이 계속되어 당연히 행복해질 것을 믿어 의심치 않습니다.

깨어있기 워크샵에 관심있는 분은 02-747-2261로 연락
주세요.

깨어있기 의식의 대해부

지은이 월인
펴낸이 이원규
펴낸곳 히어나우시스템
1판 1쇄 발행 2009년 11월 15일
1판 2쇄 발행 2010년 4월 5일
2판 1쇄 발행 2013년 11월 15일
출판등록 제 1-24135호 1998. 12. 21
주소 경남 함양군 서하면 황산길 53-70
전화 (02)747-2261~2 팩스 0504-200-7261
홈페이지 www.herenow.co.kr
전자메일 cpo@herenow.co.kr

ISBN 978-89-94139-11-1

「이 도서의 국립중앙도서관 출판시도서목록(CIP)은 서지정보유통지원시스템 홈페이지(http://seoji.nl.go.kr)와
국가자료공동목록시스템(http://www.nl.go.kr/kolisnet)에서 이용하실 수 있습니다.(CIP제어번호: CIP2013023336)」

주역 周易
심층의식으로의 대항해

글 **이원규**
그림 **한정우**
도서출판 **히어나우시스템**
10,000원

… 그것은 내적으로도 마찬가지입니다. 우리 의식도 스스로 하나의 분리된 존재를 유지하기 위해 '나' 라는 가상체를 중심으로 수많은 에너지 정보들이 뭉칩니다. 그로 인해 상(像)이 물방울에 비친 모습이 휘어져 보이듯이 우리의 정신적인 상(相)도 '나' 를 중심으로 하는 왜곡현상을 보이게 되는 것입니다.

인간이 '있는 그대로' 를 보지 못하는 것은 바로 그 때문이지요. 왜곡된 상을 갖는다는 것은 '자기' 라는 개체를 유지하기 위해 '나' 라는 물방울을 형성함으로 인해 생기는 필요악이라 할 수 있겠습니다.

주역은 바로 그러한 개체인 우리가 전체의 입장에서 왜곡 없이
현상을 보기 위한 도구입니다. 그러면 어떻게 그것이 가능할까요?
그것은 세 가지 면에서 보기 때문입니다.
앞에서도 말한 단역(單易), 변역(變易), 불역(不易)의
특성 통해서 이지요. 달리 말하면 태극, 음양,
무극이라고도 할 수 있습니다…

HERENOW
히어나우시스템

관성을 넘어가기

저자 **월 인 (越因)**
도서출판 **히어나우시스템**
10,000원

감정이란 어디에 뿌리를 두고 있을까? 깊은 통찰을 한 사람들도 자신의 감정에서 즉각 해방되기는 어렵다. '관성'이 작용하기 때문이다. 습관적으로 '에너지'가 붙은 '믿음'들과, 상황을 파악하고 깊은 유대감을 나누기 위해 사용되어야 할 감정들은 자연스레 나타났다 사라지는 것이 원래 속성이지만, 잘 쓰인 후 즉각 사라져 버리지 않고 '관성'적으로 남아 우리를 괴롭힌다. 이것이 집착과 저항이라 이름 붙은 관성의 부작용이다.

감정의 기본구조는 '내가 옳다'거나 '이래야 한다'는 무의식적 신념이 큰 역할을 하며, 그 기저에는 '나와 대상'이라는 내적인 분열을 필요로 한다.

그러한 내면의 분열을 넘어선 곳에 신비가 있다. 분리로 인한 그 내적 '세계'의 밀침과 끌림에서 자유로워진다면 이제 드디어 분리없는 진정한 세상, 거대한 자연의 '신비'를 체험할 때가 온다. '신비'는 의식적 '안다'를 떠난 '모름'에서 생겨나기 때문이다. 감정의 밑바닥에 있는 나−너 구조를 명확히 보고 그 구조를 넘어 '모름의 신비'로 살아가기를...

HERENOW
히어나우시스템